투사하는 제국 투영하는 식민지

이 책은 경기영상위원회 '경기영상창작지원프로그램' 의
지원을 받아 출판되었습니다.

투사하는 제국 투영하는 식민지

2006년 12월 20일 초판 1쇄 발행
2007년 7월 27일 초판 2쇄 발행

펴낸곳 (주)도서출판 **삼인**

지은이 김려실
펴낸이 신길순
부사장 홍승권
책임편집 최인수
편집 강주한 김종진 양경화
마케팅 이춘호
관리 심석택
총무 서장현

등록 1996.9.16. 제 10-1338호
주소 121-837 서울시 마포구 서교동 339-4 가나빌딩 4층
전화 (02) 322-1845
팩스 (02) 322-1846
E-MAIL saminbooks@naver.com

표지디자인 (주)끄레어소시에이츠
제판 문형사
인쇄 대정인쇄
제책 성문제책

ISBN 89-91097-61-8 03910
ISBN 978-89-91097-61-2

값 18,000원

투쟁하는 제국 투영하는 식민지

— 1901~1945년의 한국영화사를 되짚다

김려실 지음

삼인

일러두기

1. 인용문의 띄어쓰기와 맞춤법, 문장 부호, 오자, 탈자 등은 원문 그대로 두었습니다.
2. 본문 중 따옴표로 인용된 문장에 한자가 쓰였을 경우, 먼저 한글로 음을 밝히고 괄호 안에 한자를 병기했습니다.

차례

한국영화사의 제도적 기억

일제강점기 식민지 조선에서 만들어진 영화들을 무엇이라 부를 것인가? 나는 이 책을 집필하는 중은 물론, 탈고할 때까지도 이 문제를 부둥켜안고 망설이지 않을 수 없었다. 한국에서 식민지 조선의 영화는 한국영화의 전사(前史)로서 취급되어 왔고, 이에 대한 아무런 문제 제기 없이 60년이 흘렀다. 그러나 한편 그 영화들은 조선민주주의인민공화국의 영화이기도 하며, 그 일부는 바다를 건너면 일본영화로 취급되기도 한다.

요 몇 해 동안 발굴된 필름으로 인해 조선영화를 '내셔널 시네마(national cinema)' 패러다임 속에서 연구하는 것은 그다지 논리적이지도 효율적이지도 못하다는 사실이 분명해졌다. 그렇다면 그 패러다임을 벗어나 연구하면 되지 않느냐고 쉽게 말할 수도 있겠지만, 연구 대상을 가리킬 용어조차 없는 현재 상태에서 기존의 패러다임은 몸에 익숙해져 버린 족쇄와 같은 것이다. 관습이라는 족쇄를 벗어던지고 나면 자유의 기쁨뿐만 아니라 때때로 비빌 언덕이 없다는 허전함과 불안감도 엄습하는 법이다. 이런 양면적인 감정으로 쓴 것이 바로 이 책이다.

결국 나는 퇴고하면서, 식민지 조선의 영화를 가리킬 경우에는 '조선영화'라는 용어를 사용하고, 한국의 내셔널 시네마의 범주에 포괄되는 경우에 한해서만 '한국영화'라는 용어를 쓰기로 결정했다. 그러나 이들 용어도 어디까지나 새로운 패러다임을 모색하고자 임시로 정의(定義)한 것일 뿐이다. 과거에 조선영화는 일제의 기타 식민지에서 만들어진 영화와 마찬가지로 일본영화의 범주에 포함되었다. 해방 후 남북이 분단되면서 조선영화는 한국영화와 북한영화에 다 같이 포괄되었지만, 한반도가 통일된다면 또 다른 이름으로 불릴 가능성도 있다. 단지 나는, 내가 조선영화라 부르는 대상이 식민지라는 조건에서 만들어진 영화라는 사실에 독자들이 주목해 주었으면 하는 바람에서 이 용어를 사용했다.

연쇄극이 제작된 1919년부터 일본이 패전한 1945년까지 조선영화는 약 180편이 제작된 것으로 추정된다. 조선영화사가 한국영화사에 포괄되어 다시 쓰이기 시작한 것은 1960년대 초부터이지만, 90년대 후반까지 한국영화사는 대부분 2차 자료에 의존해서 쓰였다. 그 까닭은 해방기의 혼돈과 6·25전쟁이라는 격동의 세월을 보내는 동안 필름의 대부분이 소실되었기 때문이다. 따라서 기존의 한국영화사는, 아무리 자료를 철저히 끌어 모은다고 해도 텍스트가 없기 때문에 결국은 증명 불가능한 명제로 끝날 수밖에 없었다.

그러던 중 1998년 러시아의 필름 보존 기관인 고스필모폰드(Gosfil-mofond)에서, 1937년에 제작된 조선영화 〈심청〉의 일부와 1938년에 제작된 〈어화〉의 일부가 발견되었다. 당시 일본의 필름 보존 기관인 도쿄국립근대미술관 필름센터(東京国立近代美術館フィルムセンター)는 전후 소련 측에 접수된 일본영화를 수집하는 중이었는데, 수집된 필름들 속에 이 두 편이 섞여 있었다. 두 영화에는 일본어 자막이 달려 있었기 때문에 일본영화로 오인되어 일본으로 보내졌던 것이다. 이후 필름센터의 연락을 받은 한국영상자료원은 고스필모폰드의 협조를 얻어 〈심청〉, 〈어화〉를 수집했다. 영상자료원은 이미 1989년 도호(東宝)영화사를 통해, 조선영화제작주식회사가 일본과 합작한 〈망루의 결사대(望樓の決死隊)〉, 〈젊은 모습(若き姿)〉, 〈사랑과 맹세(愛と誓ひ)〉의 프린트를 수집한 바 있다. 그러나 이 세 편은 소위 친일영화로, 일본어로 제작된 전쟁선전영화였기 때문에 필름 발굴 당시에는 한국영화에 포함시키기 어렵다고들 여겼다. 이들 영화가 실제로 연구되기 시작한 것은 극히 최근의 일이다.

불완전한 필름과 일본어 영화만을 가지고 한국영화사 전체를 아우르는 실증적인 연구가 이루어지기를 기대하기는 어려웠다. 그러나 1998년에 두 편의 필름이 발굴됨으로써 식민지 시기의 한국영화가 해외에 흩어져 있을지도 모른다는 기대가 생겨났다. 특히 중일전쟁 이후의 조선영화는 일본영화의 범주에 포괄되어 일본이나 만주국으로 수출되었으므로, 전후 일본, 러시아, 중국에 접수(接收)되었을 가능성은 충분했다. 그러던 중 2003년 오사카플래닛영화자료도서관(大阪プラネット映画資料図書館)에서 〈해방 뉴스〉 몇 편이 발견되었다. 2004년 말 영상자료원이 이를 수집했고 이때 기록영화 〈조선〉(1938)도 발견, 수집되었다. 계속해서 해방 전 한국영화의 행방을 수소문하던 영상자료원은 중국전영자료관(中国电影资料馆)의 연락을 받고 2004년 11월 자료조사단을 파견했다. 이때 〈어화〉의 완전판과 〈군용열차〉(1938), 〈지원병〉(1940), 〈집 없는 천사〉(1941)가 수집되어 한국영화사 연구는 전환기를 맞이하게 되었다.

드디어 2005년 2월 28일 국회에서, 28분으로 편집된 발굴 영화의 하이라이트 상영과 기자회견이 열렸다. 그날 한국영화 전공자들은 고분을 발견한 고고학자처럼 흥분했던 걸로 기억한다. 게다가 2005년은 광복 60주년이기도 했기 때문에 "해방의 기쁨과 억압의 흔적"(국회 특별상영 자료집의 제목)이라는 문구는 한층 더 벅찬 느낌으로 와 닿았다. 이 영화들은 복원 작업을 거쳐 같은 해 4월 제6회 전주영화제에서 일반에 공개되었다.

그리고 이듬해인 2006년에는 현존 최고(最古)의 한국영화가 된 〈미몽〉(1936)과 〈반도의 봄〉(1941), 〈조선해협〉(1943)이 전영자료관에서 추가로 발굴되었다. 이로써 식민지 조선에서 제작된 영화 중 총 12편이 한국의 국립 필름 보관소인 영상자료원에 한국영화로 등록되었다.

나는 발굴된 한국영화를 실제로 보고 낙담하고 만 한국인이다. 이 영화들 중 몇 편이 소위 친일영화라는 것은 이미 알고 있었지만 그렇다 해도 스크린에 투영된 그 시절의 광기를 마주하는 것은 괴로운 경험이었으며, 국가권력에 대한 개인의 무력함을 통감하지 않을 수 없었다. 한편, 발굴 이전에는 일제 치하의 조선인이 느낀 고통을 영상으로 고발했다고 평가받던 영화에서 일장기가 게양되고 황국신민서사가 제창되는 것을 보았을 때는 또 다른 의미에서 머릿속이 복잡했다. 그 영화가 친일영화이고 그것을 만든 영화인들이 친일파라고 밝혀진 것 때문이 아니라 반세기 넘게 그 영화를 리얼리즘 영화니, 계몽영화니 하고 평가해 온 우리 시대의 광기는 무엇인가 하는 사념 때문에. 이렇듯 진실을 마주하는 일은 때로 기쁨보다는 괴로움이 될 수 있다. 게다가 지금 내 손에 쥔 진실의 끈을 잡아당길 때 어둠 저편에서 딸려 오는 것이 추악한 괴물임이 분명할 때는. 그 괴물의 이름에 대해서는 니체가 이미 말하지 않았던가. 일체의 괴물 중에서 가장 차디찬 그것은 "나, 국가는 즉 민족이다"라고 냉혹하게 속삭인다고. 역사라고 믿어 왔던 것이 실은 '제도적인 기억'에 불과하다는 것이 밝혀진 지금, 한국의 영화학자가 해야 할 일은 기억을 날조한 학문적 패러다임을 냉정히 평가하고 그로 인해 은폐되고 망각되었던 역사를 복원하는 작업이다. 이 책이 현존하는 필름을 중심으로, 실증적으로 한국영화사를 재고하는 목적도 바로 거기에 있다.

필름이 현존하는 조선영화 12편은 모두 발성영화이며 〈미몽〉, 〈심청〉,

〈어화〉, 〈조선〉 4편을 제외하고는 이른바 친일영화이다. 기존의 한국영화사는 식민지 시기를 서술할 때 항일민족영화에 초점을 맞추어 왔고, 시기적으로는 중일전쟁으로 '영화신체제'가 강요되기 전인 무성영화기에 편중되었다. 때문에 발굴 영화의 3분의 2에 해당하는 영화들은 기존의 한국영화사에서 전혀 주목받지 못했고 '한국영화 말살기'(유현목의 『한국영화발달사』의 시대 구분)라는 암흑의 연대기를 채웠을 뿐이다.

기존의 한국영화사가 노정하는 서술상의 불균형은 근본적으로 식민지 시기를 '수탈'과 '저항'으로 재단하는 이분법에 기인한다. 그로 인해 '항일영화/친일영화', '민족적 전통/종속적 모방', '리얼리즘 영화/신파 멜로드라마'라는 이항 대립이 어느덧 조선영화를 분석하는 패러다임으로 자리 잡고 말았다. 그러나 이런 패러다임이 조선영화의 진실을 기록하고 식민주의를 극복하는 데 얼마나 도움이 되었는지는 의문이다. 발굴된 영화를 보고 내가 내린 결론은 민족주의에 입각해서 친일영화를 비판하는 기존의 패러다임은 영화예술에 대한 국가의 개입과 간섭을 정당화해 버릴 위험이 있고, 논리적으로는 일본인이 일본을 위해 만든 '국책영화'에 대한 비판의 여지를 좁히고 만다는 점에서 재고되어야 한다는 것이다.

한편, 우리가 친일영화라 부르는 작품 중 일부는 국책영화로서 일본영화사 안에 포함되어 왔다. 일본에서는 그 필름들의 존재 자체가 터부시되어 온 면이 있기 때문에 이제까지 면밀한 연구가 이루어진 적은 없었다. 이처럼 친일영화 혹은 국책영화는 국가영화의 경계선에 위치하는 문제이기 때문에 이에 대한 연구는 이제까지 한국과 일본 모두가 적당히 방치해 온 것이 사실이다. 이 문제에 대해서는 비교 공동 연구가 이루어질 때 그 실체가 분명히 드러나고, 비로소 반면교사의 교훈을 얻을 수 있을 것이다. 그때가 오면 양측의 이해를 아우르는 새로운 용어가 필요하겠지만,

나는 이 책에서 편의상 친일영화와 국책영화라는 기존의 용어를 문맥에 따라 선택해서 썼다. 그러나 독자들은 관점의 차이는 있을지라도 두 용어 모두 제국주의 국가 일본이 국민을 전쟁에 동원하고자 만든 선전영화를 의미하는 동의어라는 것을 염두에 두기 바란다.

현존하는 조선영화를 실증적으로 분석하고, 나아가 역사의 흐름 속에 자리매김하려면 나는 일단 과거로 돌아갈 필요가 있다고 생각했다. 한국영화사의 패러다임 그 전에는 무엇이 있었는가를, 당대의 조선인들이 조선영화를 어떻게 생각했는지를 먼저 알고 싶었다. 그렇게 거슬러 올라가다가 만난 글이 카프(KAPF)의 서기장이자 영화사가(史家)이기도 했던 임화가 1941년에 발표한 「조선영화론」이었다.

후대에 '이식문화론'으로 불리게 되는 독특한 논리를 펼친 임화는 그 글에서 다른 근대 예술과 마찬가지로 조선영화 역시 외국영화를 모방함으로써 영화예술을 조선의 토양에 이식했다고 썼다. 오늘날 한국영화사의 관점과 달리 그는 모방과 이식을 식민지적 종속이 아니라 내부로부터 새로운 문화를 창조해 내는 데 필수적인 과정으로 설명했던 것이다. 그리고 조선영화가 자본의 원조를 받지 않았기 때문에 그에 따른 폐해도 받지 않았으며, 이런 자유로 말미암아 일본영화보다도 독자적이고 이질적이며 고유한 영화를 만들 것이라고 내다보았다.

자본이 영화를 망치고 오히려 자유를 빼앗을 수도 있다는 것은 현재의 한국영화에도 해당하는 금언(金言)이 아닐 수 없는데, 이처럼 「조선영화론」은 새로운 시각을 모색하던 나에게 영감을 주었다. 식민지인 임화가 식민지의 후예들보다 포스트콜로니얼리즘(postcolonialism)을 먼저 체득했다는 역설에 놀라며 그의 논리를 거듭 되새기는 동안, 나는 친일영화가 강제와 전향뿐만 아니라 자본의 폐해로 인한 결과이기도 하다는 것을 깨닫게 되었다.

이 책에서 텍스트 분석이 이루어진 조선영화는 불완전체인 〈심청〉과 기록영화 〈조선〉을 뺀 총 10편이다. 거기에 더해 〈수업료〉, 〈그대와 나〉, 〈복지만리〉는 원작, 시나리오, 시놉시스, 개요 등을 수집해 그 내용을 재구성했다. 나는 발굴 영화를 조사하면서, 처음에는 제국 일본이 식민지 조선의 은막에 무엇을 '투사' 했는가를 파악하는 일에 관심을 집중했다. 그런데 관련 자료를 수집하여 텍스트의 의미를 확장해 가는 동안 스크린에 투사된 제국의 이데올로기를 관객이 곧이곧대로 받아들이지는 않았다는 사실이 점차 뚜렷해졌다. 식민지 시기 조선의 영화관이야말로 호미 바바(Homi K. Bhabha, 1949~, 포스트콜로니얼리즘 이론가)가 말했듯 제국과 식민지의 교섭이 일어나는 이질적인 틈새, 제국-문명의 상징계가 투사한 빛에 결코 동화될 수 없는 식민지가 원시적 어둠 속에서 실재계와 접촉하게 되는 문화적 장소(location of culture)였던 것이다. 일제는 식민통치 내내 조선영화를 검열하고 통제했으며 말기에 이르러서는 영화의 생산, 배급, 관람까지도 국가의 통제하에 두었지만, 결코 관객들의 감수성과 상상까지 통제할 수는 없었다. 조선인 관객들은 자신들의 분노와 비애를 스크린에 '투영'하여 영화를 수용했고, 따라서 국책영화의 의도는 늘 조금씩 빗나가게 마련이었던 것이다.

이 책은 5부로 구성된다. 1부에서는 조선에 영화가 전래된 시기와 유입 주체에 대한 기존의 주장들을 살피고, 박래품이었던 영화가 조선에 이식되어 제작에 이르는 과정을 다루었다. 민간영화는 기술 면에서는 늘 조선총독부의 관제영화에 뒤졌지만 중요한 것은 그럼에도 그것이 동포에게 같은 내용을 같은 장소에서 동시에 전달하는 민족의 매체로 수용되었다는 점이다. 2부에서는 무성영화기에 민간영화와 관제영화가 조선인 관객을 민족/국민으로 확보하고자 어떤 전략을 펼쳤는지에 대해 논했다. 조선총독부의 영화정책이 검열과 탄압으로 국가영화를 구축하려 했다면, 〈아리랑〉은 그 틈새에서 의도된 모호성(ambiguity)으로 권력을 전복하는 방법으로 민족영화가 되는 데 성공했다. 3부에서는 1930년대 후반 급속도로 진행된 토키화가 조선 영화계와 관객에게 불러일으킨 혼란과 갈등에 대해 다루고, 조선 영화계와 일본 영화사들 간의 불평등한 합작이 어떻게 친일영화로 귀착되었는가를 기술했다. 4부에서는 일괄적으로 친일영화로 불려 온 영화들의 다양한 외연을 다룸으로써 중일전쟁 이후의 영화신체제가 실로 여러 층위에서 전면적으로 조선 영화계를 재편했음을 밝혔다. 마지막으로 5부에서는 1942년 조선총독부가 전 조선의 영화사를 통폐합하여 설립한 조선영화제작주식회사의 전쟁선전영화 4편을 분석했다. 일본에서 제작된 국책영화와 비교한다면 이 회사의 일본어 영화들은 내선일체 이데올로기를 주입하고자 가족멜로드라마의 구조를 차용한 것이 특징이다.

* * *

영화사가(映畵史家)로서 나의 연구는 조선영화에 한정되어 있지만, 나는 늘 이에 대한 학제간 연구, 국경을 뛰어넘은 연구가 활발해지기를 기대해 왔다. 소설을 전공한 문학도였던 나는 2002년 일본으로 유학을 갔을 때 이미 조선영화에 대한 논문을 쓰기로 마음먹은 상태였다. 근대문학과 조선영화가 교섭하여 새로운 문학양식인 영화소설이 생성되었다는 내용인 석사 논문을 좀 더 발전시키려면 일본영화가 조선영화에 끼친 영향에 대해서도 고찰할 필요가 있었기 때문이다. 그 당시에 품었던 문제의식이 이 책의

〈아리랑〉 분석에 반영되어 있지만, 유학은 결국 전시(戰時) 국가가 영화라는 매체를 어떻게 전용해 왔나 하는 새로운 주제로 나를 이끌었다.

2003년부터 그간의 연구 성과를 한국과 일본에서 발표하기 시작했는데, 이를 통해 나는 학술적인 교류를 나누고 새로운 자료를 수집할 수 있었다. 그러나 당시에는 남아 있는 필름이 거의 없었기 때문에 조선영화에 대한 학계의 관심이 지금에 비해 희박했고, 따라서 2차 자료를 철저히 모아 한국영화사를 비판적으로 재고하려는 내 계획은 많은 분들의 걱정을 샀다. 이런 상황에서 박사 논문을 준비하던 중이었던 내게 조선영화가 중국에서 발굴된 일은 드라마틱한 사건이었다. 필름 발굴에 노력하신 분들 덕분에, 그리고 관련 문헌과 정보를 아낌없이 나누어 주신 분들 덕분에 나는 2005년 12월에 박사학위 논문〔「映画と国家—韓国映画史(1897~1945)の再考」〕을 완성할 수 있었다. 그것을 바탕으로 2006년에 공개된 영화 3편까지 포함해서 이렇게 책으로 묶어내게 되었다.

이 자리를 빌려 몇몇 분들에게 특별히 감사 말씀을 전하지 않을 수 없다. 박사 논문의 초고를 읽고 잘못된 곳을 바로잡아 주신 미즈노 나오키(水野直樹) 교수, 다나베 레이코(田邊玲子) 교수, 미즈노 마리(水野真理) 교수, 마루하시 요시오(丸橋良夫) 교수에게 감사드린다. 또한 자료를 공유하고 격려를 아끼지 않은 동료와 친구들에게도 감사를 전한다. 식민지 시기의 발성영화에 대해 책을 쓰기도 한 국문학자 이화진 선배는 한국 측 자료를 수집하는 것을 여러 번 도와주었다. 재일조선인의 표상에 대해 연구하는 사회학자 양인실 선생은 내 주제에 관심을 가지고 의견을 들려주었다. 재조선 일본인들의 정치사에 대한 논문을 집필 중인 사학자 이승엽 선생도 좋은 고문이 되어 주었다. 타이완 영화를 연구하는 미사와 마미에(三澤真美恵) 교수는 이제까지 쓰신 논문을 전부 보내 주셨고 식민지 시기 영화에 관한 비교 공동 연구가 필요함을 공감해 주었다. 2005년 김학성에 대한 다큐멘터리를 제작한 다나카 후미히토(田中文人) 감독과 니시키 유리코(西龜百合子) 씨가 제공해 주신 사진과 시나리오도 〈집 없는 천사〉에 대한 장을 집필할 때 큰 도움이 되었다. 가와키타기념영화문화재단에서도 〈복지만리〉와 〈수업료〉에 대한 자료를 제공해 주었고, 한국영상자료원에서도 2006년 6월과 7월 내가 이 책의 3, 4장에 해당하는 내용을 학회에서 발표했을 때 자료를 제공해 주었다. 오사카플래닛영화자료도서관의 야스이 요시오(安井喜雄) 씨께서도 귀중한 자료를 아낌없이 제공해 주셨다. 수집열 못지않은 그의 나눔에도 경의를 표하지 않을 수 없다. 오즈 야스지로에 대해 학위논문을 쓴 친구 미사와 노리코(三澤範子)와 도쿄국립근대미술관 필름센터의 연구원 이타쿠라 후미아키(板倉史明) 씨는 일본영화에 대한 나의 지식을 보완해 주고 자료를 제공해 주었다. 나치스의 표현문화에 대해 책을 쓰신 이케다 히로시(池田浩士) 교수, 유대인의 디아스포라를 연구하는 기타오카 유키요(北岡幸代) 선생, 나치스의 농업정책과 일제 시기 만주국 농업이민 정책을 비교 연구한 후지와라 다츠시(藤原辰史) 선생은 학제간 연구의 중요성을 일깨워 주었고 내 논문에도 깊은 관심을 가지고 꼼꼼히 읽어 주었다. 때때로 친구 무진, 지예, 후배 영석, 성연이 한국에서 내게 필요한 자료를 수집해 보내 주었다. 그리고 언제나 내 건강을 걱정하며 타국에서도 씩씩하게 살라고 용기를 북돋아 준 가족에게 감사와 애정을 보낸다. 나는 그들의 품으로 돌아갈 날을 그리며 많은 어려움을 이겨 낼 수 있었다. 마지막으로 출판을 격려해 주신 신형기, 정과리 교수님과 이 책을 펴내신 삼인출판사의 여러분들, 내가 집필에 전념할 수 있도록 창작지원금을 주신 경기영상위원회에도 심심한 감사의 말씀을 드린다.

시네마의 전래와 정착

1부

1. 영화의 전래를 둘러싼 주장들

대한민국 수립 이후

한국에 영화가 처음 도래한 것은 언제인가? 이것은 한국영화사가 처음 기술된 이래 지금까지 이 땅의 영화학자들을 괴롭히고 있는 미해결 문제이다. 대한민국 수립 이후 십 수종의 한국영화사가 출판되었으나 대부분이 기존의 여러 가지 설을 참조, 정리한 것에 불과하기 때문에 여기서는 근간이 된 주장들만 검토하도록 한다.

안종화는 손탁호텔설에 대해서 확실한 근거는 없으나 그곳이 외교관들의 사교장이었던 만큼 외교관들과 대한제국의 관리들을 대상으로 뉴스영화가 상영되었을 가능성이 있다고 했다.[1] 손탁호텔을 경영한 프랑스계

---

1. 안종화, 『한국영화측면비사』(현대미학사, 1998: 초판은 춘추각, 1962), 22쪽. 안종화는 이홍장이 시모노세키 조약(1895년 5월 8일 비준)을 체결하기 전 미국을 방문했을 때 촬영된 뉴스영화가 조선에서 상영되었을 가능성이 있다고 했다. 1895년 4월 21일 미국에서 우드빌 래섬(Woodville Latham)이 발명한 스크린 영사 방식 영화가 공개되었으나 이는 실용화하지 못했다. 한편 뤼미에르 형제의 시네마토그라프는 1895년 12월 28일 공개되었다. 따라서 이홍장의 미국 방문이 영화로 만들어지는 시기적으로 불가능하다. 손탁호텔설의 실마리는 의외로 러시아에 있을지도 모른다. 1896년 5월 17일 뤼미에르사의 촬영기사들이 상트페테르부르크에서 러시아 최초로 시네마토그라프를 상영했다. 같은 해 5월 26일에 러시아의 마지막 황제 니콜라이 2세의 대관식이 모스크바에서 열렸는데, 그들은 니콜라이 황제의 대관식도 촬영했다. 대관식에는 이홍장도 국빈 자격으로 참여했는데, 러일전쟁 전부터 표면으로 드러난 러일 간의 경쟁 관계 때문에 니콜라이 황제는 수에즈

표1. 조선에 영화가 전래된 시기(기존 한국영화사의 주장)

저 자	출 전	시기	상영 장소	상영 목적 및 내용
안종화	한국영화측면비사 (1962)	이전	서울 정동의 손탁호텔	외교적 친교·뉴스 영화
		1905	영미연초회사의 벽돌 창고(서울 을지로에서 종로 네거리로 가는 길 오른쪽)	영미연초회사의 담배 선전
이영일	한국영화전사(1969)	1903	서울 동대문 내 전기 창고	영미연초회사의 담배 선전
김종원 정중헌	우리 영화 100년 (2001)	1897	서울 진고개(충무로2 가)에 있던 중국인 소 유 바라크	영국인 에스터 하우스 가 조선연초주식회사의 일본담배 선전을 상영
조희문	한국영화의 쟁점 1 (2002)	1899	황실어람	미국인 버튼 홈스가 서 울을 촬영, 상영

독일인 여성 안토이네테 존탁(Antoinette Sontag, 가차는 孫澤 혹은 宋澤)
은 러시아공사 카를 이바노비치 베베르(Karl Ivanovich Veber)의 처형으
로, 1885년 10월에 그와 함께 조선에 왔다. 베베르 추천으로 궁내부 전선
사(典膳司)[2]에 소속되어 황족 일가에게 서양 문화와 에티켓을 가르치는
한편, 내외빈을 접대하는 업무에 종사하던 존탁은 1896년 고종의 아관파
천을 도운 공으로 경운궁 밖의 한옥을 하사받아, 외교관들과 조선 엘리트
들의 사교장이 되는 정동구락부를 만들었다. 1902년 3월 그 한옥을 헐고
대한제국의 재정 지원을 받아 건립한 손탁호텔은 강해져 가는 러시아의

운하까지 러시아호를 보내 이홍장을 맞이하고 훈장과 보석을 하사하는 등 대대적으로 환영했다. 따라서 러시
아 측에서 선전을 위해, 뤼미에르사의 촬영기사에게 의뢰해 이홍장의 방문을 환영하는 장면을 영화로 기록했
을 가능성도 있다. 즉, 안종화가 언급한 이홍장에 대한 뉴스영화란 바로 러시아 황제의 대관식과 이홍장을 촬
영한 뤼미에르사의 필름이 아니었을까? 특히 손탁호텔이 조선 내 친러파의 집합지였다는 점에서 가능성이 높
은 가설이라고 할 수 있다.

2. 궁중 내의 음식 공급을 맡아 보던 관청으로 1895년에 설치되어 1904년에 폐지되었다.

영향력 아래 친러파의 회합 장소가 되었다. 그런 상황에서 세계적으로 유행하기 시작한 시네마토그라프(Cinématographe)가 그곳에서 상영되었을 가능성도 있다.[3] 더욱이 이웃나라 중국에는 1896년 뤼미에르사의 촬영기사에 의해 시네마토그라프가 전래되었고 일본에는 1896년에 일인용 영화인 에디슨의 키네토스코프(Kinetoscope)가, 1897년에 스크린 영사 방식인 바이타스코프(Vitascope)와 뤼미에르(Lumière) 형제의 시네마토그라프가 들어왔으므로 이 무렵에 조선에도 영화가 유입되었을 가능성을 배제하지 말고 사료 발굴에 힘쓸 일이다.

한국에서 영화의 대중 상영에 관련된, 가장 오래된 사료(史料)는 1903년 6월 23일부터 6월 30일까지 『황성신문(皇城新聞)』에 실린 광고이다.

SONTAG HOTEL Seoul Korea.　J. BOHER Proprietor.

손탁호텔

---

3. 시네마토그라프의 탄생과 보급, 국제적 유행에 관해서는 필자의 영화칼럼 〈영감(映感)〉(www.piraten.co.kr)을 참조할 것.

『황성신문』(1903년 6월 23일자)의 영화 광고(굵은 줄로 표시한 부분)

버튼 홈스의 서울 촬영

이영일은 이 광고를 근거로, 영화의 전래에 대한 설은 분분하지만 일반 대중에게 널리 공개된 시초는 1903년 6월을 전후한 무렵으로 보는 것이 가장 옳다고 주장했다.[4]

『황성신문』이 영화의 대중 상영을 증명하는 자료라면, 미국인 여행가 일라이어스 버튼 홈스(Elias Burton Holmes)의 저서와 필름은 한국에서 첫(그러나 이것이 처음이 아닐 가능성도 열어 두자) 영화 상영은 대한제국의 황실 인사들을 위해 이루어졌음을 증명한다. 조희문은 『한국영화의 쟁점 1』에서 『Burton Holmes Lectures』(Little Preston Company, 1901)의 한국어 번역본을 근거로 "1899년으로 추정되는 그의 방한 중 활동은 영화라는 새로운 문물을 한국 황실에 소개하는 데 중요한 계기가 되었다"라고 썼다. 그러나 왜 1899년으로 추정했는지 그 근거는 밝히지 않았다.[5] 버튼 홈스가 쓴 원전을 확인해 본 결과[6] 「서울, 한국의 수도(Seoul, the Capital of Korea)」편에 기록된 내용 중 중국에서 제물포를 통해 서울에 도착한 홈스 일행이 서울 시내를 돌며 촬영하고, 궁으로 초대를 받아 고종황제와 황실 인사들 앞에서 영화를 상영했다는 기술은 있지만 정확한 날짜는 밝혀져 있지 않았다. 다만 미국 버튼홈스협회의 공식 연표에 따르면 트래블로그(travelogue)[7]의 창시자 홈스는 1899년에야 비로소 스스로

---

4. 이영일, 『한국영화전사(개정증보판)』(도서출판 소도, 2004), 40쪽 참조.
5. 조희문, 『한국영화의 쟁점 1』(집문당, 2002), 19쪽. 조희문이 참조한 번역본은 버튼 홈즈, 전종숙 역, 『전차 표 사셨어요?—홈스의 동방나들이』(도서출판 미완, 1987). 2006년 9월 15일 한국영상자료원에서도 버튼 홈스가 촬영한 5분 12초의 짧은 필름 〈한국-Korea〉를 1899년 작품으로 공개한 적이 있다. 그러나 담당 연구원에게 문의해 본 결과 1899년이라는 연대는 확인된 것이 아니라 추정이라는 답이었고 그 근거는 현재 연락이 두절된 필름 제공자에게 들은 이야기라는 것이었다.
6. 필자는 1905년에 뉴욕에서 간행된 재판 E. Burton Holmes, *The Burton Holmes Lectures* v.10(New York: McClure, Phillips & Co., 1905, 1901c)을 참조했다.
7. 슬라이드와 영화를 이용한 여행 강연(travel lecture). 1902년 홈스의 매니저인 루이스 프랜시스 브라운 (Louis Francis Brown)이 만든 용어. 여행 강연은 1877년 존 스토다드(John Stodard)에 의해 시작되었으

영화를 찍기 시작했다. 연표에 의하면 홈스는 1900년에는 독일의 오베람 메르가우(Oberammergau)에서 예수 수난극을, 파리에서 만국박람회를 촬영했으며 1901년에 시베리아 철도를 타고 러시아를 횡단해 중국과 한 국을 여행했다. 또한 그의 트래블로그 〈서울, 한국의 수도〉(채색된 슬라이 드, 60밀리 필름)는 1901년부터 1902년 사이에 공개되었으므로 황실이 어람한 홈스의 영화 상영은 1901년 무렵에 이루어졌다고 보는 것이 타당 하다.[8]

조선에 영화가 전래된 시기를 가장 앞당긴 것은 『우리 영화 100년』이다 (이 책의 1960년대까지는 김종원이 집필했다). 이 책은 『런던타임즈』의 1897 년 10월 19일자 기사를 근거로 "1897년 10월 10일을 전후한 3일 동안 에 스터 하우스라는 영국인이 조선연초주식회사와 공동 구매 방식으로 프랑 스 파테사의 단편 실사 필름을 들여다 충무로 진고개에 있는 중국인 소유 의 가건물에서 상영"[9]한 것이 한국 최초의 영화 상영이라고 주장했다.

이에 대해 2003년 5월 30일 한국영화사학회 창립 기념 세미나에서 조 희문은 1897년 당시 『런던타임즈』라는 제호를 내세운 신문은 존재하지 않았으므로 기사의 실체를 확인할 수 없고, 에스터 하우스는 인명이 아니 라 1900년대 초반 한성(漢城)에 세워진 호텔의 이름이라고 반박한 바 있 다.[10] 더욱이 이 기사에서 하우스가 조선연초주식회사와 필름을 공동 구 매했다는 부분은 석연치 않다. 김종원은 "우리 영화 역사를 말할 때 흔히

나 홈스는 여행 강연에 영화를 처음으로 이용한 인물이다. 홈스의 이력과 트래블로그에 대해서는 Charles Musser, *History of the American Cinema vol 1—the Emergence of Cinema: the American Screen to 1907*(Maxwell Macmillan International, 1990), p. 39 및 pp. 221~223 참조.

8. 미국 버튼홈스협회의 공식 사이트는 http://www.burtonholmes.org. 홈스의 여행 강연 목록은 스미소니 언재단 필름 아카이브의 연구원 팸 윈틀(Pam Wintle)이 작성한 것을 기초로 했다.

9. 김종원·정중헌, 『우리 영화 100년』(현암사, 2001), 21쪽.

거론되는 영미연초회사에 앞서 조선연초주식회사(The Korean Tobacco Company)가 담배 판매를 위한 선전 수단으로 활동사진을 이용했"[11]고 했다. 그러나 조선연초주식회사는 오사카에 본점이 있던 일본인 자본의 담배회사로, 경성 독립문통(通: 거리를 의미하는 일본어)에 지점이 설립된 것은 1912년 11월이었다.[12] 따라서 김종원의 주장대로 하우스라는 영국 인이 조선연초주식회사와 제휴하여 활동사진을 상영했다면 그 날짜는 1912년 11월 이후일 수밖에 없다.

애스터 하우스(Astor House)에 관한 가장 오래된 기록은 한말의 개화 파 윤치호의 영문 일기에서 발견된다. 1905년 11월 13일자 일기에, 이전 의 스테이션호텔(Station Hotel)이었던 애스터 하우스에 투숙 중인 미국 인을 만나러 갔다는 언급이 있다.[13] 또한 통감부문서 제2권 중 「1907년 중 통감부 외무부에서 취급한 사항 목록(1907年中統監府外務部取扱事項 目錄)」의 '프랑스인 관련사건(佛人關聯事件)' 문서철에서도 애스터 하우 스(アストル・ハウス)에 관한 기록을 발견할 수 있었다.

러일전쟁에서 승리한 일본은 1906년 서울에 통감부를 설치했고 이때부 터 한국에 주재한 외국영사관 및 외국인에 관한 사무를 통감부가 통할했다. 당시의 통감부문서에는 서울에 거주하던 외국인에 대한 기록이 남아 있는 데, 위 문서에는 애스터 하우스에서 절도 사건이 1건 있었다고 기록되어 있

---

10. 『우리 영화 100년』에 한글로 번역되어 있는 『런던타임즈』의 기사에 따라, '런던타임즈'라는 제호가 런던에 서 간행된 『타임스(The Times)』의 오식일 수도 있다는 생각에 1895년부터 1920년까지 『타임스』의 기사 를 조사해 보았으나 같은 내용을 담은 사료는 발견되지 않았다.

11. 앞의 책 『우리 영화 100년』, 22쪽.

12. 『朝鮮銀行會社要錄』(1921판) 참조. 『朝鮮總督府官報』(1912. 3. 8.)에도 조선연초주식회사의 경성지점 설치를 허가했다는 항목이 있다.

13. 『윤치호일기』 6권, 192쪽. 한편 스테이션호텔은 서대문역 근처의 한옥으로, 경영한 사람은 영국인 선교사 엠벌리(Emberly)이다. Holmes, *The Burton Holmes Lectures* v.10, pp. 17~20.

다. 전체 통감부문서 중 애스터 하우스에 관한 기록이 나오는 것은 총 21건으로, 그들 문서는 모두 애스터 하우스가 인명이 아니라 프랑스인 알프레드 마르탱(Alfred Martin)이 경영하던 호텔의 이름인 것으로 기록했다.[14]

한편 알프레드 마르탱은 활동사진소를 경영한 인물이기도 하다.

『황성신문』과 『대한매일신보』에는 1907년 4월 20일부터 파리에서 도착한 유명한 활동사진을 새문(新門: 서대문을 말함) 밖 동편의 벽돌집에서 상영한다는 광고가 마전(馬田: 마르탱의 가차)의 이름으로 실려 있다.[15] 이 벽돌집이 애스터 하우스로 추정되는데 광고에 의하면 상영된 프랑스 영화를 대한제국 황실이 먼저 간품(看品: 먼저 품질을 살펴봄)했다.

해방 이전

이처럼 기존의 한국영화사는 한국에 영화가 도래한 시기를 1897년부터 1905년 사이로, 영화를 유입하고 상영한 주체는 서양인, 상영 목적은

---

14. 이 호텔이 통감부문서에 자주 언급된 이유는 1908년의 양기탁(梁起鐸) 체포에 연관되었기 때문이다. 양기탁은 런던 『데일리 크로니클(Daily Chronicle)』의 특파원으로 한국에 온 어니스트 토머스 베델(Ernest Thomas Bethell)과 함께 항일신문 『대한매일신보』와 그 영문판 『코리아 데일리 뉴스(Korea Daily News)』를 창간하여 통감부 정책을 비판하고 대한제국이 처한 상황을 세계에 알리는 데 힘썼다. 『대한매일신보』는 1907년 2월부터 전 국민이 합심하여 일본에 빚진 국채를 갚고 경제적으로 자립하자는 국채보상운동을 벌였는데, 그 일환으로 조선의 담배 시장을 장악한 일본연초 단연(斷煙) 운동이 전개되었다. 당시 영미연초회사는 1906년 인천에 본사가 관리하는 판매부를 설치하고 1907년부터 인천, 경성, 부산, 원산, 평양 등에 특약판매점을 설치해 세력을 확장하고 있었다. 즉 일본연초 단연운동은 국가의 비호를 받아 조선에 수출되던 일본담배에 대한 수요를 영미연초회사의 제품 쪽으로 돌려 버릴 가능성이 있었다. 전국 각지로 확산되던 국채보상운동을 탄압하고자 통감부는 1908년 6월 베델을 상하이로 추방한 다음, 7월 12일 양기탁을 국채보상금 횡령이라는 죄목으로 체포했다. 1908년 7월 23일자 통감부문서 「양기자체포사건 속보(梁記者逮捕事件續報)」(문서번호 往電第一○號)를 보면 통감부 측이 꾸며 낸 시나리오는, 베델이 국채보상금의 일부를 애스터 하우스의 주인 마르탱에게 빌려주는 한편 한미전기회사의 콜브란에게 빚진 돈을 갚는 데 썼고, 이에 양기탁이 공모했다는 것이다. 결국 이 사건이 영국을 상대로 한 외교 분쟁으로 번질 조짐이 보이자 통감부는 양기탁을 무죄로 석방했다.

15. 『황성신문』 1907년 4월 19일~5월 1일자. 『대한매일신보』 1907년 4월 21일자.

주로 담배 선전인 것으로 추정한다. 그러나 해방 이전의 자료들은, 영화의 도래 시기와 상영 목적에 대해서는 비슷하게 기술했으나 영화를 유입한 주체가 누구인가에 대해서는 차이를 보인다. 해방 이전의 문헌을 정리해 보면 아래 〈표2〉와 같다.

이상과 같이 해방 이전의 자료는 유료 극장 상영을 영화 전래의 기점으로 삼은 「조선영화계의 과거와 현재(1)」을 제외하면 크게 1897년설과 1903년설로 압축된다. 1897년설의 원조는 심훈의 「조선영화총관」[17]으로

표2. 조선에 영화가 전래된 시기(해방 이전의 주장)

저자	출전	시기	상영 장소	상영 목적 및 내용
?	「조선영화계의 과거와 현재(1)」, 『동아일보』 1925년 11월 18일자	1905	동대문 안 광무대	희극적인 짧은 영화
심훈	「조선영화총관」, 『조선일보』 1929년 1월 1일자	1897 (?)	이현[16]의 본정좌	일본인 거류민에게 상영된 실사(實寫, 실제 경치나 상황을 찍은 영화를 의미―인용자)
손위빈 (孫煒斌)	「조선영화사―10년간의 변천」, 『조선일보』, 1933년 5월 28일자	1897	남산정 본정좌	일본인 거류민단에게 상영된 실사
?	「조선문화급(及)산업박람회―영화편」, 『삼천리』 제12권 5호, 1940년 5월	1903		도쿄의 요시자와상회를 거쳐서 수입된 영미연초회사의 선전 필름
임화	「조선영화발달소사」, 『삼천리』 제13권 6호, 1941년 6월	1903 (?)		요시자와상회를 거쳐 수입된 필름, 영미연초회사가 선전을 목적으로 상영
이치카와 사이	『아시아영화의 창조 및 건설(アジア映画の創造及び建設)』(1941)	1897 (?) 가을	이현의 본정좌	
조선영화 문화 연구소	『조선영화30년사』(1943)	1903	경성 시내	담배 선전을 목적으로 영미연초회사가 요시자와상점의 순회 영사반을 이용해 상영

손위빈과 이치카와 사이는 그 내용을 거의 그대로 따랐을 뿐이다. 「조선영화총관」에 기록된 대로 조선에서 영화가 대중화되기 전에 단편적으로 이루어진 상영 기록을 정리하면 〈표3〉과 같다.

심훈은 1897년의 상영은 일본인 거류민들을 위한 것이라고 했다. 그러나 당시는 일본에 영화가 도래한 지도 얼마 되지 않은 시점이라, 일본의 영사반이 조선까지 와서 상영했을지는 시기적으로 볼 때 약간 의문의

표3. 심훈, 「조선영화총관」의 기록

연도	장소	흥행 주체 및 입장료	내용
1897	이현의 본정좌		일본인 거류민들을 위한 실사
1898 가을	남대문통 상업은행 자리에 있던 중국인 소유의 창고	• 서대문 밖에서 애스터 하우쓰라는 회사를 경영하고 있던 프랑스인(?) • 입장료로 백동 한 푼, 또는 새로 발매된 '북표', '새표' 담배의 빈 갑을 받음	• 프랑스 파테사의 천연색 실사(정차장에서 승객이 오르내리는 광경, 배를 타고 협곡의 급류를 거슬러 오르는 광경, 개와 사람이 싸우는 광경) • 가스등(瓦斯燈)으로 영사
그 뒤	서대문 밖의 석유회사 창고(1929년 현재 전매국 창고)		• 위와 비슷한 실사 • 러시아 병정이 일본군대를 무찌르는 모험 실사
1903 ~ 1904	동대문 안의 전기회사 자리(광무대 터)	• 영미연초회사의 한성(漢城) 출장원이었던 영국인 '골불안', '버스터 윅' • 입장료 또는 '칼표' 담뱃갑이나 차표를 받음	• 사람이 말에 타려고 할 때 말이 뛰어오르는 모습 등을 담은 짧은 필름

---

16. 이현(泥峴)은 현재의 충무로 2가. 도로가 포장되기 전 비가 오면 진흙땅이 되는 고갯길이었기 때문에 조선인들은 진고개라 불렀고, 나중에 일본인들이 본정(本町)이라고 명명했다. 심훈에 의하면 본정좌(本町座)는 남산정(南山町) 마루턱에 있었던, 송판 쪽으로 만든 바라크였다.

17. 沈熏, 「朝鮮映畵總觀(一)」, 『조선일보』 1929년 1월 1일자. 같은 신문 1월 4일자에 '고등연예관 시대'까지를 다룬 2회분이 실렸고 이후 중단되었다.

여지가 있다. 1898년 가을의 상영도 마르텡의 애스터 하우스가 생기기 전이고, 북표 담배를 제작한 영미연초회사가 조선에 설립되기 전이므로 연도가 정확하다고는 볼 수 없다.[18] 또한 1903년 이전에 석유회사 창고에서 러일전쟁에 관한 영화가 상영되었다는 기술 역시 착오로 보인다. 러일전쟁이 발발한 것은 1904년 8월이고 조선에서 러일전쟁 활동사진이 일반에 상영된 것은 1905년 4월부터였기 때문이다.[19] 1903~1904년의 상영이란 『황성신문』에 광고가 나왔던, 동대문 안 전기회사 기계창에서 상영한 것을 의미하는 듯하다. 그러나 그 광고에는 칼표 담배의 빈 갑이나 차표를 대신 받는다는 내용이 없고 광고주도 밝혀지지 않았는데, 심훈은 상영 주체가 영미연초회사의 출장원인 '골불안', '버스트 윅'이라고 단정했다. 콜브란(Arthur H. Collbran, 가차는 高佛安 또는 骨佛完)과 보스트윅(H. R. Bostwick, 가차는 寶時旭)은 한성전기회사(1904년에 한미전기회사로 바뀜)의 경영자로 영국인이 아니라 미국인이었으며, 영미연초회사와 한미전기회사가 제휴한 것은 1906년부터로 사료된다.

이치카와 사이(市川彩)의 「조선영화사업발달사」는 1897년설의 근거로 영화사가들 사이에서 자주 인용되어 왔다. 조선에 영화가 전래된 기점에 대해 기술한 부분을 아래와 같이 번역해 보았다.

조선에 처음으로 영화가 소개된 것은 들리는 바에 의하면 메이지 30년(1897년―인용자) 가을, 경성 이현(현재의 남산정)에서 영화가 공개된

---

18. 영국연초회사와 미국연초회사의 합작 벤처기업인 영미연초회사(British American Tobacco Company)가 설립된 것은 1902년이다. 영미연초회사가 활동사진 관람료 대신으로 북표 담배의 빈 갑 20개를 받은 것은 『황성신문』 1906년 4월 30일자 광고에서 확인할 수 있다.

19. "新發明호 日露戰爭活動寫眞을尙洞德國公館前에서每夜演戱호오니僉君子는來臨玩賞호심을要홈 但空日만休業호오 南門內尙洞活動寫眞事務所 告白"―『황성신문』 1905년 4월 24일자.

때로, 이현의 중앙에 있던 본정좌가 그 장소로 사용되었다고 하지만 유감스럽게도 정확한 것은 모른다. 그 후 메이지 31년 10월 경성 서대문 밖에서 모 회사 경영자 영국인 아스토 하우스(일본어 발음 그대로─인용자)가 남대문통에 있는 한 중국인 창고를 빌려 프랑스 파테의 단편영화, 실사영화를 와사등으로 영사했고 입장료는 백동 한 닢이었으나 신발매 연초 빈 갑 10개를 지참한 사람은 무료로 관람할 수 있었다는 기록이 있다. 그 뒤는 서대문 밖의 석유회사의 창고 안에서 앞의 것과 비슷한 영화를 공개했으나 그때도 크게 인기를 얻어 많은 관객이 쇄도했다. 그 후 4, 5년이 지나 지금의 동대문 안 전기회사 창고터(옛 광무대 터)에서 영미연초회사의 출장원으로서 조선에서 처음으로 전차를 부설한 영국인 코르무안 및 베스토 웍(원문의 일본어 발음 그대로─인용자) 두 사람이 자기 회사의 궐련을 선전하고 처음 생긴 전차의 승객 흡수책으로 전차 선전을 겸해 메리·고·라운드나 영화관람장을 개설해 조선 대중을 위한 중요한 새로운 오락물을 제공한 일도 있다.[20]

태평양전쟁 발발 직전인 1941년 11월에 출판된 이치카와 사이의 『아시아영화의 창조 및 건설』은 대동아공영권론을 학문적으로 뒷받침하고, 영화가 선전과 경제의 측면에서 중요한 수단임을 계몽하고자 씌었다. 권두에는 대정익찬회(大正翼賛会)[21]의 동아국장(東亞局長) 나가이 류타로(永井柳太郎)가 쓴 서문과 「영화법 및 영화법 시행 규칙(映畵法及映畵法施

---

20. 이치카와 사이(市川彩) 편저, 『アジア映画の創造及び建設』(国際映画通信社出版部·大陸文化協会本部, 1941), 99~100쪽.
21. 대동아공영권론을 주창한 일본의 내각 총리대신 고노에 후미마로(近衛文儀)가 자신을 총재로 하여 1940년 10월 12일 발족한 정치단체.

行規則)」이 실려 있다. 영화신체제에 협력한 영화인이었던 이치카와는 일본영화의 해외 진출을 꾀하고자 아시아 영화의 역사와 시장 현황을 파악할 목적으로 각국의 자료를 참조하여 이 책을 집필했다. 출전은 밝히지 않았으나 심훈이 미국인 콜브란과 보스트윅을 영국인이라고 잘못 쓴 것까지도 그대로 답습한 것에서 알 수 있듯, 조선에 영화가 도래한 시기에 대한 이치카와의 기술은 심훈의 「조선영화총관」을, 영화관람장에 대해 언급한 후반부는 임화의 「조선영화발달소사」를 참조한 것으로 생각된다. 따라서 1897년설을 뒷받침하는 근거로 『아시아영화의 창조 및 건설』을 인용하는 것은 그다지 의미 없는 일이라 할 수 있다.

　해방 이전에 제기된 1903년설로는 〈표2〉의 「조선문화급(及)산업박람회─영화편」과 임화의 「조선영화발달소사」가 있다. 이들은 영미연초회사가 상영한 영화가 도쿄의 영화흥행업자 요시자와상점(吉沢商店)의 것이거나 요시자와상점의 영사반이 영사한 것이라고 기록했다. 요시자와상점은 1900년에 자체 기술로 영사기를 개발했고, 1908년에는 도쿄 메구로(目黒)에 영화 스튜디오를 건설하는 등 일본의 초창기 영화계에서 압도적인 성공을 거둔 회사였다. 1897년 2월 프랑스로 휴가를 다녀온 이탈리아인 용병 브라치알리니(Braccialini)로부터 시네마토그라프 기계와 필름 12편을 입수한 요시자와상점은 3월 9일부터 요코하마의 미나토자(港座)에서 그것을 상영했고, 3월 26일부터는 도쿄 간다(神田)의 긴키칸(錦輝館)에서 '착색 활동사진'을 상영했다. 환등부(幻燈部)를 설치해 일찍부터 환등을 제조, 판매, 영사하던 요시자와상점은 브라치알리니로부터 입수한 필름에다 환등 기술을 응용해 색을 입힌 착색 활동사진으로 인기를 끌었다. 또한 영사할 때의 광원으로 전기가 아니라 산소 가스등을 이용하는 방법을 개발해 지방의 산간벽지까지 순회 상영을 했다.[22] 요시자와상점의 영화는 착색 활동사진이었다는 점, 가스 영사가 가능했다는 점에서 심훈의 「조선영화총관」과 부분적으로 일치하지만 요시자와상점의 영화가 조선으로 수출되었다는 일본 측의 기록은 없다. 이 부분을 명확하게 밝힐 수 있다면 영화의 전래가 1897년이나 1898년으로 앞당겨질 가능성도 있다.

---

22. 츠카다 요시노부(塚田嘉信), 『日本映画史の研究—活動写真渡滑前後の事情』(現代書簡, 1980), 224~225 쪽과 다나카 준이치로(田中純一瞿), 『日本映画発達史 1』(中央公論社, 1968), 41~47쪽 참조.

2. 활동사진과 극장 체험

판촉영화, 활동사진소, 활동사진회

　이상과 같이 조선에 영화가 도래한 경위를 다른 지역과 비교했을 때 특이한 점은 영화가 그 자체의 가치로 흥행된 것이 아니라 상품 판촉을 위해 이용되었다는 점이다. 1903년 6월 23일자 『황성신문』에 실린, 현재 알려진 바로는 가장 오래된 영화 광고를 보자(24쪽 사진 참조).

　　東門內電氣會社機械廠에셔施術ᄒᄂ活動寫眞은日曜及陰雨를除ᄒ外
　　에ᄂ每日下午八時로十時ᄭ지設行ᄒᄂ디大韓及歐美各國의生命都市
　　各種劇場의絶勝ᄒ光景이具備하외다
　　許入料金銅貨十錢

　동대문 안에 있는 전기회사의 기계창고에서 일요일과 비 올 때를 제외하고 매일 밤 8시부터 10시까지 한국과 유럽, 미국의 도시와 극장의 광경을 담은 활동사진을 상영한다는 내용이다. 신문에 광고주는 게재되지 않았지만 기계창고의 소유주인 한성전기회사(Seoul Electric Co.)로 추정된다.

동대문 안 한성전기회사의 기계창고

전차역. 사람들 사이로 선로와 한성전기회사의 매표소 간판이 보인다.

한성전기회사는 대한제국 황실이 출자하고 콜브란과 보스트윅이 운영하던 회사로 1897년 5월 17일 서대문-종로-동대문-청량리에 이르는 전차를 부설한 바 있다. 이 회사가 자사의 창고에서 활동사진을 상영한 목적은 무엇일까? 기존의 한국영화사에서는 영미연초회사의 담배를 판촉하기 위해서였다고 기술했지만 보다시피 광고상으로는 빈 담뱃갑을 지참하라는 문구가 없으며, 도리어 10전씩 요금을 받았다. 약 2주 뒤에 실린 7월 10일자 기사를 보면 한성전기회사가 활동사진의 흥행 수입보다는 전차 이용객을 늘리고자 이 행사를 기획했다는 것을 짐작할 수 있다.[23] 그 기사의 내용은 매일 밤 천여 명에 이르는 관객이 활동사진을 보러 창고로 몰려들자 한성전기회사는 7월 7일 밤부터 서대문 안의 협률사에도 기계를 배치하여 활동사진을 상영했는데, 이날 화재가 발생해 관람객 다수가 부상을 입었다는 것이다. 협률사는 1902년 대한제국 궁내부의 관할로 설립된 실내 극장으로, 당시 이곳의 최하등석 요금은 50전이었다. 따라서 한성전기회사가 10전이라는 파격적인 염가로 영화를 상영한 것은 영화의 흥행 수입보다도 전차표 수입에 더 비중을 둔 것으로 해석할 수 있다.[24]

이후 한성전기회사는 자본 문제를 둘러싸고 대한제국과 마찰을 빚은 끝에 1904년 미국회사로 바뀌어 회사명도 한미전기회사가 되었다. 한미전기

---

23. "遊玩遭危
近日東大門內電氣鐵道社中에活動寫眞機械를購入하야士女의觀玩에供홈으로觀玩者가下午八時로十時灯지電車에搭載하야紛紛往觀하난디人山人海를簇聚하야每夕票價收入額이百餘元이오車票價도亦然한디三昨日은新門內協律社에도如彼機械一坐를排置하고觀玩케홈으로玩客遊女數千人이聚集하얏다가忽然電火가裂破하야滿室火光이奮迅홈으로衆人이一時驚動하야自相踐踏하며惑數仞墻垣에自墮하야衣冠毀裂者와破頭折脚者와傷脅壞肢者의類가無數한데翌朝에視之한則錦貝纓香佩等屬이며靴子繡鞋等屬이며紗羅衣幅等屬이惑半裁惑一隻惑一片이紛紛堆積하얏더라"―『황성신문』 1903년 7월 10일자.

24. 협률사의 관람 요금은 『제국신문』 1902년 12월 4일자 광고 참조. 전차요금은 『황성신문』 1902년 5월 6일자 광고 참조. 한성전기회사는 1902년 5월 7일부터 상등표 전차요금을 동화 10전, 하등표 동화 5전으로 갱신했다.

회사는 1906년 4월 30일부터 5월 15일까지 『황성신문』에 다음과 같은 광고를 게재했는데, 기존의 영화사에 기록된 것처럼 1903년의 광고에서가 아니라, 이 광고에서 처음으로 영미연초회사와 제휴 관계가 드러난다.

> 陽曆四月三十日(陰本月初七日)붓터東門內電氣會社에셔活動寫眞을
> 將行設示홀터인딕時限은下午八時로十時灯지호딕每夜에各樣寫眞을
> 供玩하며入場票價ᄂ舊貨十錢이오又英美煙草會社에셔製造혼오로도,
> 히이로,스잇하트,各十個나,북표,붕어표二十個빈쌉질을持來하야도許
> 入홀터이요
> 旦雨日은停止ᄒ옵
> 韓美電氣會社 告白

영미연초회사는 1906년부터 조선에 본사 판매부를 설치해 본격적으로 영업을 전개했다. 조선총독부전매국이 출판한 『조선전매사(朝鮮專賣史)』에 의하면 영미연초회사는 일본산 연초가 압도적이었던 조선 시장에 진출하고자 경품이나 각종 광고 방법을 통해 판로를 확장하려 했다.[25] 이 같은 맥락에서 영미연초회사는 담배 판촉을 겸하여 활동사진을 상영한 것으로 생각되는데 위 광고에서 보다시피 상영 주체는 한미전기회사였다. 1906년 통감부문서 제2권 중 「1906년 중 통감부 외무부에서 취급한 사항 목록(1906年中統監府外務府取扱事項目錄)」에도 '한미전기회사 내 활동사진 흥행의 건(米韓電氣會社內活動寫眞興行ノ件)'이 '콜브란에 관한 잡건(「コールブラン」ニ關する雜件)'이라는 항목에 포함되어 있다. 곧 영

---

25. 조선총독부전매국(朝鮮總督府專賣局) 편, 『朝鮮專賣史第一卷』, 1936, 146쪽.

미연초회사와 맺은 제휴는 상시적인 것이 아니었고, 처음부터 한미전기회사가 주체가 되어 '동대문 내 전기회사 활동사진소'라는 이름으로 미국에서 가져온 활동사진을 상영했던 것이다.[26]

1897년 일본에서 처음으로 사용된 '활동사진(活動寫眞)'이라는 용어가 어떤 경위로 조선에 들어왔는지는 알 수 없으나 1901년 9월 14일 『황성신문』의 논설을 통해 이 용어가 조선에서도 널리 쓰였음을 확인할 수 있다.[27] 이 용어가 정착하기 전에는 '팔딱사진', '움직사진'이라는 말도 쓰였다.

1903년의 상영 이후 서울에서는 활동사진을 비정기적으로 상영하는 활동사진소가 새로운 오락공간으로 자리 잡아 갔다. 1905년 남대문 안에 '상동활동사진사무소'가 있었고 1906년에는 한미전기회사가 본격적으로 '동대문 내 전기회사 활동사진소'라는 간판을 내걸었다. 1907년에는 마르탱이 서대문 밖에서 활동사진소[28]를 열었고, 이해 안창묵(安昌默), 이장선(李長善)의 합자로 단성사가 설립되었다. 그렇다고는 해도 전통적으로 야외에서 공연하던 우리 극 장르의 특징 때문에 영화 상영에 필수적인 실내 극장이라는 공간이 정착되는 데는 꽤 시간이 걸렸다. 그때까지는 영화를 단발적으로 상영하는 활동사진회가 전국에서 성행했다. 1905년부터 전국 각지로 퍼져나간 활동사진회의 상영 주체는 일본인 흥행사일

---

26. "美國에셔新倒훈各種活動寫眞을本社에셔每夜演技ᄒ오니 僉君子는 枉臨ᄒ시기企望홈 東大門內電氣會社活動寫眞所告白"―『황성신문』 1906년 8월 14일자.
27. 활동사진을 처음 본 사람이 쓴 논설 「사진의 활동이 산 사람의 활동보다 낫다(寫眞活動勝於生人活動)」에는 1900년의 북청사변(北淸事變)을 찍은 천연활동(天然活動) 사진을 관람하고 놀랐다는 기록이 있다. 『황성신문』 1901년 9월 14일자.
28. 활동사진소라는 간판을 내걸었지만 마르탱의 경우 활동사진뿐만 아니라 무용과 노래까지 포함해 일종의 레뷰 형식 프로그램을 구성했다. "活動은自下午八点至九点各唱善舞歌童과唱和吹笛은自九点至十一点"―『황성신문』 1907년 6월 4일~7월 4일자 참조.

경성고등연예관의 개관 기사(『황성신문』 1910년 2월 18일자)

목조 건물로 시작해 1918년과 1934년에 개축된 단성사. 사진은 1934년 12월 21일에 준공된 석조 건물.

때도 있었고, 모금과 계몽을 목적으로 하는 청년회, 부인회, 선교단체, 교육단체일 때도 있었다.[29]

극장의 분리와 관객성의 분열

영화가 도래한 뒤 약 10년간 한국에는 단발적인 판촉용 영화 상영이나 활동사진소, 활동사진회가 일시적으로 활동사진을 상영하는 형태가 이어졌다. 영화를 상시 상영하는 활동사진관 시대가 열린 것은 1910년 2월 18일에 일본인 거류지 황금정(현 을지로)에 경성고등연예관이 개관하면서부터였다. 특등부터 4등석까지 갖춘 이 극장은 연중무휴로 매일 밤 영화를 상영했고 매주 프로그램을 갱신했다. 개관 첫 주의 프로그램은 프랑스 파테(Pathé)사의 최신 영사기로 상영된 세계 각국의 자연(山水), 생활(人事의 現象), 코미디(滑稽), 진기(奇術·珍事)를 담은 활동사진과 일본 미인의 무용, 한국 기생의 무용 등이었다.[30]

흥미로운 점은 경성고등연예관의 개관 광고에 요시자와상점에 관한 실마리가 한 가지 발견된다는 것이다. 이 광고에 따르면 경성고등연예관에 고용된 영사기사는 아오모리현(青森県) 출신인 나카무라 하츠타로(中村初太郎)로, 요시자와상점과 파테사에서 기사로 활동한 인물이다.

고등연예관이 개관한 후 기존의 극장에서도 활동사진을 상시 상영하고 정기적으로 필름을 바꾸는 흥행 방법이 정착되어 갔다. 조선인 거주

---

29. 당시 활동사진회 광고 중 하나를 여기에 소개해 본다. "靑年會의活動寫眞 今月二十四日月曜下午八昨에龍山鐵道靑年會에서美國有名훈活動寫眞을鐘路靑年會館內에設호고入場券을使用호는디多數來臨호심을望훈다더라" ─『황성신문』 1909년 5월 23일자.
30. 『황성신문』 1910년 2월 18일자.

지역에서는 1907년에 생긴 단성사(團成社), 1908년 전후로 생긴 장안사(長安社)와 사동에 생긴 연흥사(演興社)[31]가 활동사진을 상영하기 시작했다. 일본인 거주지에서는 1912년 11월 앵정정(櫻井町) 1정목〔丁目: 마을을 번지보다 크게 구분한 것. 한국의 동(洞)에 해당〕에 생긴 대정관(大正館)과 1913년 본정(本町) 1정목에 생긴 희락관(喜樂館), 같은 해 황금정(黃金町) 4정목에 생긴 황금관(黃金館)이 활동사진을 상시 상영했다.[32]

활동사진이 수시, 또는 상시 상영되기는 했어도 그 시절의 극장은 오늘날과 같이 영화 전용관, 연극 전용관으로 나뉘어 있지는 않았다. 그 시절의 맥락에서 극장이란 영화와 연극뿐만 아니라 판소리와 전통 연희, 피아노 독주회에다 마술 공연, 심지어 권투 시합과 씨름까지 개최되는 근대와 전근대, 동양적인 것과 서양적인 것이 한 데 섞인 혼성적인 장소였다.

또한 당시에는 '관객'[33]이 오늘날과 같이 균일하며 단일한 집단으로 상상되지도 않았다. 영화는 같은 내용을 같은 장소에서 동시에 전달하는 대중 매체이지만 무성영화기 조선에는 민족, 계급, 젠더에 의해 분리, 또

---

31. 『한국영화전사』(앞의 책, 48쪽)에는 장안사와 연흥사가 1915년 전후로 생겼다고 기록되어 있다. 그러나 『황성신문』 1908년 7월 14일자에는 장안사에서 경성고아원에 기부하고자 관기들이 자선연주회를 연다는 기사와 연흥사에서 농공(農工)연구회가 설립 총회를 개최한다는 기사가 실려 있으므로 이 극장들의 설립 연도를 1908년 무렵으로 당겨 잡을 수 있다.

32. 대정관은 1910년 경성으로 이주해 토지 매매업으로 부를 축적한 닛타 고이치(新田耕市)가 설립했다. 희락관은 부산, 다롄에서 상업을 하다 1913년 경성으로 이주한 마지마 우메키치(間島梅吉)가 설립했다. 그는 닛카츠관주연맹(日活館主聯盟: 닛카츠 체인 극장주들의 모임) 조선간사를 역임했고 1935년 봄 경성부회 의원으로 당선되기도 했다. 황금관은 한국영화사에서 하야카와 고슈(早川孤舟)로 알려진 하야카와 마스타로(早川增太郞)가 설립했다. 그는 동아문화협회를 설립해 1923년 변사 김조성(金肇盛)과 기생 한룡(韓龍)을 주연으로 〈춘향전〉을 제작했다. 황금관은 1929년 도쿠나가 구마이치로가 인수해 동아구락부로 개칭했고 이후 황금좌로 다시 개칭되었다.

33. 오늘날의 '관객'은 영화를 보는 개개인이 아니라 같은 장소에서 같은 내용을 동시에 보는 균일한 집단을 의미하는 용어로 쓰인다. 오늘날의 영화관에서는 관객이 연령 제한 외에 제도적으로 분리, 배제되는 경우는 없다. 그러나 문화적인 분리와 배제는 여전히 존재한다. 예를 들어, 성인영화관은 '성인' 영화관인데도 여성 관객을 암묵적으로 배제하며 컬트영화관은 애호가와 비애호자를 분리한다.

는 위계화되는 '관객(들)'이 존재했다.

〈표4〉는 무성영화기에 경성에 있었던 극장(임시 상영장 포함)을 지역별로 분류해 본 것이다. 조선인들은 주로 북촌 지역의 극장들에서 영화를 감상했지만 그들 극장 중 상당수는 일본인이 경영했다는 것도 염두에 두어야 한다. 지방에도 평양, 원산, 부산, 대구 등에서 활동사진 상설관이 번창했으나 이에 대해서는 연구된 바가 거의 없다. 앞으로 이를 고증하여 한반도 전체의 영화사를 기술하는 것이 한국영화사의 중요한 과제라고 본다.

한국이 일본에 강제적으로 병합된 1910년 경성부의 인구는 24만 5985명으로 그중 일본인은 18.73퍼센트에 이르는 4만 6067명이었다.[34] 한일병합 이후 일본인 입식자(入植者)들은 본정을 중심으로 세력을 확장해 갔다. 행정구역으로 정해지지는 않았지만, 자연스레 식민지 조선의 수도 경성은 종로를 중심으로 하는 조선인 거주지 북촌과 본정을 중심으로 하는 일본인 거주지 남촌으로 나뉘게 되었다.[35] 남촌에는 일찍부터 본정좌(本町座, 혼마치자), 수좌(壽座, 고토부키자) 등 일본인 거류민을 위한 극장이 있었고 북촌에는 1902년 대한제국 황실이 세운 협률사를 비롯해 사설 극장 단성사, 연흥사 등이 세워졌다. 자연스레 조선인은 주로 북촌의 조선인 극장으로, 일본인은 남촌의 일본인 극장으로 모여들었다.

그러나 북촌의 극장이 재정적인 어려움으로 말미암아 일본인 자본에

---

34. 권태환 외, 『서울의 전통 이해―인구와 도시화』(서울시립대학 서울학연구소, 1997), 109쪽.
35. 조선시대에도 왕궁이 있는 서울 북촌에는 양반 관료들이 살았고 '남산골 샌님'이라는 말이 있듯 남촌에는 벼슬을 하지 않는 선비들과 중인 관리들이 살았다. 조선이 문호를 개방한 1885년부터 일본인의 서울 거주가 허가되어 남촌의 진고개 일대는 일본인 거주지로 지정되었다. 이후 북촌에는 조선인이, 남촌에는 일본인이 주로 거주하게 되었고, 본정은 새로운 상업지구로 부상하게 되어 일본인 자본의 각종 회사와 상점들이 즐비하게 들어섰다.

표4. 무성영화기에 경성에 있었던 극장

	극장명	소재지(현재 동명)	비고
북촌	단성사(團成社)	受恩洞(묘동)	1907년 개관
	원각사(圓覺社)	西大門 구세군 본영	1908년 관영극장 협률사(協律社)에서 개칭
	광무대(光武臺)	東大門 안 전기창고	콜브란의 활동사진소를 1908년 개칭하여 박승필이 경영, 1920년 황금정 4丁目으로 이전
	장안사(長安社)	敦義洞(돈의동)	1908년 무렵 개관, 요릿집 悅賓으로 변경
	연흥사(演興社)	寺洞(무교동)	1908년 무렵 개관
	우미관(優美館)	寬鐵洞395(관철동)	1913년 개관
	조선극장(朝鮮劇場)	仁寺洞(인사동)	1922년 개관
	미나도좌(みなど座)	鐘路5丁目(종로5가)	1930년 개관
	제일극장(第一劇場)	鐘路5丁目	1933년 미나도좌에서 개칭
	도화극장(桃花劇場)	馬浦桃花洞(도화동)	1933년 10월 11일 용산상영회(龍山商營會) 회장 도미이 지츠타로(富井實太郎)가 설립
	동양극장(東洋劇場)	竹添町1丁目(중정로)	1935년 개관한 연극 전용극장
남촌	경성고등연예관(京城高等演藝館)	黃金町1丁目(을지로1가)	1910년 개관, 1914년 폐관
	대정관(大正館)	櫻井町1丁目(인현동)	1912년 11월 니다 고이치(新田耕市)가 설립, 쇼치쿠영화 개봉관
	황금관(黃金館)	黃金町4丁目	1913년 개관, 1929년 동아구락부로, 다시 1938년 황금좌로 개칭
	희락관(喜樂館)	本町1丁目(충무로)	1913년 개관, 닛카츠 영화 2류관
	개성좌(開盛座)	龍山榮町(신계동)	1917년 가토 간타로(加藤金太郎)가 설립
	경성극장(京城劇場)	本町3丁目94	1919년 개관
	낭화좌(浪花座)	本町5丁目	1920년 11월 고토 다쿠조(後藤卓三)가 설립
	중앙관(中央館)	永樂町1丁目(저동)	1920년대 초 개관
	낭화관(浪花館)	明治町1丁目65(명동)	1920년대 초 개관, 외화·일본영화 2류관
	경룡관(京龍館)	漢江通3丁目14(남영동)	1921년 개관

넘어가는 경우도 있었고 한일병합 이후 일본인 자본이 북촌의 중심지인 종로로 진출하면서 일본인이 극장을 건설, 소유, 경영하는 곳도 생겨나 조선인과 일본인이 한 극장에서 영화를 보는 일이 발생했다. 그들은 같은 극장에서 같은 영화를 동시에 보게 되었지만 두 민족의 관람 경험은 결코 같지 않았다. 당시 극장의 객석은 조선인석과 일본인석이 나뉘어 있었고 입장료에 따른 객석의 등급도 있었다. 게다가 단성사, 연흥사 등 조선인 극장은 유교적 관습에 의해 남녀 혼석이 금지되었다.[36] 다음은 관객 분리와 위계화가 관객성(spectatorship)을 어떻게 분열시켰는지를 드러내는 예의 하나다.

> 거기서(고등연예관—인용자) 사상적으로 충돌이 난 일이 한 번 있습니다. 사건이 벌어졌습니다. 그걸 이제 내가 얘기할게요. 왜 그런고 하니, 유도하고 권투하고, 시합하는 단편영화가 있었어요. 그러면 이제 서상호가 무대에 서면, 서상호는 일본 놈 편으로 무대에서 박수를 치라고 가르치고 관중들은 한국 사람이 절반이니까 와~ 소리가 나고 말이죠. (중략) 일본 놈은 그냥 나막신 신은 채로 구르고 몇번 구르고 한바탕 야단을 치는데, 한국 사람 심리가 그거예요. 우우 소리를, 그냥 반대로 한 거죠.[37]

고등연예관은 만석인 경우 2000명이 들어가는 극장으로 1층은 입석과 장의자석, 2층은 일본식 다다미(疊: 짚으로 만든 두꺼운 깔개) 석이었다.[38]

---

36. 단성사 2층 붕괴 사건을 알린 1908년 7월 5일자 『황성신문』을 보면 단성사의 경우 남자석은 1층, 여자석은 2층에 있었다. 또한 1910년 1월 21일 연흥사의 남녀 혼석을 경찰이 금지했다는 기록도 있다. 신석호 외, 『年表로 보는 現代史』(신구문화사, 1972), 249쪽 참조.

37. 한국예술연구소 편, 『이영일의 한국영화사를 위한 증언록—김성춘 · 복혜숙 · 이구영 편』(도서출판 소도, 2003), 195쪽.

위의 일화를 전한 이구영(李龜永) 감독에 따르면, 그날 서양인 권투선수와 일본인 유도선수가 겨루는 영화가 상영되는 동안 서양인이 일본인을 때리면 1층의 조선인 관객이 함성을 올렸고 반대의 경우에는 일본인이 함성을 올렸다. 1층과 2층이 번갈아 함성을 올리다가 고무신과 게다가 날아다니는 싸움으로 발전했고, 결국은 임석 경관이 호각을 불어 저지하는 사태가 일어났다. 이때의 변사는 유창한 일본어와 뿡뿡이(고무 달린 나팔) 춤으로 유명했던 고등연예관의 주임변사 서상호(徐相昊)였는데, 일본인 유도선수 편에서 영화를 해설했다고 한다.

이 사건은 텍스트의 의미를 주관하는 해설자가 일본인을 영화의 주체로 호명했지만 조선인 관객들이 거기에 동의하지 않음으로써 발생한 것이다. 그들은 변사와 그가 호명한 주체에게 박수 대신 야유를 보냈고, 대신 변사에 의해 타자화된 백인 복서를 자신들과 동일시했다. 백인 복서에게 투영된 그들의 욕망에 따라 시각적으로 단일한 필름(film)에서 정반대의 의미를 지닌 또 다른 영화(cinema)가 만들어진 것이다. 이렇게 식민지 조선에서 영화는 분리된 관객성, 유동적인 관람 경험이라는 변수로 인해 종종 투사된 필름과는 전혀 다른 의미로 해석되었다.

특히 민족 감정에 의한 관객 동일시(spectator-identification)의 분열은 식민지의 극장에서는 언제나 일어날 수 있는 문제였다.[39] 한일병합 이후 일제에 의한 언론 통제와 한글 탄압은 이미 민족활자어(national print-languages)와 인쇄자본주의에 의해 공고하게 형성된 네이션(nation) 위에

---

38. 성동호(成東鎬)의 회고 참조. 한국예술연구소 편, 『이영일의 한국영화사를 위한 증언록―성동호·이규환·최금동 편』(도서출판 소도, 2003), 22쪽.

39. 물론 젠더와 계급, 연령 등에 의한 관람 경험의 차이와 관객 동일성의 분열도 염두에 두지 않으면 안 된다. 조선인 내부에서도 엘리트 남성들은 활동사진의 주관객이었던 여성, 학생, 노동자 관객을 열등하고 감상적이며 영화적 심미안을 갖추지 못한 타자로 취급했기 때문이다.

새로운 네이션을 덧쓰는(overwriting) 작업이었다.[40] 이 작업을 위해 일제는 식민통치 내내 영화를 적극적으로 이용하고 또 통제했지만, 의도했던 바와 다른 방향으로 관객들이 필름을 해석하는 것까지 막을 수는 없었다. 고등연예관 사건이 말해 주듯 조선영화가 없었을 때조차도 조선인 관객들은 영화를 통해 상상적 차원에서 억압에 저항했고 동포 의식을 다졌다.

---

40. 첫째 네이션은 민족, 둘째 네이션은 국가로 쓸 수도 있었지만 '네이션'이 공통 언어, 역사, 문화를 가진 민족이나 공동체로서 반드시 한 국가를 형성하지는 않는다는 점을 강조하고자 위와 같이 썼다. 내셔널리즘이 근대의 문화적 산물이라는 관점을 체계화해 온 연구 중 가장 널리 읽히고 큰 영향을 미친 저서는 베네딕트 앤더슨(Benedict Anderson)의 *Imagined Communities: Reflections on the Origin and Spread of Nationalism*일 것이다. 여기서는 1991년 출판된 이 책의 개정증보판을 완역한 윤형숙 옮김, 『상상의 공동체—민족주의의 기원과 전파에 대한 성찰』(나남출판, 2002)을 참조했다. 단, 서반구와 그 식민지를 대상으로 하는 앤더슨의 이론을 일본과 그 식민지의 관계에 적용할 경우 섬세한 주의를 기울일 필요가 있다. 예를 들면 앤더슨은 위의 책 8장에서 인종주의는 19세기 유럽의 식민지에서 발달했고 식민지인종차별주의는 왕조의 정당성과 민족주의 공동체를 접합하려고 시도한 '제국'의 개념에 중요한 요소였다고 주장한다. 그렇다면 인종적 차이가 없는 일본과 일본의 식민지에서 인종주의는 어떠한 양상으로 나타났을까? 이 주제는 거의 앤더슨의 관심 밖이지만 앤더슨 식으로 말하자면 그것은 철저히 언어적 기만으로 나타났다. 일제가 주창한 대동아공영권론은 서로 다른 피부색과 언어를 가진 아시아의 여러 민족을 '동양'이라는 기호로 호명하여 애국심과도 유사한, 동양인들끼리의 결속감을 배양하는 것을 목적으로 했다. 그러나 하나로 상상된 동양 안에도 인종 차별은 존재했다. 다만 백인의 인종차별주의에 비해 동북아의 그것은 피부색과 문화의 유사성 때문에 한층 페티시(fetish)화했다는 차이가 있을 뿐이다. 일본인에 대한 은어 '쪽발이(일본인이 발이 갈라진 버선을 신는 데에서 비롯되었다)'와 조선인에 대한 은어 '요보(조선인이 상대편을 여보라고 부르는 데에서 비롯되었다)'가 증명하듯 '같은 동양인'이라는 가까운 타자들 간의 인종차별주의는 의상과 언어적 차이에서 배양되었다. 한편 인종적 기원이 같은 일본인과 조선인 간의 이러한 페티시즘적 차별은, 바바(Homi K. Bhabha)의 이종 혼성 이론으로 해석하기에도, 그의 용어를 빌리자면 모호한(ambivalent) 것이다. *The Location of Culture*(Routledge, 1994)에서 바바는 프로이트의 페티시즘론에 기대어(따라서 바바의 이론에서 젠더와 섹슈얼리티의 문제는 처음부터 배제되고 만다) 식민지 주체의 불안이 페티시즘적 차이(페니스가 없는 인간이 있다/피부색이 다른 인간이 있다)를 부인하려는 데서 발생한다고 주장했다. 반대로 조선인에 대한 일본인의 불안은 '완전히 동일하지는 않지만 그다지 차이도 없는' 유사성에 기인한 불안이었다. 백인들처럼 피부색-문화의 시니피앙(signifiant: 기표(記標))이 성립 불가능하기 때문에 '내선일체(內鮮一體)' 영화는 의상-문화의 시니피앙에 강박적으로 집착한다. 이런 영화들은 일본인과 조선인은 하나라고 내선일체를 선전하면서도 일본인과 조선인이 서로의 옷을 바꿔 입은 모습은 절대로 보여 주지 않는다. 일본인 입식자들은 자기들이 조센진으로 구분하는, 피부색 같은 사람들이 어디까지나 조센진으로 머물기를 바랐기 때문이다. 이런 의미에서 단 한 편 있는 예외는 조선인 허영이 직접 각본을 쓰고 감독한, 글자 그대로 내선일체 영화인 〈그대와 나〉일 것이다.

활동사진 배급망

조선영화가 본격적으로 제작되기 전에 조선인들이 주로 보던 것은 어떤 영화였을까? 1910년대 중반부터 활동사진관이 전국적으로 퍼지면서 필름 배급이 원활해지고 입장료도 싸지자, 오늘날의 영화 팬에 해당하는 '애활가'가 등장했다. 이 시기 애활가들이 열광했던 것은 할리우드 영화였다. 일본영화는 남촌의 일본인 극장에서 주로 상영되었고 조선인 극장에서는 유니버설, 폭스, 파라마운트 등 할리우드 영화가 애활가들을 열광케 했다.

당시 유럽은 제1차 세계대전 중이었기 때문에 주요 영화 생산국이었던 프랑스와 이탈리아의 영화산업은 1918년까지 정체되었다. 한편, 유럽 영화의 정체를 도약의 토대로 삼은 할리우드 영화는 1916년 무렵 세계시장을 장악했고, 극동의 조선 극장가도 예외는 아니었다. 그 시절 애활가들의 인기를 독점한 것은 유니버설(Universal Film Manufacturing Company) 사의 〈명금(名金: 원제는 *The Broken Coin*)〉(1915), 〈철의 윤(鐵의 輪: 원제는 *The Iron Claw*)〉(1916) 등 '연속활극'이라 불렸던 시리즈 액션 영화와 〈독류(毒流: 원제는 *Shoes*)〉와 같은 블루버드 영화[41], '잡후린(雜侯麟: 채플린의 가차)'이 주연한 키스톤(Keystone) 사의 코미디, 파라마운트(Paramount)가 제작한 세실 데밀(Cecil B. De Mille)이나 그리피스(D.W. Griffith)의 장편영화 등이었다.

상영 프로그램은 일주일에 한 번씩 바뀌었기 때문에 애활가들은 현대인들이 텔레비전 연속극을 보는 감각으로 매주 연속활극을 보러 극장에

---

[41]. '블루버드 영화'란 장르명이 아니라 유니버설사의 대량 생산 시스템에서 생긴 브랜드명이다. 유니버설사의 소(小)프로덕션이었던 '블루버드 극영화사(Bluebird Photoplay Inc.)'에서 생산한 영화가 속칭 블루버드 영화로 불렸다. 여기서 생산된 영화는 대개 멜로드라마였다.

로이스 웨버(Lois Weber)
감독, 메리 매클래런(Mary
MacLaren) 주연의 〈독류〉

갔다. 따라서 이 시기 배급의 관건은 필름 스톡(film stock : 미개봉 필름)을
얼마만큼 확보했는가였다. 그러나 무성영화기 조선에서 영화 배급 경로
는 다소 복잡하고 안정되지 않았기 때문에, 활동사진관은 영화로만 채워
지기 어려워 늘 다른 공연 양식들과 함께 프로그램이 짜였다. 당시 중요
한 배급 경로 중의 하나는 일본의 영화사가 조선의 극장과 특약을 맺어
프린트를 공급하고 흥행 수익을 분배하는 부아이(步合) 방식이었다. 이
경우 일본 배급사가 프린트를 판매하는 것이 아니라 대여하는 조건이었
기 때문에, 조선에서 흥행이 끝난 후에 프린트는 다시 일본으로 회수되었
다. 따라서 같은 영화를 재상영하려면 또다시 프린트를 대여하지 않을 수
없었다. 남촌 영화관들의 경우 대정관은 쇼치쿠(松竹) 영화, 희락관은 닛
카츠(日活) 영화와 특약을 맺었고, 단성사는 1918년 일본의 덴카츠(天活:
천연활동사진주식회사)와 특약을 맺어 덴카츠가 입수한 유니버설사와 고
몽(Gaumont) 사의 필름을 고정적으로 확보할 수 있었다.

한편 조선에 지점을 둔 배급회사가 본국의 영화사로부터 프린트를 사
서 극장에 조달하는 방식도 있었다. 먼저 미국인 선교사인 모리스(G. H.

Morris)가 정동에 설립한 모리스상회는 1916년부터 유니버설사, 파라마운트, 폭스사(Fox Film Co.)의 영화를 배급했다. 미국인 조지 알렌(George R. Allen)도 1922년 황금정에 파라마운트 영화의 대리점을 설립했다. 또한 1920년 조선으로 이주한 일본인 도쿠나가 구마이치로(德永熊一朗)는 도쿠나가활동사진상회(德永活動写真商会)를 차려 워너브라더스(Warner Bros.)와 에프비오(F.B.O)의 영화를 배급했으며, 나중에는 일본의 중소 영화사인 도아키네마(東亜キネマ)와 도카츠(東活) 영화를 조선 전체에 배급했다.

도쿠나가는 배급뿐만 아니라 영화상설관 경영에도 손을 대었다. 황금관을 동아구락부(東亞俱樂部, 도아쿠라부)로 개칭하여 경영하다가 도아와 도카츠가 해산되고 난 뒤에는 송죽좌(松竹座, 쇼치쿠자)로 고쳐 경영했고, 1934년부터 춘천의 읍애관(邑愛館)을 직영했다.

한편, 조선인 배급회사 중에서는 이기세(李基世)가 설립한 기신양행(紀新洋行)이 가장 규모가 컸다. 이 회사는 메트로 골드윈(Metro and Goldwyn) 사의 영화를 배급했고, 일본에 있는 구미 영화사의 지사들과도 계약해 필름 스톡을 확보했다. 이기세는 1927년 8월 알렌에게서 파라마운트 조선대리점의 권리를 이양받고 이듬해에는 러시아의 소프키노(Sovkino), 영국의 브리티시 인터내셔널 필름(British International Film)과도 특약을 맺었다.

마지막으로, 개인적으로 필름을 입수해 일시적으로 흥행하는 경우도 있었다. 오늘날의 경우 무단 상영으로 법적인 문제가 되었을 테지만 영화의 배급 경로와 흥행권이 가변적인 당시였기 때문에 가능한 일이었다. 예를 들면 1914년 도일해 덴카츠와 데이코쿠키네마(帝国キネマ)에서 촬영을 배운 바 있는 이필우(李弼雨)는 종종 개인적으로 프린트를 입수해 조

〈동도〉의 리처드 바셀메스(Richard Barthelmess, 중앙)와 릴리언 기시(그 오른쪽)

선에서 흥행했다. 그는 당시 조선에서도 인기를 누리던 그리피스가 감독
한 〈동도(東道: 원제는 Way Down East)〉(1920)의 프린트를 일본인 업자
로부터 입수한 뒤, 직접 악단과 변사를 고용해 단성사에서 흥행했다. 릴
리언 기시(Lillian Gish)가 주연한 이 영화는 상당히 인기를 누려 1929년
까지 조선에서 상영에 상영을 거듭했다. 또한 그는 아직 조선에 토키(유
성영화=발성영화)가 대중화되지 않았던 시기에 토키영화인 프리츠 랑
(Fritz Lang)의 〈엠(M)〉(1931) 프린트를 일본에서 입수해 조명기사 김성
춘(金聖春)과 함께 흥행하기도 했다.[42]

---

42. 한국예술연구소 편, 『이영일의 한국영화사를 위한 증언록―유장산·이경순·이창근·이필우 편』(도서출판
소도, 2003), 232~236쪽 참조.

근대 극장이라는 정치적 공간

이렇게 1910년대 후반부터 영화는 조선에서도 대중오락의 왕으로서 전성기를 맞이했는데, 영화가 인기를 누리면 누릴수록 언어에 따른 극장의 분리는 더욱 명확해졌다. 과거에 남촌의 일본인 극장에서 알지 못할 일본어 해설을 들으며 영화를 관람해야 했던 조선인 관객들은 조선어로 해설을 하는 단성사, 우미관(優美館), 조선극장(朝鮮劇場)으로 옮겨 갔다. 이렇게 언어별로 영화관이 나뉘게 된 것은 영화의 발달과 변사 시스템 확립에 기인한 것이기도 하다.

스튜디오 시스템이 확립되고 무성영화 양식이 성숙함에 따라 1910년대 말부터 할리우드 영화는 길이도 길어졌고 내용도 한층 복잡해졌다. 이에 따라 변사의 역할도 이전에 비해 훨씬 중요해졌고, 관객들은 영화의 내용보다는 영화가 어떤 언어로 설명되는가에 따라 극장을 선택할 수밖에 없었다. 일본을 거쳐 들어오는 영화들에는 일본어 자막이 달려 있는 경우도 있었지만, 이 시기 조선인 관객들은 일본어를 거의 몰랐고 변사 시스템에 익숙했기 때문에 자막이란 으레 변사가 읽어 주는 것이라고 생각했다. 따라서 어떤 규제도 없었지만 변사 시스템에 의해 일본인 관객은 남촌의 극장으로, 조선인 관객은 북촌의 극장으로 자연스럽게 이동하게 되었다. 물론 언어의 차이와 민족적 마찰을 문제 삼지 않고 조선인 극장, 일본인 극장 양쪽을 이용하는 조선인 관객층도 존재했다. 특히 일본어를 이해하는 인텔리 계층이 그러했고, 일본어가 일상에 침윤한 1930년대에 들어서는 남촌의 일본인 극장에서 일본영화를 관람하는 것이 유행이 되기도 했다.

그렇다고는 해도 각 민족의 전용 극장은 영화를 각자의 언어로 우선적·배타적으로 해설했기 때문에, 극장은 민족적·언어적·문화적으로 균질하고 단일한 공간으로 상상되었다. 조선인 극장에서 관객들의 만세 고창과 격문 유포가 빈발했던 이유도 거기에 있었다. 1919년 3·1독립만세운동 때 일본군과 경찰이 무력 진압하여 가두시위가 불가능해지자, 3월 21일 밤 우미관과 단성사에서는 활동사진 상영 중에 관객이 일제히 일어나 독립 만세를 외쳤다.[43] 1929년 11월 3일 광주항일학생운동이 발발했을 때는 같은 해 12월 13일 조선극장에서 〈카츄샤〉가 상연되던 중 신간회 간부이자 조선일보 서무서기였던 김무삼(金武森)이

조선극장의 전속 변사와 경영진. 왼쪽 맨 위가 성동호 변사 (사진은 『현대성의 형성—서울에 딴스홀을 許하라』, 현실문화연구, 1999, 154쪽에서).

막간 휴게 중에 무대 위로 올라가 광주학생사건에 대한 문서를 낭독하다가 임석 경관에게 체포되었다.[44] 다음해 1월 16일, 광주학생운동의 여파로 동맹휴교를 결의한 서울 시내의 학생들이 또다시 조선극장에서 격문을 돌리고 만세를 불렀다.[45] 종로경찰서의 정사복 경관이 총출동해 출입구를

---

43. 문서번호 대정8형공 제1006호 「3·1독립선언 관계자 공판시말서(국한문)」, 『한국독립운동사자료집19』 (국사편찬위원회, 1994) 참조.

44. 문서번호 朝京 제250호 「경성을 중심으로 한 관내 선인학생 동요의 전말」, 『사상에 관한 정보철 제2책』(국사편찬위원회) 및 『동아일보』 1929년 12월 28일자 참조.

막고 관객들의 몸을 일일이 수색했다. 결국 학생들은 헌병에 체포되고 관객에게 배포할 수 있었던 격문은 단 20장뿐이었지만, 중요한 것은 그들의 정치적 선전이 같은 언어와 문자를 쓰는 관객-동포에 의해 극장 밖으로 전파되어 나갈 것이라는 점이었다.

이렇게 당시의 조선인들에게 극장이란 단순한 오락장이 아니라 공공적이며 정치적인 공간이었고, 그렇기 때문에 일제로서는 강력한 통제와 감시가 필요한 공간이었다. 통감부 시절부터 흥행취체규칙(興行取締規則)과 보안법(保安法)에 따라 조선의 극장에는 경관이 임석하여 감시를 했고, 총독부는 대규모 소요 사건이 있을 때마다 극장 영업을 강제로 중단시켰다.

---

45. 『동아일보』 1930년 1월 18일자 참조.

3. 연쇄극과 민간영화의 출발

부르주아 인텔리 계층과 영화

활동사진(상생관)과 새로 나온 궐련

활동사진을 볼 때도 연초가 필요.

새로 나온 평판 좋은 연초. 가격이 싸고 맛이 좋다.

목구멍을 상하게 하지 않고 경제적인 것이 화접 연초의 특징입니다.

연초를 무료로 받고 활동사진을 보려면 2등석 1매에 화접 1개, 페비 1개 증정, 3등석 1매에 화접 1개, 코스모스 1개 증정.

입장권 판매소 본정(本町: 부산부 본정, 현 동광동―인용자) 2정목 오우미야 지점, 변천정(辨川町: 부산부 변천정, 현 광복동―인용자) 비와코 상점, 본정 1정목 나카야마 상점, 옛 부둣길 모퉁이 후나토 상점, 목도(牧島: 현 영도―인용자) 나루터 마츠무라 상점

조선연초주식회사[46] (번역은 인용자)

---

46. 『부산일보(釜山日報)』 1917년 4월 3일자.

활동사진과 궐련의 제휴(tie-up)를 보여 주는 기사(『부산일보』 1917년 4월 3일자)

활동사진을 볼 때도 담배가 필요하다니, 1906년 영미연초회사와 한미전기회사의 제휴도 그러했지만 무슨 이유에서인지 무성영화 초기 조선에서 영화 흥행과 담배 판촉은 유착되어 있었다. 위의 광고는 1917년 일본어 신문 『부산일보(釜山日報)』에 실린 것으로 부산부 본정에 있던 극장 상생관(相生館)과 조선연초주식회사의 제휴 관계를 보여 준다. 오늘날과 달리 당시의 필름은 인화성이 강해 쉽게 불이 붙었고 극장은 대부분 목조였기 때문에 관객들은 늘 화재의 위험에 노출되어 있었다. 1924년 5월 21일 우미관 화재, 1930년 10월 8일 부산 보래관(寶來館) 화재, 1934년 3월 1일 평안북도 평안극장 화재, 1935년 1월 10일 조선극장 화재 등은 모두 상영 도중 필름이 인화되어 불이 난 경우였다. 그런데도 활동사진관에서는 관객의 흡연을 금지하지 않았고 극장 내 매점에서 담배를 판매하기도 했다.

1906년의 광고와 위의 광고를 비교한다면 10여 년이 지나는 동안 일어난 가장 큰 변화는 주객이 전도되었다는 것이다. 즉, 1906년에는 영화가 담배를 산 사람에게 보여 주는 덤이었지만 10년 뒤에는 담배가 영화 입장권을 사는 사람에게 끼워 주는 덤이 된 것이다. 동대문 전기회사의 창고에 모인, 갓 쓰고 연죽을 물었던 조선인들을 경천동지하게 만든 팔딱사진은 빠르게 일상적인 오락으로 정착했고, 극장에서 궐련을 피우며 활동사진을 감상하는 시대가 왔다.

한 가지 주의할 점은 위의 광고가 일본인 거류민을 위한 신문에 실린 일본어 광고라는 점이다. 1910년 한일병합 때 조선총독부는 기관지인 『매일신보』와 『경남일보』를 제외한 한글 신문을 전부 강제 폐간했다. 문화통치의 시작과 함께 1920년 한글 민간신문이 발행될 때까지 조선인들은 세상 소식으로부터 격리되든가, 총독부의 기관지를 읽든가, 아니면 일본어 신문을 읽는 수밖에 없었다. 이 시기에 일본어 신문을 읽을 수 있는 조선인 독자란 계층적으로 볼 때 근대적 교육을 받은 부르주아 인텔리로 한정되었다. 이 계층은 독립운동과 계몽운동의 구심점인 동시에 총독부로서는 협력을 구하지 않을 수 없는 토착 세력이었다. 또한 이 계층은 사회적 지도력과 인맥을 갖춘 한편, 식민지의 각종 이권에 개입할 경제력과 지식도 갖추고 있었다. 그리고 무엇보다 이 계층은 외래문화와 최신 유행에 민감한, 일본인 상점과 극장의 고객이기도 했다. 각종 근대적 문물의 수입과 유통에서 부르주아 인텔리의 활동은 두드러졌으며 영화계도 예외는 아니었다.

1912년 극단 문수성(文秀星)을 조직해 원각사에서 신파극[47]을 상연한 윤백남[尹白南: 본명은 교중(敎重)]은 와세다대학에서 수학한, 대한제국 황실의 국비 유학생이었다. 그는 1923년 총독부 체신국의 위탁을 받아

---

47. 일본 고유극인 가부키(歌舞伎)에 대항해 사실적인 근대극을 목표로 발달한 메이지 중기의 현대극. 처음에는 계몽극, 정치 선전극, 청일전쟁을 다룬 전쟁극 등 사회적인 주제를 담은 연극이 자주 만들어졌지만, 메이지 말기에 이르러 〈금색야차(金色夜叉)〉, 〈불여귀(不如歸)〉, 〈아베일족(阿部一族)〉 등 대중소설을 극화한 신파비극으로 변질되었다. 신파극은 오야마(女形: 가부키 용어로, 여성의 역할을 대신하는 남자 배우)를 사용하는 등 여전히 가부키의 영향력이 강하게 남아 있었고 과장된 연기와 갑작스러운 반전이 빈번한 감상적인 통속극이었기 때문에, 유럽의 근대적인 연극을 추구하는 신극운동 측에서는 이를 상업주의로 비판했다. 조선에 신파극이 들어온 것은 일본에서 이미 신파비극으로 변질된 1911년이었다. 조선에 유입된 '신파'라는 용어는 관객의 눈물을 짜내는 것에 흥행의 승부를 거는 통속 멜로드라마라는 뜻으로 정착했고, 오늘날에도 같은 의미로 사용되고 있다.

조선인으로서는 처음으로 감독이 되어 영화 〈월하의 맹세〉를 연출했고, 이후 문필활동을 하면서 각본가와 감독으로서 초창기 조선영화를 일구었다. 또한 교토 신파극계의 대배우였던 시즈마 고지로(靜間小次郎)에게 사사한 이기세는 귀국 후 개성 최초의 극장인 개성극장을 설립하고 전속극단 유일단(唯一團)을 창단했다. 1919년 조선문예단(朝鮮文藝團)을 창단해 연쇄극[48] 붐에 뛰어든 그는 나중에 영화배급자가 되었다. 그리고 이기세가 제작한 연쇄극 〈지기(知己)〉를 통해 이필우가 조선의 첫 촬영기사이자 현상기사로 데뷔했다. 예를 들자면 한이 없을 정도로 많은 부르주아 인텔리들이 도쿄로, 교토로 더러는 상하이로 건너가 영화를 배웠고, 모방했고, 토착화했다.

연쇄극의 토착화

지리적으로 일본과 가까운 부산의 일본인 거주지에는 경성보다 앞서 연쇄극 흥행이 시작되었다. 부산 부평정(富平町: 현 부평동)에는 1907년 부산좌(釜山座)가 설립되었다. 관주(館主)는 1875년 부산으로 건너와 미곡상으로 대부호가 된 오이케 다다스케(大池忠助)였다. 1915년 남빈정(南濱町: 현 남포동 2가)에는 행관(幸館)이 설립되었다. 행관은 1917년부

---

48. 메이지 말기에 발생해 다이쇼 초기까지 크게 유행했던 연쇄극은 활동사진을 신파극 상연 도중에 영사하는, 혼성적인 극 양식이다. 당시 일본에서 신파극은 이미 신선함을 잃었고 무성영화는 아직 연극에 비해 내러티브적인 한계가 있었기 때문에 양쪽을 적당히 조합한 연쇄극은 한때 가부키에 필적할 정도로 인기를 누렸다. 연쇄극에서 활동사진은 주로 연극으로는 표현 불가능한 공간과 시간을 연출하는 데 사용되었다. 예를 들면, 러일전쟁을 소재로 한 군사 연쇄극에서는 해전 장면에서 어뢰를 발사하는 필름을 영사해 극적인 효과를 높였다. 연쇄극은 활동사진에 비하면 제작 비용이 훨씬 싸고 내용도 대중적이었기 때문에 일본 전국에서 유행했다. 그러나 1917년 6월 개정된 흥행법에 따라 무대 공연과 활동사진이 분리되면서, 연쇄극은 급격히 쇠퇴하게 되었다.

터 하야카와 연예부〔황금관 경영자인 하야카와 고슈(早川孤舟)가 설립〕가 직영했다. 1915년 무렵 부평정에 보래관과 욱관(旭館)이 설립되어 일본에서 입수한 짧은 필름을 상영했다.

1915년 10월 16일 『부산일보』 광고에서 보듯 당시 일본인 극장의 프로그램은 3권(卷: 필름의 길이 단위. 필름통 하나에 들어가는 필름의 길이가 1권. 1권의 상영 시간은 영사 속도에 따라 10~12분 정도) 내외의 짧은 서양 활동사진(泰西寫眞)과 신파 연쇄극으로 채워졌다. 광고 아랫단의 초상 사진은 일본에서 신파극단을 이끌고 온 미즈노 간게츠(水野觀月)와 그 가족이다. 미즈노 일행은 『오사카마이니치신문(大阪每日新聞)』에 연재된 소설을 모태로 한 연쇄극 〈짝사랑(片思ひ)〉을 상연했다. 같은 광고에 "연쇄겸용(連鎖兼用) 태서활극(泰西活劇) 〈형사의 고심(刑事の苦心)〉, 신파비극 〈마법의 농(魔法籠)〉"이라고 되어 있는 것으로 보아 서양영화를 연쇄극으로 번안했던 것을 알 수 있다.

행관의 영화 광고(『부산일보』 1917년 4월 11일자)

한편, 경성에서는 황금관에서 1917년에 〈문명의 복수(文明の仇討)〉가 상연되었고, 1918년 7월 5일에는 극단 세토나이카이(瀨戶內海)의 연쇄극 〈불여귀(不如歸)〉, 〈나의 죄(我が罪)〉가 상연되었다. 〈불여귀〉는 임성구(林聖九)가 이끌던 혁신단(革新團)이, 〈나의 죄〉는 김도산(金陶山)이 이끌던 신극좌(新劇座)가 번안해서 신파극으로 무대에 올린 적이 있기 때문에 조선의 대중에게도 익숙한 레퍼토리였다.

세토나이카이의 연쇄극이 큰 반향을 일으킨 바로 이듬해 김도산을 비롯한 신극좌 배우들이 출연한 국산 연쇄극 〈의리적 구투(義理的仇討)〉가 만들어졌다. 1919월 10월 27일 단성사에서 공개된 이 연쇄극을 기획, 제작한 것은 단성사의 경영주 박승필(朴承弼)이었다. 앞에서 단성사가 1918년 일본의 덴카츠와 특약을 맺었다고 언급한 바 있는데, 박승필은

미즈노 간게츠 일행의 연쇄극 광고(『부산일보』 1915년 10월 16일자)

덴카츠의 촬영기사 미야카와 소우노스케(宮川早之助)를 고용해 〈의리적 구투〉와 동시에 다큐멘터리 〈경성 전시의 경(京城全市의 景)〉과 〈경성 교외 전경(京城郊外全景)〉을 제작, 상영했다. 〈의리적 구투〉의 대성공은 연쇄극의 연쇄를 불러왔고 혁신단, 조선문예단, 김소랑(金小浪)의 취성좌(聚星座) 등 기존의 신파극단들이 너도나도 제작에 뛰어들었다.

기존의 한국영화학계나 한국연극학계에서는 연쇄극이 연극인지 영화인지 모를 얼치기 양식이라는 이유로, 또는 일본에서도 한물간 양식을 무비판적으로 모방했다고 비판해 왔다. 그러나 비록 모방으로부터 시작된 양식이라 할지라도 연쇄극을 통해 나중에 조선 영화계의 근본이 되는 인재들이 육성된 것은 부정할 수 없는 사실이다. 혁신단에서 연쇄극의 각본을 쓰던 윤백남은 조선의 첫 영화감독이 되었고 첫 조선인 촬영감독인 이필우는 조선문예단에서 연쇄극을 촬영하면서 카메라맨 생활을 시작했다. 연쇄극에 출연한 배우들이 초창기 조선영화에서 활약한 것은 두말할 것도 없다. 또한 1935년부터 1970년까지 조명기사로 활약한 김성춘은 조선인의 손으로 만들어진 〈의리적 구투〉를 보고 영화를 만들겠다고 결심했다고 한다. 연쇄극은 이만큼 영화계에 큰 영향을 끼쳤으나, 그동안 연극학계에서는 "연극도 영화도 아닌 통조림연극" "신파극의 변태"로, 영화학계에서는 "영화로 보기에는 무리한 연극의 변형 양식" "영화예술이라기보다 연극 표현의 확대"라고 상호 배타적으로 평가해 왔다.[49]

최근에야 비로소 연쇄극은 연극과 영화 양쪽 모두에 포괄 가능한 혼성

---

49. 순서대로 이두현 『한국 신극사 연구』(서울대학교출판부, 1964) 70쪽, 유민영 『한국근대연극사』(단국대학 출판부, 1996) 292쪽, 조희문 「연쇄극연구」(『영화연구』 15호, 한국영화학회, 2000년 2월) 255쪽, 김수남 「연쇄극의 영화사적 정리와 미학적 고찰」(『영화연구』 20호, 한국영화학회, 2002년 8월) 86쪽.

(hybrid) 양식이자 한국영화의 기원으로서 재평가되기 시작했다.[50] 이러한 관점은 연극과 영화가 한 공간, 한 프로그램 속에서 향유되던 그 시절의 관람 환경을 감안할 때 더욱 설득력 있게 다가온다. 연극 전용 극장과 영화관이 확연하게 분리된 오늘날과 달리 연극과 영화가 같은 장소에서 연속적으로 펼쳐지는 데 익숙하던 당시의 관객들에게 연쇄극은 그다지 변형된 양식으로 여겨지지 않았을 가능성이 높다. 1935년 설립된 연극 전용 극장인 동양극장(東洋劇場) 이외의 극장에서는 연극과 영화뿐만 아니라 음악, 춤, 노래가 결합된 레뷰 형식으로 프로그램이 구성되었다. 당시의 극장은 이렇게 이질적인 장르들이 교차하고 혼합되는 장소였기 때문에 연쇄극이 활동사진인지 신파극인지, 또는 전혀 새로운 양식인지는 관객들에게 그다지 문제가 아니었다. 다만 당시에도 이 양식은 연극 종사자와 영화 종사자로부터 상업적이고 통속적이라고 비판을 받았는데, 뒤집어 보면 대중적으로는 굉장히 인기가 있었다는 말이 된다.

그렇기 때문에 제작자의 처지에서 연쇄극은 더없이 유용한 양식이었다. 물자가 태부족했던 2차 대전 중에 사카린이 설탕의 대용품이었던 것처럼 연쇄극은 영화의 값싼 대용품과도 같았다. 조선영화가 제작되기 시작하면서 연쇄극 붐도 가라앉았지만 이 양식은 1930년대 말까지 이어졌다. 영화를 만들 만한 자본이 없는 소규모 흥행사들과 전성기가 지난 배우들이 연쇄극을 만들어 지방 순회를 다니며 명맥을 유지했던 것이다.

1940년 조선영화령이 실시되어 영화 제작이 철저히 총독부의 통제하에 놓이게 되면서 연쇄극도 사라졌지만, 해방 이후에도 이 양식은 재등장했다. 생필름 품귀 현상으로 영화 제작이 말할 수 없이 어려웠던 1946년,

---

50. 전평국, 「우리 영화의 기원으로서 연쇄극에 대한 시론」(『영화연구』 24호, 2005년 1월) 참조.

제일극장에서는 연극배우들이 출연한 연쇄극 〈홍길동〉이 상영되었고[51] 약초가극단이 종로구청의 후원으로 연쇄극 〈그리운 강남(江南)〉을 제작한 바 있다.[52] 해방기의 혼란스럽고 물자가 부족한 환경에서 한국영화계는 과거로 돌아가는 듯이 보였다. 철 지난 옛날 영화가 상영 프로그램을 메우고 무성영화가 다시 만들어지는 사이, 연쇄극을 통해 부족한 물자로나마 영화를 만들어 보려 했던 움직임이 존재했던 것이다.

---

51. 앞의 책 『한국영화전사』, 216쪽.
52. 『동아일보』 1946년 6월 15일자 참조.

4. 관제영화와 식민지 근대화 프로젝트

경무국의 위생 활동사진

국산 연쇄극이 제작되기 시작한 1919년은 전국적으로 콜레라가 유행한 해이기도 했다. 방역에 골머리를 앓던 총독부와 경기도청은 방역정책의 일환으로, 활동사진을 통해 위생 관념을 보급하고자 경기도 주민을 대상으로 위생 활동사진을 상영했다. 영사기와 함께 일본에서 들여온 필름을 그해 9월 무료로 처음 상영했다.

'호열자(虎列刺: 콜레라의 가차) 예방에 관한 활동사진'이 의외로 인기를 끌었기 때문에 이듬해 다른 도와 부에서도 위생 활동사진을 상영하기 시작했다. 그리고 경기도청은 교육 효과를 더욱 높이고자, 조선인을 등장시켜 위생 활동사진을 제작했다. 그것이 바로 1920년 경기도 위생과의 요청으로 김소랑의 취성좌가 출연한 〈인생의 악귀〉였다.[53]

콜레라 예방을 위한 교육영화로서 〈인생의 악귀〉라는 제목은 다소 엉

---

53. 〈인생의 악귀〉의 제작 연도, 출연자, 내용에 대해서도 갖가지 증언과 기록이 있으나 이 책에서는 기존의 설을 검토해 김종원이 내린 결론에 따랐다. 앞의 책 『우리 영화 100년』, 68~73쪽 참조.

뚱하게 느껴지지 않을 수 없지만 영화의 내용을 살펴보면 이 제목의 함의가 드러난다. 이 영화에 콜레라 환자로 출연한 복혜숙(卜惠淑)에 따르면 그 내용은 다음과 같았다.

> 여름에 길에서 파는 오렌지 쥬스처럼 당시에는 '라모네' 라는 불결한 음료수를 마시고 한 사람이 전염병 호열자에 걸려 눕게 되자 환자를 옆에 둔 가족은 미개한 나머지 의사보다도 무당을 시켜 굿을 하여야 된다고 고집을 부리며 굿을 하다가 환자가 죽게 될 지경에 이르러서야 병원에 달려갔으나 의사가 도착하기도 전에 환자는 죽게 된다.[54]

이처럼 '인생의 악귀' 는 콜레라균이라기보다 조선인의 미개이며 그 악귀를 쫓아내는 새로운 무당은 근대 의학으로 표상되는 총독부의 근대화 정책이라는 것이 바로 이 영화의 숨은 의도였다. 〈인생의 악귀〉가 도식화한 대로라면 위생은 문명의 등가 개념이며 불결은 미개와 짝을 이루지 않을 수 없다. 그런데 이 영화가 주장하는 것처럼 콜레라는 과연 불결함 때문에 유행하는 병이며 위생과 근대 의학으로 예방과 치료가 가능한 질병인가? 의외로 알려지지 않은 사실이지만 콜레라는 1830년 무렵 등장한 새로운 유행병이다. 즉, 콜레라균은 거의 해마다 유행하는 인플루엔자 바이러스처럼 현대 의학으로도 통제와 박멸이 불가능한 병원균인 것이다.

콜레라는 인도 갠지스 강의 삼각지대에서 발생한 풍토병으로 2500여 년간 그 지역을 벗어난 경우는 없었다. 아이러니하게도 이 병이 세계적으로 유행하게 된 원인은 영국의 식민지 근대화에 있었다. 콜레라균은 새로

---

54. 위의 책, 71쪽.

놓인 철도와 배를 타고 여행자, 무역상, 군대와 행정관을 매개로 이제까지 가 본 적 없는 먼 거리를 여행했던 것이다. 1817년 처음으로 인도 전역에서 유행한 콜레라는 유럽으로 퍼져 나갔고 19세기 말까지 세계를 여섯 번이나 돌았다. 즉, 콜레라는 불결과 미개로 인해 유행하는 질병이 아니라 "인구 증가와 새로운 기술 시대의 도래를 알린 새로운 질병"[55]이었다.

1919년부터 조선에서도 유행하기 시작해 1920년 여름 전국에 퍼진 콜레라 역시 식민지 근대화로 인한 변화가 초래한 유행병이었다. 당시 콜레라가 창궐한 곳은 평양, 신의주, 진남포 등 일본, 조선, 중국 대륙을 잇는 교통의 요지로 급격히 팽창된 근대 도시였다.[56] 인구가 밀집한 이들 도시에서 콜레라 확산은 검역과 위생 관리가 허술한 농촌에 비해 오히려 더 심각했다. 이 수인성 전염병의 광범위한 유행은 도시의 환경오염과 과밀 인구 때문이었지만 총독부 보건정책의 핵심은 도시 환경 개선이 아니라 병원균 예방과 위생에 머물렀다.

1905년 통감부가 설치된 이래, 위생은 일제의 식민지 근대화 프로젝트의 일환으로 추진되었다. 통감부는 산하에 위생국을 설치하여 위생법을 실시했으며 조선인으로부터 위생비를 징수했다. 이토 히로부미(伊藤博文)와 대한제국 관료들의 다음 대화에서도 드러나듯 통감부의 위생행정은 일제의 식민지 지배에 메스를 쥔 의사와도 같은 권위를 부여했다.

---

55. Arno Karlen, *Man and Microbes*(Quantum Research Associates, Inc., 1995), 아노 카렌, 권복규 옮김, 『전염병의 문화사』(사이언스북스, 2001), 200쪽. 덧붙여, 산업혁명기 이래 세계적으로 범람하고 있는 콜레라와 인플루엔자에 대한 우리 인간들의 망각과 현대 의학의 근거 없는 낙관주의에 대해서는 이 책 9장 '콜레라와 인플루엔자의 대학살'을 참조하기 바란다.

56. 1899년 조선의 첫 철도인 경인선을 완공하고 철도 부설권을 장악한 일본정부는 1906년 경부철도를 매수하여 부산-경성-신의주를 잇는 '남북종관철도(南北縱貫鐵道)'를 완성했다. 1910년 남북종관철도와 항구를 연결하는 '평남선(평양-진남포)'을 완성한 일본은 1917년에는 다롄과 진남포를 잇는 국제항로를 개항했다.

이토 통감: 제군은 위생이 무엇인지를 자세히 모르는 것 같다. 위생이라는 것은 행정의 하나로 예를 들면 유행병을 예방하고 오물 단속 등을 담당하는 일이다. 그것에 비해 병원이라는 것은 개인의 병을 치료하는 것이다. 따라서 만약 장래에 한국의 교육이 발달하여 대학이 설립되면 이 병원이라는 것은 학부(學部)에 속해야 하는 것이다.

이지용 내무대신(李址鎔 內部大臣): 잘 알겠습니다.

이토 통감: 내가 보기에 귀국(貴國)은 아직 위생에 착수하지 않고 있다. 물론 종두(을미개혁으로 광제원에서 종두법을 실시하고 있었다―인용자)는 천연두의 예방이 되므로 위생으로 봐도 좋지만 일반위생으로 보면 아직 착수하고 있지 않다. 소위 위생이란 한 개인의 위생이 아니고 국민의 건강을 보호한다는 것은 국가의 건강에 대한 방해를 예방하는 것으로 해석해야 하므로 지방 행정과 밀접한 관계가 있는 것이다.

이 내상: 잘 알겠습니다.[57](번역은 인용자)

위생과 의료에 대한 이토 히로부미의 관점은 국가의 존재가 개인의 존재에 우선한다는 국가유기체설에서 비롯된 것이다. 이런 관점에서 위생은 단순히 개인의 청결을 유지하고 건강을 지키는 일이 아니라 국가적 기획이자 국가 발전의 척도로 간주된다. 통감부의 보건행정은 이 같은 맥락에서 조선인에게 위생을 강조 또는 강제했고, 통감부를 계승한 총독부도 경찰력을 이용해 위생을 강제했다. 일제강점기의 의료·위생·검역 행정은 경무총감부가 담당했고, 총독부는 위생계몽운동이라는 미명하에 위생을 조선인에 대한 탄압과 통제의 수단으로 삼았다. 경기도 위생과가 제작

---

57. 「韓國施政改善ニ關スル協議會 第八回 會議錄」(1906년 7월 12일 통감관사), 『통감부문서』 제1권.

한 〈인생의 악귀〉에서 보듯, 조선의 토착종교와 전통의학을 병원균과 마찬가지로 박멸해야 할 전근대적이고 미개한 것으로 인식시키는 일 역시 총독부 위생정책의 또 다른 과업이었다. 의학이 병원균을 박멸할 수 있다는 망상을 어쩔 수 없이 포기하게 된 오늘날, 인간은 병원균을 세계 각지로 퍼뜨리고 내구성을 키운 것이 바로 문명이자 근대였다는 점을 깨닫게 되었지만 20세기 초까지 무균 유토피아에 대한 신념은 흔들리지 않았다. 총독부가 건설하고자 한 위생제국(帝國)에서도 위생은 거역할 수 없는 근대적 가치로 개념 지어지는 한편 식민지 정책의 시혜로 선전되었다. 그리고 일단 성립된 위생 관념은 눈에 보이지도 않는 병원균을 의식하게 만들었고, 청결과 건강에 대한 강박을 민중의 생활 속에 퍼뜨렸다.

처음에는 경성, 원산 등 대도시 몇 군데에서만 시작된 위생 활동사진 상영은 1920년부터 전국으로 확산되었다. 공짜로 보여 주는 활동사진 때문에 위생 계몽 강연에 참가했던 조선인들은 1922년부터는 입장료를 징수했는데도 연일 상영장으로 쇄도했다. 경성부 위생계에서 상영을 주최한 위생 활동사진을 보려고 1만 5000여 명이 탑골공원으로 모여들었고(『매일신보』 1922년 6월 18일자), 호남 이리에서는 경찰서에서 주최한 위생 활동사진을 보려고 비 오는 날에도 600명이나 되는 관객이 상영장이었던 그 지역 소학교로 몰렸다(『동아일보』 1922년 7월 12일자).

총독부의 위생 활동사진이 상영된 극장, 공회당, 소학교, 공원 같은 근대적 공간은 조선인들이 위생을 배우는 장소였던 동시에 아이러니하게도 병원균이 우글우글 들끓는 장소이기도 했다. 〈인생의 악귀〉와 같은 영화를 보면서 위생과 문명, 불결과 미개의 조합에 의문을 던지는 관객은 아마 없었을 것이다. 오히려 돌아가는 길에 그들은 어제까지만 해도 무심코 마시던 우물물에, 어느 동네에나 있는 무당에게 미심쩍은 눈초리를 보냈

을지도 모른다. 위생 관념이란 말 그대로 결국 '관념'에 지나지 않았지만, 그것이 근대성과 결합했을 때 생기는 위력이야말로 강제 없이 자발적으로 군중을 동원할 정도로 대단한 것이었다.

체신국의 저축 장려 활동사진

관제영화 제작에 착수한 또 다른 관청이 있었으니 그것은 오늘날의 우체국에 해당하는 체신국(遞信局)이었다. 일본의 체신국에서는 1917년 덴카츠에 간이보험 장려극, 닛카츠에 우편저금 장려 만화영화를 위촉해 전국에 순회 상영한 바 있다.[58] 1922년부터 조선의 체신국도 영화반을 신설해 각지를 순회하며 저축 장려 활동사진을 상영했는데, 이 역시 위생 활동사진처럼 성황을 이루었다. 이어 1923년 체신국은 조선인의 우편저금 가입을 촉진하고자 민중극단(民衆劇團)을 이끌던 윤백남에게 영화 제작을 위촉했다. 완성된 영화는 그동안 한국의 최초 영화로 기록되어 왔던 〈월하의 맹세〉로, 1923년 4월 9일 경성호텔에서 기자 및 관계자 100여 명이 참가한 자리에서 공개되었다.

〈월하의 맹세〉는 노름과 주색에 빠져 가산을 탕진한 청년이 약혼녀[이월화(李月華) 분]의 아버지가 저축해 둔 돈으로 빚을 갚고 크게 뉘우쳐, 결혼하면 저축을 하며 열심히 살자고 맹세한다는 내용이었다. 총독부의 근대적 식민정책이 조선인의 전근대적 인식을 바꾼다는 점에서 구도적으로는 〈인생의 악귀〉와 다름없었다. 이번에는 조선인의 빈곤이 태만 탓인 것으로 그려졌고 도박과 주색이 새로운 '인생의 악귀'로, 체신국의 저금이

---

58. 앞의 책 『日本映画発達史 1』, 498쪽.

구세주로 등장했을 뿐이다. 또한 경무국의 위생 활동사진이 식민지 근대 도시와 위생 관념의 모순에 대해 침묵했던 것처럼 체신국의 저축 장려 활동사진도 식민지 경제의 구조적, 제도적 모순에 대해서는 어떤 언급도 없었다. 〈월하의 맹세〉에서는 체신국 저금의 수혜자가 조선인인 것처럼 묘사되지만 그 저금의 많은 부분은 전쟁 자금으로 쓰였다. 그리고 해방 후 지금까지 일본 체신국에 조선인이 가입한 저금, 보험, 연금은 미지급 상태이다.

총독부의 관제영화는 1920년대에 들어서 활발하게 제작되기 시작했는데 그 까닭은 근본적으로 총독부 정책의 변화에 있었다. 1919년의 3·1 독립만세운동 이후 일제의 통치정책은 헌병력을 동원한 '무단통치'에서 회유책인 '문화통치'로 전환되었다. 새 조선총독으로 부임한 사이토 마코토(斎藤實)는 '문화의 발달과 민력의 충실'이라는 슬로건을 내세우며 조선인의 저항을 누그러뜨릴 대책으로 '정치 선전의 강화', '친일세력의 육성·보호·이용', '참정권 문제와 지방제도의 개편', '계층 분단에 따른 분할통치'라는 4대 정책을 통치의 기조로 삼았다.

통치정책의 변화로 조선인에게는 언론·출판·집회·결사에 대한, 부분적이며 제한적인 자유가 주어졌다. 그러나 그 자유는 친일과 민족 분열로 이어지는 계기로 작용하기도 했다. 물론 제한적인 자유를 현명하게 이용해 민족 해방을 위한 새로운 방도를 찾은 이도 있었다. 그러나 문화통치의 혜택을 향수한 계층은 주로 부르주아 인텔리였고 그들은 점차 노동자, 소작농 같은 하층 계급과 멀어지면서 체제 순응적으로 변해 갔던 것이다. 민간 영화사업에서도 제한적인 자유는 제한적인 효과를 가져왔다. 이 시기 조선인 부르주아에게는 영화를 제작할 자유가 주어졌으나, 그들의 영화는 자금과 기술 면에서 따지면 출발선에서부터 총독부의 관제영화에 뒤져 있었고, 가까스로 완성된 영화에는 검열의 가위질이 기다리고 있었다.

5. 다큐멘터리와 국가의례

이토 히로부미와 다큐멘터리

조선 지배에 영화를 이용할 생각을 처음으로 해낸 일본인은 초대 한국 통감 이토 히로부미였다. 별장에서 여흥용으로 쓸 활동사진 촬영을 종종 요시자와상점에 의뢰했던 그는 일본 국민에게 한국 통치를 긍정적으로 선전하는 데 활동사진을 이용했다. 1907년 이토의 의뢰를 받고 한국으로 파견된 요시자와상점의 촬영기사 고니시 료(小西亮)는, 이토의 정치적 의도에 따라 한국의 평화로운 모습을 촬영하는 데 주력했다고 회고했다.[59]

통감부가 설치된 후 조선 각지에서는 항일투쟁이 벌어졌고 이를 진압하는 데 일본군이 투입되었기 때문에 일본의 언론은 한국의 동향에 촉각을 곤두세웠다. 이를 무마하고자 이토가 제작한 것이 바로 고니시가 촬영한 〈한국풍속(韓國風俗)〉(1907), 〈통감부 원유회(統監府園遊會)〉(1907)였다. 이들 영화에서 한국은 일본인 입식자가 꿈에 그릴 만한, 안전하고 평화로운 땅으로 표상되었다.

---

59. 다나카 준이치로(田中純一郎), 『日本教育映画発達史』(蝸牛社, 1979年), 23쪽 참조.

한편, 1907년은 선진 문물을 가르친다는 명목으로 이토 히로부미가 대한제국 황실의 황태자 영친왕(英親王)을 강제로 일본에 유학시킨 해이기도 하다. 한국 황실은 반대했으나, 태어나서 한 번도 궁 밖을 나서 본 적이 없는 열한 살 영친왕은 12월 일본으로 보내졌다. 인질로 잡혀간 황태자가 이토 히로부미에 의해 독살당했다는 소문이 장안에 돌기 시작했고, 이토는 이때도 역시 소문을 무마하는 데 활동사진을 이용했다. 마찬가지로 고니시가 이 일을 의뢰받아 황태자가 일본 궁내성 고관과 만찬을 나누는 모습, 승마하는 모습, 그네 타는 모습, 산책하는 모습 등을 촬영했다. 황태자가 일본 생활에 무리 없이 적응하고 있다는 것을 보이려고 이 필름은 대한제국 황실에 헌상되었을 뿐만 아니라 일본문화청의 주관으로 일반에까지 공개되었다.

이토의 연출은 선무 공작에만 그치지 않고, 영화를 이용해 새로운 '국토'를 양국 국민의 뇌리에 각인하고자 하는 데 이르렀다. 이 국가적 이벤트에 이용된 것이 대한제국의 황족이었다. 이토는 1907년 황실개혁이라는 이름으로 고종을 퇴위시키고 순종을 황제 자리에 앉혔다. 상투가 잘리고 일본식으로 대원수복(大元帥服: 천황의 서양식 예복)을 입고 즉위식에 임해야 했던 순종은 1909년 1월에는 메이지 천황의 순행을 본떠 서북 지방을 순행했다. 철도를 이용한 이 일본식 순행에는 한국인 학교와 일본인 학교의 학생, 일본 적십자사 사원, 애국부인회 회원, 관공서 직원 및 각 단체 대표가 동원되어 한국과 일본의 국기를 교차해서 흔들고 만세를 부르면서 황제를 봉영했고 또 봉송했다. 국가주의적 패전트(pageant: 장대한 볼거리)를 연출하고자, 황제가 가는 길마다 순행에 동행한 악대가 음악을 연주했고 밤에는 제등 행렬이 이어졌다.

「한황폐하 서북순행 계획(韓皇陛下 西北巡幸計劃)」(『통감부문서』 제9권)

을 보면 이 순행은 철저히 시각적으로 스펙터클하게 연출되었다는 것을 알 수 있다. 양 민족이 통합된 모습을 보여 주고자 사전에 고용된 사진사와 촬영기사들이 순행에 동행하여 그 광경을 기록했다. 교토 요코다상회(橫田商会)의 활동사진사 후쿠이 게이치(福井繫一) 외 세 명이 기록한 필름은 그해 5월에 일본적십자사와 애국부인회 주최로 한국에서 상영되었다. 그리고 일본에서는 〈한국일주(韓國一週: 또는 韓國觀)〉(1909)라는 제목으로 6월 1일 도쿄 간다의 긴키칸에서 상영되었다.

이토는 한국을 식민지화하려는 물밑 작업에 되풀이하여 활동사진을 이용했다. 1909년 8월 1일부터 이토는 영친왕에게 일본 소위의 군복을 입히고 지휘도까지 늘어뜨리게 하고, 도호쿠(東北) 지방과 홋카이도(北海道) 지방 순행에 데리고 나섰다. 이때 다시 고니시를 포함한 요시자와상점의 촬영반이 출장해 한국 황태자의 유학생활 동정과 한일 융화에 관한 이토의 연설을 필름에 담았다.[60] 그러나 순행, 연설, 영화를 이용한 이토 히로부미의 화려한 정치 공작은 그해 10월 중단되고 말았다. 하얼빈에서 안중근에 의해 암살당했던 것이다.

이토 사후에 한일병합으로 조선은 완전히 일본의 식민지가 되었고, 1910년부터 무관 총독들에 의한 지배가 시작되었다. 그들의 무단통치는 조선인들의 저항을 불러일으킬 뿐이었고, 3·1독립만세운동에 의해 더 이상 실행 불가능한 것으로 판명 났다. 뒤이어 문화통치가 실시되었는데, 사이토 마코토는 미디어를 이용한 국가 이미지 연출, 즉 '새로운 정치'[61]의 중요성을 잘 알았다는 점에서 이토의 계승자라 할 수 있다.

---

60. 이때의 연설에 대해서는 이은전기간행회(李垠伝記刊行会), 『英親王李垠伝—李王朝最後の皇太子』(共栄書房, 1978), 86~89쪽 참조.

조선총독부 활동사진반

1920년 4월 조선총독 관방서무부 문서과에 '조선총독부활동사진반' (이하, '활사반'으로 줄임)이 설치되었다.[62] 사이토 총독은 취임 이래 '주지 (周知)와 선전'이라는 정치 목표를 세워 총독부의 시책을 알리고 내선융 화를 선전했다. 이를 위해 인쇄물 배포, 박람회 개최, 시찰단 파견 등 여 러 가지 방법을 구사했는데, 영화나 환등을 통한 시각적인 선전이 매우 효과적이라는 사실이 드러났다. 1921년 열린, 전라남도 경찰서장 회의에 서 경찰서장들은 내선융화를 위해서 장래 촉진해야 할 제일의 수단으로 서 "활동사진 또는 환등을 확보한 선전반을 상설하고 도내를 끊임없이 순 회 선전할 것"[63]을 꼽았다. 이 같은 필요에 따라 활사반은 1926년까지 영 화를 11만 3400미터 제작했고, 848회 순회 상영을 달성했다. 활사반은 조선뿐만 아니라 연변 지방 조선인을 위문한다는 명목으로 간도까지 순 회하면서 총독부의 선전을 유포했고,[64] 조선 통치가 잘 되고 있음을 선전 하고자 일본에도 파견되었다.

활사반에서 제작한 영화 중 일본에서 인기를 끈 것은 〈조선사정〉 (1920)과 〈조선여행〉(1923)이었다. 전자는 한일병합으로 조선의 정치가

---

61. 게오르크 L. 모세는 공적 의례, 축제, 기념비, 연극, 스포츠, 합창단 등을 이용해 국가를 일종의 극장으로 만 들어, 대중이 자발적으로 국가적 의례의 신비한 분위기에 젖어들게끔 하는 근대 국민국가의 정치 기술을 '새로운 정치'라고 명명한 바 있다. George L. Mosse, *The Nationalization of the Masses: Political Symbolism and Mass Movements in Germany from the Napoleonic Wars through the Third Reich*(Howard Fetig, 1975).

62. 활사반에 대한 기술은 다음의 연구를 참조했으며 원전을 확인해 서지를 바로잡았다. 복환모, 「1920년대 조 선총독부 활동사진반의 역할에 대한 연구」, 『영화연구』 24호, 한국영화학회, 2005년 1월.

63. 朝鮮銀行調査部編, 『朝鮮事情』 1927년 7월 상반호(上半号), 43쪽.

64. 다음의 문서를 참조했다. 「出版警察槪況―不許可 押守 및 削除 出版物 要旨『民聲報』」, 『朝鮮出版警察月 報』 제11호, 1929년 6월 30일 발송.

안정되고 산업도 나날이 발전하고 있다는 내용이었다. 이 영화는 1920년 일본 각지에서 상영되었고, 조선총독부와 내무성의 정치적인 이해관계에 따라 도쿄의 귀족원과 중의원에서도 상영되었다. 이듬해에는 미국에서도 재미 일본인과 조선인을 대상으로 상영되었다. 한편 〈조선여행〉은 조선을 여행하는 일본인의 시점으로 만든 여행영화로, 실용적인 면이 인기를 끌어 해마다 속편이 만들어져 일본의 선만안내소(鮮滿案內所)에 안내 자료로서 비치되었다. 일본 내무성 경보국이 발행한 『영화검열시보(映画検閲時報)』에 따르면, 이렇게 조선 관광을 촉진하고 총독부의 시정을 일본에 선전하려고 제작된 활사반의 기록영화는 1925년 7월부터 1944년 2월까지 67편에 이른다.

그 밖에 조선에서 인기를 끈 활사반 제작 영화로는 〈내지사정〉(1920)과 〈군수단 내지시찰여행〉(1920)이 있다. 전자는 활사반이 〈조선사정〉을 일본에서 순회 상영하는 틈틈이 촬영한 영화로, 1920년 5월 조선 각 도(道)의 영사반에 프린트가 배부되어 대대적으로 상영되었다. 그리고 〈군수단 내지시찰여행〉은 총독부의 파견으로 일본을 시찰한 군수와 지방참여관의 여행을 담은 것이었다. 이 영화에는 일본의 풍물과 근대적 시설뿐만 아니라 재일조선인의 생활도 담겨 있었다. "내지에서 노동하는 조선인 근친자의 생활에 대해 우려하고 있던 눈은 오사카 방적 여공의 생활을 목격하고 내지 부인과 섞여 어떤 차별도 없이 즐겁게 업무에 분투하는 것을 보고 무엇보다 즐거워했다"[65]는 관방서무부 문서과의 상황 보고에서 역으로 읽어 낼 수 있는 것은 이 영화가 다큐멘터리의 현장성을 이용한 선전영화였다는 점이다.

---

65. 朝鮮総督官房庶務部文書課, 「郡守団内地視察状況の活動寫眞映寫」, 『朝鮮』 1920년 11월, 169쪽.

다큐멘터리의 이중성

　이상과 같이 이토 히로부미부터 무성영화기의 활사반까지 일제의 관제영화에 대해 개괄해 보았다. 여기서 주목하지 않을 수 없는 점은 이 영화들이 장르적으로 전부 다큐멘터리라는 것이다. 영화라는 매체는 루이 뤼미에르가 촬영한 영화들, 아니 그 이전의 첫 프레임에서부터 기록물(documentaires)의 성질을 가지고 있었다. 그러나 다큐멘터리 앞에서 관객이 늘 망각하기 쉬운 것은 그것이 '사실의 객관적 기록'이라기보다는 어떤 목적을 위해 촬영되었으며 편집된 '사실의 재구성'이라는 점이다. 물론 다큐멘터리는 사실을 폭로하는 도구로 사용될 수도 있지만 제도 영화(institutional cinema)에서 이 장르는 눈에 보이는 것을 사실로 믿게 만드는 색안경으로 작용하기도 한다. 이런 이중성 때문에 다큐멘터리는 일찍부터 프로파간다의 도구로 이용되었다. 처음에는 교육, 계몽, 정보 제공 등 주로 화이트 프로파간다(white propaganda)를 전달하는 데 사용되었던 이 장르는 양차 대전을 거치면서 블랙 프로파간다(black propaganda)에도 매우 유용하다는 점이 판명되었다.

　일제가 제작한 관제 다큐멘터리 중 가장 흔한 형태는 기행영화였다. 이토가 동반한 순종과 영친왕의 순행, 조선 지방관의 '내지' 시찰, 여행자의 시점으로 촬영된 조선 여행과 일본 여행을 담은 영화들의 목적은 새로운 공동체를 두 민족에게 각인하는 것이었다. 스크린에 투사된 풍경은 단순히 분절적인 여행지의 집합에 불과하지만 연속편집(continuity editing)은 관객들로 하여금 바다 건너 타자의 땅을 연속적으로 이어진 단일한 국토로 상상하게 만들었다. 이렇게 볼 때 영화는, 아니 영화야말로 새로운 정치에 이용하기에 더없이 적합한 매체라고 할 수 있다. 한 공동체가 한 장소에서 동시에 같은 영화를 본다는 것 자체가 바로 국가의례이기 때문이다. 카메라(지배자)가 취사선택한 프레임을 따라 아름다운 국토와 위풍당당한 순행의 장관이 연출되고 관객들이 그 다큐멘터리를 액면 그대로 믿는 순간 국가는 권력을 승인받는다.

내셔널 시네마의 미장센

2부

1. 조선총독부의 영화정책

민족영화와 국가영화

변사 시스템에 의해 민족별로 나뉘었던 식민지 극장에서 그 분리가 더욱 확고해진 것은 민족영화(national cinema)가 출현하면서부터이다. 첫 극영화가 〈국경〉[66]인지 〈월하의 맹세〉인지에 대한 이견은 있으나 현재 한국영화사는 1923년을 한국 극영화의 출발점으로 삼고 있다. 그러나 두 영화는 조선인이 출연하고 연출하기는 했으나 제작자가 일본인이거나 총독부이며, 그 점을 차치하고라도 내용상으로도 민족영화라 부르기는 어렵다.

이후에도 하야카와 고슈가 제작하고 감독한 〈춘향전〉(1923)과 〈비련의 곡〉(1924), 〈놀부흥부〉(1925), 부산에 거주한 일본인들의 합자회사 '부산조선키네마주식회사'가 제작한 〈해의 비곡(海의 悲曲)〉(1924)과 〈운

---

66. 〈월하의 맹세〉보다 앞선 1923년 1월 13일 〈국경〉이 단성사에서 상영된다는 광고가 『동아일보』 1923년 1월 11일자에 실려 있다. 일본의 우익단체 대일본국수회(大日本國粹會) 조선본부 회원이었던 도야마 미츠루(遠山滿)가 제작, 각본, 감독한 이 영화는 하루 만에 알려지지 않은 '부득이한 경위'로 상영이 중단되었다. 그 내용은 일본군이 중국과 인접한 국경 근처에서 무장 항일독립군(또는 마적)을 물리친다는 것으로 추정된다. 상영이 중단된 경위도, 이 영화가 조선인 관객들의 민족감정을 자극하여 시위로 번질 우려가 있었기 때문인 것으로 추정되고 있다.

영전〉(1925), 〈촌의 영웅〉(1925) 등이 일본인 자본으로 만들어졌다.

조선인 자본의 영화로는 단성사의 박승필이 제작한 〈장화홍련전〉(1924)을 시작으로 윤백남프로덕션이 〈심청전〉(1925)을, 이경손의 고려키네마가 〈개척자〉(1925)를, 이구영의 고려영화제작소가 〈쌍옥루〉(1925)를 제작했다. 조선인 자본의 영화사가 일본인 자본의 영화사보다 수적으로는 많아 보이나 실제로 1925년까지 조선인 자본의 영화사는 영화 애호가들이 사재를 털어 고작 한 편을 만들고는 해산해 버리는 영세한 형편이었다. 또한 그 내용도 조선의 고전을 영화로 옮긴 것이 대부분으로, 민족영화라기보다는 민속영화(folk cinema)에 가까웠다.

조선영화의 체질이 변한 것은 1926년부터라고 할 수 있다. 신소설 작가 조일제[趙一齊, 본명은 중환(重桓)]가 계림영화협회를 설립해 〈장한몽〉(1926), 〈산채왕(山寨王)〉(1926), 〈먼동이 틀 때〉(1927)를 제작했고 이필우의 반도키네마가 〈멍텅구리〉(1926)를, 배우 정기탁(鄭基鐸)의 정기탁프로덕션이 〈봉황의 면류관〉(1926)을 제작했다. 이 시기부터 조선영화는 고전에서 벗어나 현대극의 시대로 돌입했다. 그리고 이해, 훗날 무성영화기의 최고 걸작이자 항일민족영화의 대명사로 평가받게 되는 〈아리랑〉(1926)이 만들어졌다.

아이러니하게도 일본인 자본의 조선키네마프로덕션[67]에서 제작한 〈아리랑〉이 어떻게 민족영화가 될 수 있었는지는 뒷장에서 자세하게 다루겠지만, 시기적으로 1926년에는 조선인 제작자들 사이에서 민족영화를 만들려는 분위기가 조성되고 있었다. 조선인 영화자본이 고려키네마, 고려영

---

67. 1910년 경성 본정에서 요도야(淀屋)라는 모자 도소매업을 하다가 1918년 대정석분주식회사(大正石粉株式會社)를 세운 요도 토라조(淀虎蔵)가 1926년 설립한 영화사.

화제작소, 반도키네마, 계림영화협회 등 식민지의 이름인 '조선' 대신에 조국을 의미하는 다른 이름을 앞세웠던 것에서 알 수 있듯, 기술과 자본이 따라 주지 못했을 뿐이지 민족영화에 대한 그들의 욕구는 점차 차올라 발현될 곳을 찾고 있었다.

그러나 민족영화가 발현되는 데에는 기술과 자본 외에 또 한 가지 큰 장애물이 있었다. 그것은 조선영화를 국가영화(national cinema)의 틀로 지배하려 했던 총독부의 영화정책이었다. 1926년은 〈아리랑〉이 세상에 나온 해인 동시에 총독부가 '활동사진필름검열규칙'을 제정한 해이기도 하다. 이 시기부터 민족영화와 국가영화라는 두 가지 내셔널 시네마는 조선인 관객을 네이션(nation: 민족 또는 국민을 의미)으로 포섭하고자 경쟁에 돌입했다. 총독부는 기본적으로 일본 국내의 영화정책을 기준으로 조선영화를 규제했으나 때때로 식민지 정체(政體)의 특수성 때문에 시행 세칙이 달라지는 경우가 있었다.

총독부 영화정책의 기조는 영화산업에 대한 지원이 아니라 통제를 위한 것이었으며 그 주안점이 영화 검열과 영화를 이용한 국책의 선전에 있었다는 것이 특징이다. 일제강점기 총독부의 정책은 ① 무단통치기(1910년부터 1919년까지), ② 문화통치기(1920년부터 1937년까지), ③ 파쇼기(1937년부터 해방까지)로 나눌 수 있다. 그러나 총독부의 영화정책은 식민지 정체의 변화만이 아니라 조선영화의 변모와 테크놀로지의 변화를 반영하여 변화했다. ③의 파쇼기에 대해서는 4부에서 다루기로 하고 여기서는 ①과 ②에 걸친 무성영화기 총독부의 영화정책을 영화 관련 법규의 변화에 따라 검토해 보고자 한다.

무성영화기의 영화 통제

무단통치기 영화 통제의 연원은 1905년부터 시작된 통감부 체제로 거슬러 올라간다. 이사청(理事廳: 통감부와 함께 한성, 인천, 원산, 부산, 진남포, 마산, 목포 등에 설치된 지방 통치 기관)의 '흥행취체규칙(興行取締規則)'과 1907년 실시된 '보안법(保安法)'은 무단통치기로 이어져 각 지방 경찰부가 영화와 공연예술에 대한 통제를 담당했다. 경찰부는 흥행 인가와 정지뿐만 아니라 검열 권한도 가지고 있었다. 그러나 이 시기에는 아직 영사시설이 구비되지 않아서 필름이 아니라 영화설명서(영화의 줄거리를 요약한 것)가 검열의 대상이 되었다. 극장에서는 경관에 의한 임검(臨檢: 임석 검열)도 실시되었는데, 일단 흥행 허가를 받았어도 풍속과 공안에 저해된다고 판단되었을 경우 경관이 상영을 중지시킬 수 있었다. 경관은 자의적인 판단으로 임검의 권한을 여지없이 휘둘렀기 때문에 종종 흥행업자들의 원성을 샀다. 그러나 이 시기 흥행업자들로부터 가장 크게 원성을 샀던 규칙은 같은 필름으로 흥행하더라도 각 지방마다 관할 경찰부에 흥행 허가를 신청하고 검열을 받아야 한다는 비효율적인 조항이었다.

문화통치기에 들어선 1922년 새로운 영화 관련 법인 '흥행및흥행장취체규칙(興行及興行場取締規則)'이 경기도 훈령 제11호로 발령되어 경성부를 포함한 경기도 지역에 적용되었다. 이것은 기존의 규칙에 필름과 각본에 대한 검열 및 활동사진 변사 검정(檢定)에 대한 규칙을 추가한 것이다. 경기도 경찰부 보안과는 새 규칙을 시행하고자 1923년 필름검열소를 건축했고, 1924년 봄부터 그곳에서 필름을 검열하기 시작했다. 개정된 법에 따르면 흥행주는 경찰에 흥행 허가원을 제출하기 전에 먼저 각본과 필름을 제출해서 검열을 받아야 했다. 실제 검열 업무는 경부보(警部補) 세 명이 돌아가며 맡았고 검열 때에는 극장에서 필름을 설명할 변사를 파견했다고 한다.[68] 그러나 지방에서 흥행할 경우에는 예전처럼 각 경찰부가 영화설명서를 검열하고 흥행장을 단속했기 때문에 이중 검열에 대한 흥행주들의 반발이 있었다. 이에 총독부는 1924년 경기도에 이어 부산과 신의주를 대표 검열 지역으로 지정하고 경성, 부산, 신의주에서 검열을 통과하면 전국에서 흥행 가능하도록 검열을 통일하겠다고 발표했다.[69] 그러나 장비가 구비되지 않아 실제로 필름 검열은 1926년까지도 경성에서만 이루어졌다.

1926년 7월 5일 총독부는 '활동사진필름검열규칙'을 조선총독부령 제59호로 발포(發布)했다. 8월 1일부터 시행된 이 규칙으로 지방의 검열은 폐지되고 조선총독부가 전국을 통일하여 검열을 실시하게 되었다.[70] 경찰의 업무였던 영화 검열이 총독부로 옮겨진 셈인데 그 이유는 더 체계적이고 강력한 통제정책을 시행하기 위해서였다. 이전에 비해 무엇보다 크게 달라진 것은 흥행장에 대한 단속에서 필름 자체로 검열의 주안점이 옮겨 갔다는 점이다. 즉, 총독부의 정책에 반(反)하는 영화가 상영될 여지를 원천적으로 봉쇄한 것이다.

1926년은 조선영화가 본격적으로 제작되기 시작한 시기이기도 했으므로 총독부로서는 영화 검열에 대한 근본적인 검토가 필요했다. 이를 반영하듯 새로운 규칙 제1조는 총독부의 검열을 받지 않은 필름은 일절 상영을 금지한다는 것이었다. 이 조항에 따르면 일본에서 검열을 통과한 필름

---

68. 앞의 책 『이영일의 한국영화사를 위한 증언록—성동호·이규환·최금동 편』, 40~41쪽.

69. 『동아일보』 1924년 4월 2일 참조.

70. 여기서 잠깐 일본의 영화 통제를 살펴보자. 일본의 경우 1917년 8월 1일에 동경의 경시청 보안부가 '활동사진흥행에 관한 취체규칙'을 발령, 실시했다. 그리고 1925년 5월 26일 '활동사진필름검열규칙'이 내무성령 제10호로 발령되어 검열 업무가 경시청에서 내무성으로 옮겨갔다. 이 같은 사실에서 확인할 수 있는 것은 일제강점기 총독부의 영화정책이 기본적으로 일본의 영화정책에 연동하여 실시되었다는 점이다.

이라 하더라도 조선에서 상영할 경우에는 새로 총독부의 검열을 받아야 했다. 한편 그 조항은 일본에서와 조선에서 검열 기준이 달랐다는 것을 시사한다. 일본에서 검열의 가장 중대한 기준은 '황실호지(皇室護持)'와 '민족확인(民族確認)'이었다.[71] 그러나 조선에서 검열의 최대 목표는 말할 것도 없이 식민 지배에 방해가 되는 영화를 철저히 배제하는 일이었다.

새 규칙에 따른 검열 업무는 총독부 도서과가 맡게 되었는데 이 역시 치밀한 검열을 위해 마련된 조치였다. 신문·출판물을 검열하는 도서과가 필름 검열을 관할한다는 것은 영화를 필름에 쓰인 문서로 간주하고 그만큼 철저하게 조사하겠다는 방침을 천명한 것이었다.

한편, 새로운 규칙의 제2조는 검열을 받으려면 필름과 변사의 설명 대본 2부를 갖추어 조선총독에게 검열을 신청해야 한다고 명시했다. 이로써 형식상 검열의 전권은 조선총독이 쥐게 되었고 일관된 기준 없이 지방마다 달랐던 검열이 일원화되었다. 제3조에는 검열의 기준이 명시되었는데 이전과 마찬가지로 '공안, 풍속, 보건'이라는, 포괄적이면서 한편으로는 자의적으로 해석될 수도 있는 기준이었다. 이런 검열 기준에 의해 좌익영화와 항일영화뿐만 아니라 오락영화나 통속영화도 풍속 괴란이니 공안 방해라는 이유로 일부가 삭제되거나 제목이 바뀌었고, 최악인 경우 상영금지 당하는 일이 비일비재했다.

1934년 8월 7일 조선총독부령 제82호로 공포(公布)된 '활동사진영화 취체규칙(活動寫眞映畵取締規則)'이 9월 1일부터 실시되었다. "우리나라 고유의 국민성 및 선량한 풍속에 방해되는 것을 방지하고 한편으로 사회

---

71. '황실호지'란 황궁 비화와 같이 황실의 신성을 침범하는 것을 제한한다는 의미이며, '민족확인'이란 유교 도덕을 일본인의 민족성으로 간주하여 그것에 반하는 서양영화의 키스 신(scene) 등을 삭제한다는 의미였다. 앞의 책 『日本映画発達史 1』, 494쪽 참조.

교화적으로 우량한 영화에 대해서는 특별히 편의를 도모하기 위해"[72] 만 들어졌다는 이 규칙의 진짜 목적은 약 10년 전에 비해 훨씬 늘어난 외국영화 수입을 통제하려는 것이었다. 당시 조선에는 영화상설관이 96개 있었는데, 1932년의 통계에 의하면 상영된 영화의 총 길이는 1억 2098만 7906미터를 돌파했고 관객의 연인원은 593만 5363명에 달했다.[73] 그러나 이렇게 확대된 조선 시장을 점유한 것은 일본영화도 조선영화도 아니고 할리우드 영화였다. 이 법에 의해 그전까지 무제한이었던 외국영화 수입량이 1936년 중에 3분의 2 이내로, 1939년 이후에는 반으로 제한되었고 국산영화(일본영화) 수입은 확대되었다. 이에 비해 조선영화의 해외 수출(현상하지 않은 필름도 포함)에 대해서는 사전에 총독부의 허가를 받고 수출시 일본 세관에 수출 신고서를 제출하도록 명시했다(제9조). 조선영화 수출을 허가제로 한 취지는 조선의 사정이 여과 없이 일본에 전달되는 것을 막기 위해서였다.

마지막으로 새 규칙에서 가장 크게 달라진 점은 도지사에게 흥행업자가 상영하는 영화의 종류, 수량, 상영 시간을 제한할 수 있는 권한을 부여한 것이다(제5조). 이 조항은 "대중 교화의 중대한 사명을 가진 영화의 국책적 통제"[74]를 위해 만들어진 것, 즉 국책 선전영화를 강제 상영하는 길을 마련하고자 한 것이었다.

---

72. 『京城日報』 1934년 8월 8일자.
73. 윗글.
74. 윗글.

2. 상상된 민족영화 〈아리랑〉

해방 이후 한국영화사에서 조선영화를 국가영화의 범주에 포괄하고자 '친일영화 대 항일영화', '종속적 모방 대 민족적 전통', '통속 멜로드라마 대 리얼리즘 영화'라는 이항 대립에 입각하여 기술해 왔음은 머리말에서 논한 바 있다. 이 이항 대립에 의하면 항일영화=민족영화=리얼리즘 영화라는 등식이 성립하는데 대표적인 예로 언급되는 영화가 바로 나운규(羅雲奎) 감독, 각본, 주연의 〈아리랑〉(1926)이다.

이 영화는 그동안 3·1독립만세운동의 실패로 말미암은 좌절감과 식민통치에 대한 한민족의 저항정신을 획기적인 영화기법으로 묘파해 낸, 식민지 시기 최고 걸작으로 평가받아 왔다. 그런데 1990년대 말 이 확고부동한 항일민족영화 〈아리랑〉과 애국지사 나운규에 대해, 그와 같은 평가는 역사적 사실이라기보다는 신화에 지나지 않을지 모른다는 의문이 제기되었다.[75] 구체적으로 그 의문이란 〈아리랑〉의 감독이 나운규가 아니라 일본인 츠모리 히데카즈(津守秀一)일지도 모른다는 것과 〈아리랑〉이 일본 측의 선무 공작에 사용된 만큼 항일영화로 보기 어렵다는 것이다. 이런 의문은 영화를 보면 금방 풀릴 테지만 애석하게도 현재 〈아리랑〉의 필

름과 시나리오는 소실된 상태라 사실을 확인할 길이 없다.[76]

〈아리랑〉에 관한 연구는 부득이하게 당시의 문헌과 회고를 중심으로 한 2차 자료에 전적으로 의지해 왔다. 결국 〈아리랑〉에 관한 모든 연구는 아무리 객관적으로 면밀히 이루어진다고 해도 텍스트인 필름에 근거하지 않았기 때문에 추측의 영역을 벗어나지 못하는 위험을 안고 있다고 할 수 있다. 그런데도 과거의 다른 영화들과 달리 이 영화에 관한 연구가 엄청난 논란을 불러일으키고 필름을 찾으려는 노력이 끊임없이 이어지는 까닭은 〈아리랑〉이야말로 바로 민족영화의 상징이기 때문이다.

그러나 내가 이 장에서 시도하려는 것은 〈아리랑〉이 항일영화인가 아닌가, 〈아리랑〉의 감독이 나운규인가 아닌가를 증명하는 것이 아니라 〈아

---

75. 1997년 나운규 감독에 대한 전기 『나운규』를 펴낸 조희문은 〈아리랑〉이 상영되던 당시 『조선일보』와 『동아일보』의 신문기사와 광고, 순회 영사 상영 프로그램 등 새로운 문헌을 제시하며 〈아리랑〉의 감독이 나운규가 아니라 츠모리 히데카즈일 가능성, 〈아리랑〉이 항일영화가 아닐 가능성을 제기했다. 항일영화 〈아리랑〉과 거장 나운규에 대한 한국영화사상 초유의 비판은 큰 반발을 불러일으켰고 격렬한 논쟁으로 이어졌다. 조희문이 한국영화학회에서 이 같은 내용을 논문으로 발표했을 때 김종원은 "충분한 이해 없이 한정된 자료를 이용해 특정 영화와 인물의 존재를 왜곡하는 편협한 실적주의"라고 비난하며 주로 원로 영화인들의 회고와 관객의 감상 등 구술 자료에 의거해 반론을 펼쳤다. 김종원의 반론은 「차명된 민족영화 〈아리랑〉의 사료적 평가」(『영화연구』 13호, 1999년 8월)로 이어졌고, 그에 대한 조희문의 재반론이 「남북한 「나운규 연구」의 현황과 비교」(『영화연구』 16호, 2000년 8월)로 이어졌다. 한편, 이정하의 「나운규의 〈아리랑〉(1926)의 재구성」(『영화연구』 26호, 2005년 8월)은 위와 같은 오랜 논쟁 사이에서 가려진 〈아리랑〉의 대중성과 통속성에 주목하여 〈아리랑〉은 초창기 한국영화가 대중적인 영화문법을 완성해 가는 과정에서 중요한 계기가 된 작품이기도 함을 논했다.

76. 현재까지 〈아리랑〉의 필름은 소실된 것으로 알려져 있다. 호현찬의 『한국영화 100년』(문학사상사, 2000)에 따르면 1992년 당시 한국영상자료원 이사장이었던 지은이는 일본인 아베 요시시게(阿部義重) 씨가 〈아리랑〉의 필름을 소장하고 있다는 정보를 얻어 그를 방문했다. 아베 씨가 지은이에게 보여 준 소장 자료 목록에는 〈아리랑〉을 포함해 해방 전 한국영화가 40여 편 있었다고 한다. 아베 씨는 자신의 아버지가 조선에서 경찰의 촉탁으로 근무하면서 조선영화와 외국영화의 필름을 5만 권(1권은 필름 한 롤)가량 수집했고 전후 그것들을 일본으로 가져왔다고 주장했다. 그러나 당시 그는 자료가 아직 완전히 정리되지 않았다는 이유로 한국 측의 〈아리랑〉 공개 요청을 거절했다. 아베 씨의 소장 목록이 다시 화제가 된 것은 2005년 2월 9일 그가 타계한 뒤이다. 2005년 2월 11일자 『마이니치신문(每日新聞)』은 상속인이 불명한 상태에서 타계한 아베 씨의 소장 필름을 일본문화청이 접수해 조사할 예정이라고 보도했으나 소문이 무성했던 아베 컬렉션과 〈아리랑〉의 실체는 현재까지 밝혀지지 않았다.

리랑〉이라는 영화가 어떤 과정을 거쳐 민족영화가 되었는가를 밝히는 일이다. 그것을 증명하려면 당대, 전후, 현재 〈아리랑〉 담론의 추이를 분석할 필요가 있다.

〈아리랑〉 이전

1926년 10월 단성사에서 개봉된 〈아리랑〉은 일주일 단위로 프로그램이 교체되던 당시의 상영 시스템에서는 드물게 수명이 길었던 영화로, 약 4년에 걸쳐 전국의 주요 도시에서 16회나 상영을 거듭한, 조선영화의 최대 히트작이었다. 그러나 당시 일간지의 개봉 시사평을 보면 그 누구도 〈아리랑〉이 조선영화의 최대 히트작이 되리라고는 예감하지 못했다는 것을 알 수 있다. 제작사인 조선키네마프로덕션도 더 수익을 내지는 못할 것이라고 판단했는지 전국 흥행을 마치고는 단성사 소속의 흥행사였던 임수호(林守浩: 〈아리랑〉의 성공을 바탕으로 30년대 조선영화 배급의 일인자가 됨)에게 〈아리랑〉의 흥행권을 넘겨 버렸다.

그러나 해를 넘겨도 〈아리랑〉의 인기는 사그라질 줄 몰랐다. 조선극장은 1927년 2월 9일부터 조선 각지에서 성황리에 상영되었던 〈아리랑〉을 나운규의 신작 〈풍운아〉(조선키네마프로덕션, 1926)와 묶어서 재상영했다. 재상영인데도 〈아리랑〉은 대만원 성황을 이루었고, "관객이 너머 답지하야 입장치 못하고 도라가는 사람이 오륙백에 달하는 까닭으로"[77] 조선극장은 11일부터 13일까지 사흘간 매일 주야 2회씩 〈아리랑〉을 상영했다.

시간이 지날수록 〈아리랑〉은 단순한 흥행작이 아니라 일세의 명작으로

---

77. 「朝鮮晝夜二回興行」, 『동아일보』 1927년 2월 11일자.

자리매김해 갔다. 이에 따라 〈아리랑〉에 대한 식자층의 평가도 달라졌고, 무엇보다 이 영화의 대성공으로 조선영화 제작 붐이 일어났다. 그리하여 1927년에는 조선영화가 14편이나 만들어져, 일제강점기를 통틀어 최대 제작 편수를 기록했다. 일약 대스타가 된 나운규는 그중 3편의 각본, 감독, 주연을 맡아 전성시대를 열었다.

영화가 활동사진이라는 이름을 간신히 탈피한 당시의 조선에서 〈아리랑〉은 신기원을 세웠다. 이전에 보지 못했던 재미와 예술적 완성도로, 외국영화에 길들여진 관객과 비평가의 눈을 동시에 사로잡은 이 영화는 어떻게 탄생할 수 있었을까? 그것을 알기 위해 먼저 〈아리랑〉이 제작될 무렵 조선 영화계의 사정부터 살펴보지 않을 수 없다. 나운규에 따르면 〈아리랑〉 이전의 조선 영화계는 극히 열악한 상황에 처해 있었다.

내가 「아리랑」을 제작하기 전 1,2년은 조선영화 제작사업은 무서운 난관에 걸린 때다. 관객은 조선사람이 나온다는 것만으로는 만족하지 않았다. 조선영화는 따분하다, 졸음이 온다, 하품이 난다, 돈내고 볼 재미가 없다. 이런 소리가 나기 시작해서 나중에는 흥행이 되지 않고 당사자들은 어쩔 줄을 모르는 때였다. 그 당시에 조선에 오는 양화를 보면 서부활극이 전성시대요 또 대작 연발(連發)시대다. 그리피스의 「폭풍의 고아」를 보던 관중은 참다못해 발을 굴렀고 그리피스의 「로빈 후드」는 조선 관객의 손바닥을 아프게 하였다. 이런 때에 졸리고 하품나는 조선영화를 보러 올 사람의 수는 점점 줄어갈 수밖에 없었다. (중략) 그때에 누가 나더러 한 작품 만들어달라는 주문이 왔다―그러나 이 작품을 시작할 때에 깊이 느낀 것은, 졸립고 하품나지 않는 작품을 만들리라. 그러자면 쓰라림이 있어야하고 '유머'가 있어야 한다. 외국물 대작만 보던 눈에 빈약한 감을 없이 하려면 사람을 많이 출연시켜야 한다. 그래서 이 작품에 조선서 처음으로 800명이라는 많은 사람을 출연시켰다—이렇게 처음 된 「아리랑」은 의외로 환영받았다. 졸음 오는 사진이 아니었고 우스운 작품이었다. 느리고 어름어름하는 사진이 아니었고 템포가 빠르고 스피드가 있었다. 외국영화 흉내를 낸 이 작품이 그 당시 조선 관객에게 맞았던 것이다.[78]

〈월하의 맹세〉(1923) 이후 민간영화사가 설립되기 시작해 조선인은 비로소 '동포'가 등장하는 영화를 볼 수 있게 되었다. 그러나 그 시절의 조선영화는 영화를 위해 쓰인 오리지널 시나리오 없이 대개는 고전, 소설, 만화 등을 영화화한 것으로 문학의 조잡한 축약판에 지나지 않았다. 나운규의 회고대로 당시 인기 있던 할리우드의 대작들에 비교하면 조선영화는 빈약한 세트에 움직임도 별로 없고 편집도 엉망이었다.

그래도 처음에는 얼마간 인기를 누릴 수 있었는데, 왜냐하면 당시의 조선인 관객들은 영화의 질보다는 우선 동포가 나오는 '우리 영화'를 보고 싶다는 호기심으로 조선영화를 찾았기 때문이다. 그들에게 무엇보다 중요했던 것은 영화적 스펙터클이 아니라 누구나 아는 '우리 문학'의 영화적 재현, 바로 그것이었다. 따라서 이 시기에는 〈춘향전〉(동아문화협회, 1923), 〈장화홍련전〉(단성사, 1924), 〈놀부흥부〉(동아문화협회, 1925), 〈심청전〉(윤백남프로덕션, 1925) 등 조선의 고전이 인기리에 영화로 만들어졌고, 딱지본 고소설의 독자이기도 했던 조선인 관객들은 비록 영상이 모호하고 조잡하다고 해도 머릿속에 훤히 떠오르는 내러티브로 보충해 가며

---

78. 나운규, 「'아리랑'을 만들 때—조선영화감독 고심담」, 『조선영화』 1936년 11월. 조희문, 『나운규』(한길사, 1997), 163쪽에서 재인용.

그것을 즐길 수 있었다. 그러나 안일하고 어설픈 조선영화는 아주 잠시 관객을 잡아 두었을 뿐, 조선의 흥행계는 이미 할리우드 영화에 접수된 지 오래였다.

이 위기를 타계한 것은 참신한 기획과 각본으로 열악한 제작 환경을 극복한 〈아리랑〉이었다. 오리지널 시나리오라는 개념조차 없었던 시절, 나운규 감독은 소설을 대충 발췌해서 영화화하는 관행에서 벗어나, 영화만을 위한 이야기를 쓴 첫 각본가이기도 했다. 그는 자본의 혜택을 입지 못한 조선영화가 외국영화로부터 관객을 되찾으려면 무엇보다도 구상이 철저한 시나리오가 필요하다고 생각했다. 그런 인식하에 만들어진 〈아리랑〉은 형식적으로 외국영화에 뒤지지 않는 스케일과 스펙터클을 갖춘 (것처럼 보이도록 연출된) 영화였다.

또한 내용적으로는 외국영화처럼 조선인의 삶과 무관한 이야기가 아니라 '우리의 지금-여기'를 재현했기 때문에 공감을 얻을 수 있었다. 몰락해 가는 조선의 농촌을 배경 삼은 만큼 더욱 의미심장한 이 영화를 보고, 관객들은 주인공 영진이 일본 순사에게 끌려가는 라스트 신(last scene: '신scene'은 영화를 구성하는 단위로, 같은 장소 같은 시간을 배경으로 하여 일련의 행동이나 대사가 이어지는 장면을 말함)이 나오면 구슬픈 주제가 〈아리랑〉을 합창하며 눈물을 흘렸다고 한다.

당시 영화관이 있었던 곳은 식민지 근대화가 진전된 경성, 대구, 평양, 부산 등 대도시였고 그곳은 농토를 빼앗긴 이농민들이 도시의 하급 노동자가 되어 비참하게 연명하던 장소이기도 했다. 때문에 황폐한 조선의 농촌을 배경으로 가난한 소작농들이 주동 인물로 등장하는 〈아리랑〉의 소박하고 진솔한 이야기는 영화관의 최하등석을 메운 관객, 바로 그들 이농민 노동자의 심금을 울리지 않을 수 없었던 것이다.[79]

〈아리랑〉 이후

조선 영화계의 신기원을 열었던 〈아리랑〉은 인쇄 매체에도 지대한 변화를 불러왔다. 라디오가 대중화되기까지 유일한 매스 미디어였던 민간신문은 조선영화 제작 붐이 일자 곧 영화산업과 제휴를 맺었다. 이전에는 광고를 겸한 소개 문구 몇 줄에 그쳤던 영화 기사는 늘어가는 제작 편수에 맞춰 양적으로 형식적으로 변모했다. 기획 단계부터 캐스팅 결과, 크랭크인 소식, 로케 소식, 촬영의 진행과 종료에 대한 기사가 연속적으로 실렸고, 개봉 광고, 시사평 및 줄거리 소개, 배우와 감독의 인터뷰나 수기, 전문가의 비평이 지면을 풍성하게 장식했다.

뿐만 아니라 민간신문에는 영화란이 고정되어 영화 이론, 감독론, 영화사 등이 교육·교양 차원에서 게재되었다. 물론 오늘날의 연예란과 마찬가지로 영화배우와 변사들에 대한 가십 기사도 당시 영화란의 한 자리를 차지했다. 이 시기부터 대중오락으로 폄하되던 영화는 예술 장르의 하나로 인정받기 시작했다고 할 수 있는데 그 과정에서 영화인들뿐만 아니라 문인들도 중심적인 구실을 했다.

1927년 3월에 영화감독 안종화와 이경손(李慶孫), 『조선일보』 기자 김

---

79. 〈아리랑〉이 개봉되기 얼마 전부터 식민지 수도 경성의 영화 관객층은 급속히 변하고 있었다. 1926년 7월부터 12월 말까지 경기도의 활동사진관 관객 수는 76만 2998명이었는데 이는 같은 해 1월부터 6월 말까지의 관객 수 54만 9468명에 비하면 반년 사이에 약 40퍼센트나 증가한 것이다. 이 수치는 당시 영화가 급속히 대중화되었음을 의미한다. 그때까지 일부 유한계급에 한정되었던 영화 관객층은 도시 인구의 급증과 더불어 노동자 계급까지 확대되었다. 1926년 여름부터는 경성의 조선인 전용극장이었던 단성사, 우미관, 조선극장 사이에 맺어졌던 입장료 협정이 깨어지고 극장 간의 과열 경쟁에 따라 최하등석의 입장료가 10전으로까지 떨어졌다. 10전은 당시 가장 싼 오락으로서 인기가 높았던 활자본 소설 한 권 값에도 못 미치는 금액이었다. 즉, 〈아리랑〉이 개봉된 시기는 조선에서 영화가 소설을 제치고 대중오락의 중심이 된 시기이기도 하다. 기존의 조선영화처럼 고전의 영화화나 부르주아 청춘 남녀의 연애담이 아니라 농촌의 현실을 담은 〈아리랑〉은 조선인 전용극장 관객의 변모와 맞아떨어진, 실로 시의 적절한 영화였다. 1926년을 기점으로 한 영화 소비 국면의 변모에 관해서는 여선정, 「무성영화시대 식민도시 서울의 영화관람성 연구」(중앙대 석사논문, 1996) 참조.

을한(金乙漢), 조선사진관 사장 이우(李愚)가 발기인이 되어 조선영화예술협회가 창립되었고, 영화인과 문인이 서로 유기적인 관계를 맺어 신파극을 탈피하고 오리지널 시나리오를 연구하자는 목적으로 고한승(高漢承), 안석주[安碩柱: 필명은 석영(夕影)], 김기진[金基鎭: 필명은 팔봉(八峰)], 이종명(李鍾鳴) 같은 문인들이 동호회원으로 참가했다.[80]

또 1927년 12월 6일에는 경성에 본사가 있는 한글 신문의 학예부 기자들이 찬영회(讚映會)를 조직했다. 『동아일보』의 이익상(李益相), 『조선일보』의 안석영, 『매일신보』의 이서구(李瑞求), 『중앙일보』의 김기진, 『중외일보』의 최상덕[崔象德: 필명은 독견(獨鵑)] 등 각 신문사에서 한 명씩 대표로 참가한 찬영회는 단성사, 우미관, 조선극장과 제휴해 명화감상회와 강연회를 주최했고, 신문 지면을 통해 영화 비평을 주도했다. 구성원의 대부분이 기자와 작가를 겸업하던 문화 엘리트 집단이었던 찬영회는 월권행위로 인해 영화인들과 충돌했고 결국 '찬영회 사건'[81]으로 해산하고 말았지만 영화, 문학, 신문의 결합은 그 뒤로도 여전히 공고했다.

〈아리랑〉 이후, 문학에 비해 영화를 대중에 영합한 저급 예술로 취급하고 특히 조선영화에 대해서 혹평을 삼가지 않던 문인들의 인식이 바뀌었다. 단지 영화 한 편이 그때까지 어떤 시와 소설도 따라오지 못할 위력을 보였던 것이다. 〈아리랑〉은 자본과 기술이 극히 빈약한 환경에 처한 조선영화도 좋은 기획과 시나리오가 있다면 양질의 작품을 생산할 수 있으며 또한 그 나름의 흥행 수입도 올릴 수 있다는 것을 증명했다. 이후 오리지널 시나리오에

---

80. 조선영화예술협회의 창립에 대해서는 앞의 책 『한국영화측면비사』, 132쪽 참조.
81. 찬영회 기자들이 쓴 영화인에 대한 가십 기사, 불공정한 영화 비평, 향응과 여배우 접대 요구에 분개해 조선키네마프로덕션의 배우들, 아성키네마, 동양영화주식회사, 조선프롤레타리아예술동맹의 구성원들이 1929년 12월 31일 밤 찬영회 기자들을 조직적으로 폭행한 사건. 영화인들과 찬영회 기자들은 폭력행위취체규칙 위반으로 종로경찰서에 구속되었고, 찬영회와 영화인 간의 협상 결과 찬영회는 해산하고 양쪽 모두 석방되었다.

대한 관심이 높아졌고 우선 종이 위에서 영화를 구상해 보고자 하는 작가들이 나타났다. 그들의 시도에 지면을 제공한 것이 바로 한글 신문이었다.

〈아리랑〉이 개봉되고 약 한 달 후부터 "조선서 처음 되는 영화소설"[82]이 연재되었고 이후 시나리오, 콘티뉴이티, 촬영 대본, 시놉시스, 영화방송대본, 시네소설, 시네포엠 등의 이름을 가진 '영화문학'[83]이 신문 연재 소설란의 한 자리를 차지하게 되었다. 영화문학이라고는 해도 자본과 기술이

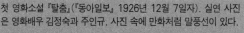

첫 영화소설 『탈춤』(『동아일보』 1926년 12월 7일자). 실연 사진은 영화배우 김정숙과 주인규. 사진 속에 만화처럼 말풍선이 있다.

이광수 원안, 윤백남 각색의 시놉시스 「정의는 이긴다」(『동아일보』 1930년 9월 26일자). 필름 프레임 형태의 실연 사진에 주목.

부족해 영화화되지 못하는 경우가 더 많았으나, 비록 '지상(紙上) 영화'였지만 매일 같은 내용을 동시에 동포에게 전달하는 매체로서 한글 신문은 조선인에게 '민족영화'를 상상하게 하는 매개로서 중요한 역할을 했다.

신문을 통해 영화문학이 크게 인기를 얻으면서 기존 영화의 소설판(novelization)도 나왔다. 흥행작을 위주로 한 영화의 소설판은 당시 신문 연재 영화소설과 마찬가지로 '영화소설'이라는 이름으로 단행본으로 출판되었다. 카프의 영화비평가 서광제는 영화의 소설판에 대해 "하등 형식과 내용이 영화와 관련이 없음에도 불구하고 「영화소설」이라는 렛텔을 붙여놓았으니 이것도 조선이 아니고는 볼 수 없는 현상의 하나이다"[84]라고 했다. 그는 영화소설의 유행을 조선 영화계의 후진성에 기인하는 것으로 보고, 단행본 영화소설에 관해서는 영화 배급자와 출판사가 상업적인 목적으로 출간한 상품에 지나지 않는다고 비판한 것이다.

그러나 조선의 경우 영화의 소설판은 영리를 목적으로 한 상품이라고

---

82. 『동아일보』 1926년 11월 8일자 광고. 작가 심훈(沈熏: 본명은 심대섭(沈大燮))은 『동아일보』의 기자로 활동했으며 1926년 일본소설을 번안한 〈장한몽〉(계림영화협회)이 영화로 만들어졌을 때 이수일 역을 맡아 영화계와 인연을 맺었다. 1926년 12월 17일자 『동아일보』에는 『탈춤』이 곧 촬영을 개시한다는 기사가 실렸으나 당시 조선 영화계의 현실로 볼 때 영화소설의 규모가 지나치게 큰 나머지 심훈은 이를 포기할 수밖에 없었고, 1927년 〈먼동이 틀 때〉(계림영화사)로 비로소 감독으로 데뷔했다. 이후 1935년 『동아일보』 발간 15주년 기념 현상 공모에 당선된 심훈의 소설 『상록수』를 고려영화주식회사가 1936년에 사운드판(대사는 없으나 음악과 음향이 들어간 발성영화)으로 영화화하려 했으나 무산되었고 심훈은 그해 9월 타계했다. 그가 남긴 영화평론은 『沈熏文學全集 3』(탐구당, 1966) 참조.

83. 명칭에서 알 수 있듯 이 새로운 문학양식들은 시, 소설, 희곡 등 기존의 문학 장르로부터 파생된 것이다. 오늘날과 같은 형태의 시나리오가 성립된 것은 1930년대 후반이고 이 시기의 영화문학에는 기존 장르의 영향이 강하게 남아 있었다. 또한 이 시기의 영화문학은 오늘날의 시나리오처럼 영화 제작만을 목적으로 하기보다는 레제드라마(Lesedrama: 독일문학의 한 양식으로, 상연을 목적으로 하지 않고 읽기 위해 쓴 희곡)처럼 읽기 위해 씌었다. 그중에서도 가장 인기가 있었던 것은 영화소설로, 『승방비곡』, 『유랑』, 『은하에 흐르는 정열』, 『애련송』 등 몇몇 작품은 독서용에 그치지 않고 각색되어 실제 영화로 만들어지기도 했다. 해방 전의 영화문학에 대해서는 졸고 「영화소설연구」, 『2003년 영화진흥위원회 우수논문공모 선정논문집』, 한국영화진흥위원회, 2003 참조.

84. 서광제, 「영화의 원작문제」, 『조광』, 1937년 7월, 321쪽.

할 만큼 크게 유행하지는 못했다. 서구의 경우 영화의 소설판은 애매모호한 무성영화의 분절적인 내러티브와 덧없이 흘러가고 마는 영상을 확고하게 붙잡으려는 '관객-독자'의 욕망에 부응해 영화를 '문자로' 재생한 것이었다. 따라서 서구의 경우 영화의 소설판은 무성영화기에 상당히 인기를 모았지만 발성영화의 등장과 함께 급격히 쇠퇴했다. 그러나 우리의 무성영화기에는 영상만으로 완전히 표현되지 못하는 내러티브를 음성으로 보충해 주는 해설자인 변사가 있었기 때문에, 영화의 소설판은 그다지 필요치 않은 양식이었다.

오히려 조선에서 영화를 재생하는 매체로서 인기가 있었던 것은 영화의 소설판이 아니라 영화설명이 녹음된 음반이었다. 조선에도 발성영화가 시작된 1935년부터 리갈 음반(Regal: 콜롬비아레코드사가 발매한 염가보급판 음반)으로 영화설명이 발매되기 시작했고, 추억의 무성영화는 변사들의 '목소리로' 각 가정에서 재생되기 시작했다.

영화의 소설판은 영화를 재생하는 매체였을 뿐만 아니라, 오늘날로 치자면 캐릭터 상품이나 영화 포스터와 같은 기념상품이기도 했다. 현존하는 영화의 소설판[85] 중 가장 오래된 것은 1930년 박문서관(博文書館)이 펴낸 『영화소설(映畵小說) 아리랑』(이하, 『아리랑』으로 줄임)이다. 이 책의 초판은 영화 〈아리랑〉이 공개된 지 3년 뒤인 1929년 11월 30일에 발간되었고, 현존하는 것은 1930년 4월 10일에 발간된 재판이다. 재판의 가격은 20전으로, 당시 영화관 하등석 입장료인 30전에도 못 미치는 염가 서적이었다.[86] 30쪽의 짧은 분량으로, 영화의 소설판이라기보다는 영화 팸

---

85. 해방 전 나온 단행본 영화소설은 현재 6편이 남아 있다. 나운규 영화의 소설판이 4편이고 나머지 2편은 김영환(金永煥)이 연출한 동명 영화의 소설판인 『젊은이의 노래』(박루월(朴淚月) 편, 출판사 불명, 1930)와 왕덕성(王德星)이 연출한 동명 영화의 소설판인 『회심곡(回心曲)』(박루월 편, 영창서관, 1930)이다.

플롯에 가깝다고 할 수 있을 정도로 내용이 압축적이다. 책 속에는 〈아리랑〉의 스틸 사진과 주연배우 나운규(최영진 역), 신일선(申一仙: 최영희 역), 남궁운(南宮雲: 윤현구 역)의 사진이 실려 있고 당시 전국 방방곡곡에서 불렸다는 주제가 〈아리랑〉의 악보도 실려 있다.

박문서관은 『아리랑』 외에도 『풍운아』(1930)를 출간했고, 『아리랑』 뒤 표지의 출판 광고에 따르면 나운규가 연출, 각본, 주연을 맡은 〈금붕어〉(1927), 〈들쥐〉(1927), 〈사랑을 찾아서〉(1928)와 주연과 각색을 맡은 〈농중조(籠中鳥)〉(1926)도 출판이 예정되어 있었다. 한편, 1931년 11월 13일자 『조선일보』에 실린 광고에 따르면 신구서림(新舊書林)에서 정가 40전에 '조선영화전집―나운규씨원작영화소설(朝鮮映畵全集―羅雲奎氏原作映畵小說)'을 출판했다. 이때 출판된 것 중 현존하는 영화소설로는 『사나이』(1931), 『잘 있거라』(1931)가 있다. 출판되거나 출판이 예정된 나운규 영화는 모두 조선키네마프로덕션 시절이나 나운규프로덕션 시절의 작품들로 나운규가 직접 각본을 쓴 영화들이다. 당시에 이미 출판물과 영화의 저작권에 대한 인식이 있었기 때문에, 위에 언급한 영화의 소설판들은 출판사가 임의로 소설화한 것이 아니라 저작권자인 나운규의 동의를 얻어 출간한 것으로 생각된다.[87]

---

86. 1930년 1월 당시 조선극장의 입장료를 기준으로 했다. 조선극장의 상등석 입장료는 대인 50전, 소인 30전이고 하등석 입장료는 대인 30전, 소인 20전이었다.

87. 조선에서 출판물과 영화의 저작권에 관한 인식은 1920년대 중반부터 성립되기 시작했다. 조선에서 저작권 침해에 관한 첫 재판은 1924년 8월 17일 경성지방법원에서 열렸다. 『동아일보』 1924년 8월 17일자 기사 「半萬年歷史」로 著作權侵害訴訟―조선에서는처음잇는이재판 남의원고를변작출판한것」 참조. 또한 1927년 2월 24일자 『동아일보』는 활동사진과 악보 등에도 저작권을 인정하여 각종 각본의 저작자는 그것을 소설이나 또는 어떤 형태로 변경하여도 저작권을 갖게 되며, 유성기 음반이나 활동사진으로 만든다 하더라도 저작권은 원작자에게 있다는, 일본 중의원에 제출된 영화저작권법 개정안에 대한 기사를 실었다. 이상과 같이 저작권에 대한 인식이 〈아리랑〉의 소설판이 나온 1929년 이전에 이미 성립된 점과 원작 영화의 유명세를 고려한다면 영화소설 『아리랑』은 저작권자 나운규의 동의를 얻어 출판되었을 것으로 짐작된다.

영화소설과 시나리오 비교

영화소설 『아리랑』은 원작자인 나운규가 아니라 문일(文一)에 의해 씌었다. 문일이라는 인물에 대해서는 현재 어떤 기록도 없고, 그 자신이 쓴 머리말에도 〈아리랑〉을 소설화하게 된 배경이라든지 저작권자인 나운규의 동의를 얻었는지에 대한 언급은 없다. 한 가지 단서는 그가 머리말에서 "이「아리랑」을쓸째에 단성사서상필형(團成社徐相弼兄)에 만은 도움이 잇섯슴으로 안심(安心)은되엿든것이다"[88]라고 밝힌 데서 알 수 있듯 단성사의 변사였던 서상필(徐相弼)[89]의 도움을 받아 〈아리랑〉을 영화소설로 고쳤다는 것이다. 당시의 변사들이 영화를 설명하기 위해 대본을 소지하고 있었다는 점을 고려할 때 『아리랑』은 그 대본을 고친 것일 가능성이 높다.

"엇던장면(場面)과장면(場面)을연상(聯想)하야가면서 읽을째에 좀부족(不足)한감(感)을 늣기게되는곳은 널리양해(諒解)를 바라는바이다"라고 문일이 머리말에서 당부했다시피 영화소설 『아리랑』은 내용상 비약이 많고, 구성도 소설이라기보다는 대본에 가까우며, 자막을 표시하는 T(title의 약자)도 그대로 남아 있다. 오늘날 영화에서 자막은 주로 타이틀 화면(credits)과 번역(subtitle)에 사용되지만 무성영화에는 대사를 전달하고 이야기의 흐름을 요약한 간자막(間字幕)이 삽입되었다. 『아리랑』에 사용된 T의 용법은 간자막의 용법과 일치하며, 각 단락은 소설답게 유기적으로 재구성되지 못하고 무성영화의 신(scene)처럼 분절적으로 나열되어 있다. 이 같은 특징들은 영화의 소설판과 원작 영화의 차이를 더욱 좁

---

88. 文一 編, 『映畵小說아리랑』(博文書館, 1930), 머리말.
89. 명변사로 이름을 날린 서상호의 동생으로, 영사기사로 출발했다가 후에 유명 변사가 되었다. 그의 영화설명 〈네 아들〉, 〈벤허〉, 〈승방비곡〉, 〈방아타령〉, 〈모성〉이 유성기 음반으로 남아 있다.

『영화소설 아리랑』(박문서관, 1930)

힌다고 말할 수 있는데, 그렇다면 현재 〈아리랑〉의 필름이 한 자락도 남아 있지 않은 상태에서 영화소설 『아리랑』은 간접적으로나마 그 실체를 파악할 수 있는 중요한 자료라 할 수 있다.

그런데 의아하게도 『아리랑』에서는 오늘날 우리가 상상하는 항일민족영화 〈아리랑〉과는 달리 어느 한 부분에서도 항일적인 내용이 발견되지 않는다. 여기서 그 내용을 간단하게 요약해 보도록 한다.

도회로부터 멀리 떨어진 평화로운 농촌. 불과 몇 호밖에 안 되는 이 동리의 사람들은 소작인으로서 가난한 생활을 이어가고 있다. 어느 사립 전문학교 2학년을 다니다 귀향한 후 철학을 연구하다가 실성했다는 최영진은 대지주 천상민의 청지기 오기호를 보기만 하면 덤벼들어 개와 고양이처럼 싸운다. 대학생 현구가 방학을 맞아 귀성한 날 천상민에게 불려간 영진의 아버지는 내일 안으로 빚을 갚지 않으면 집을 차압하겠다는 통고를 받는다. 기호는 영진의 누이 영희를 아내로 준다면 빚을 대신 탕감하겠노라고 아버지를 구슬린다. 현구와 영진은 이 마을의 선각자 박 선생의 제자로 장래가 촉망되는 청년들이었지만 실성한 영진은 죽마고우를 알아보지 못해 영희가 대신 현구를 대접한다. 어느덧 현구와 영희는 서로를 사모하게 되나 기호는 아버지에게 영희와 결혼하도록 승낙하라고 협박한다. 마을에 풍년제가 벌어진 날 기호는 하인들을 끌고 와 빈집을 지키던 영희를 겁탈하려 한다. 마침 영희를 만나러 온 현구가 기호 일당과 맞서 싸우고, 집으로 돌아온 영진은 다 죽게 된 현구를 보고 광기에 휩싸여 낫을 휘두른다. 달아난 영희가 동리 사람들의 도움을 청하는 사이 영진은 기호 일당을 닥치는 대로 찍어 넘어뜨린다. 사람들이 도착했을 때 마당은 이미 피로 물들었고 영진은 충격으로 맨 정신이 돌아왔다. 들어가려는 군중을 문전에서 순사가 제지하고 영진을 체포한다. 순사의 포승줄에 묶인 영진은 슬퍼하는 마을 사람들에게 아리랑을 부르며 기쁘게 작별하자고 한다. 모두가 가슴에 치미는 슬픔을 억제하고, 한 많은 아리랑 고개를 넘어가는 영진을 배웅한다.

이상과 같이 『아리랑』에는 항일적인 표현이 전혀 없다. 오히려 영진과 대립하는 인물은 일본인이 아니라 조선인 지주 천상민과 청지기 오기호이다. 물론 등장인물의 계급으로 미루어 보면 영진과 마을 사람들은 총독부의 토지 정책에 의해 소작농으로 전락한 대다수 농민 계급을, 천상민은 그 정책에 협력함으로서 이익을 얻은 극소수 대지주 계급을 표상한다고 해석할 수도 있다.[90] 더구나 『아리랑』에 묘사된 천상민은 "돈만코 세력(勢力)만코 동리(洞里) 사람들이 호랑령감이라고 부르는" "이동리에 대지주로서 군수갓은절대의 권리와세력을가지고 동리에사람을자긔마음대로하는"[91] 탐욕스러운 인물이다.

---

90. 앞의 글 「차명된 민족영화 〈아리랑〉의 사료적 평가」처럼 〈아리랑〉을 항일민족영화로 상상하는 편에서는 압제자(일본인)와 피압제자(조선인)의 갈등을 구조화한 점에서 〈아리랑〉의 항일성을 찾아내며, 그것이 영화에서 지주와 소작농의 갈등으로 표현된 것은 총독부의 검열을 피하려는 우회로였다고 주장한다.

91. 女一, 앞의 책, 1쪽.

그러나 여기서 주목해야 하는 것은, 〈아리랑〉의 갈등은 어디까지나 영진과 천상민 사이가 아니라 영진과 오기호 사이에 존재한다는 것이다. 수많은 사람들이 기억하는 대로 〈아리랑〉이 "마치 어느 의열단원이 서울 한 구석에 폭탄을 던진 듯한 설렘을 느끼게"[92] 한 항일영화라면 왜 일본인이나 친일파가 아니라 청지기 오기호가 '민족의 적'으로 지명된 것일까? 이 모순을 깨끗이 정리해 버리는 가장 간단한 방법은 '〈아리랑〉은 항일영화이다'라는 테제(These)를 포기하는 것이다.

실제로 이 테제에 반하는 증거가 없는 것도 아니다. 항일영화라는 〈아리랑〉은 총독부의 검열에서 문제가 된 적이 한 번도 없으며 오히려 관변 단체에 의해 선무 공작에 사용된 적도 있다. 게다가 항일영화이기는커녕 감독조차 나운규가 아니고 일본인일지도 모른다.[93] 이 같은 증거들을 액면 그대로 받아들인다면 이번에는 '〈아리랑〉이 항일영화라는 평가는 신화에 지나지 않는다'는 안티테제(Antithese)가 정립된다.

그러나 서두에서 말한 것처럼 이 장의 목적은 〈아리랑〉에 대한 테제와 안티테제를 증명하는 데 있는 것이 아니라 영화 〈아리랑〉과 그것을 둘러

---

92. 나운규와 〈심청전〉(1925)에서 함께 작업했던 감독 이경손의 회고 「무성영화시대의 자전」, 조희문, 앞의 책, 152쪽에서 재인용.

93. 이상의 안티테제는 위의 책, 169~180쪽 참조. 조희문에 의하면 〈아리랑〉은 강제 징용으로 홋카이도에 끌려간 조선인 노동자들에게 선무 공작용 영화로 상영된 적이 있다. 1942년 4월 12일 대일본산업보국회의 삿포로지방 광산부회에서는 반도영화반과 경성무용대 등으로 편성된 위안부대의 공연을 알선한다는 공문서를, 조선인 노동자를 고용한 각 사업장에 보냈다. 이때 상영된 〈아리랑〉은 〈심청전〉과 함께 조선인 노동자들의 노동의욕 고취를 위해 이용되었다고 한다. 또한 〈아리랑〉이 식민지 시기를 통틀어 한 번도 상영금지 처분을 받지 않았다는 점과 감독을 츠모리로 게재한 『조선일보』, 『매일신보』, 『키네마준보』의 〈아리랑〉 개봉 광고를 조희문은 〈아리랑〉이 항일영화가 아닐지도 모른다는 중요한 증거로 들었다. 그러나 이상의 증거 외에 해방 이전의 잡지와 신문의 기사들은 나운규를 〈아리랑〉의 감독으로 거론한다. 한편, 안종화는 나운규가 총독부의 검열을 피하고자 조선키네마의 제작 실무 담당자인 츠모리의 명의를 빌렸다고 회고했다. 안종화, 앞의 책, 104쪽 참조.

김소동 연출로 리메이크된 〈아리랑〉(1957). 왼쪽부터 현구(윤일봉), 영진(장동휘), 영희(조미령).

싼 현실을 다각적으로 고찰하는 데 있다. 그러려면 〈아리랑〉 담론을 통시적으로 분석하고, 만약 〈아리랑〉에 대한 오늘날의 평가가 신화에 지나지 않는다면 언제부터 그 신화가 만들어졌는가를 밝힐 필요가 있다. 이에 영화소설 『아리랑』과 해방 후 리메이크된 김소동(金蘇東) 연출의 〈아리랑〉(1957)의 시나리오를 비교하는 작업은 매우 중요한 시사점을 제공한다.

〔1〕영화소설 『아리랑』

박선생은동리를향하야온다 배달부는피죽한그릇못먹은거름으로동리로오다가 박선생을보앗다 그리하야반가운듯이갓득이나 절둑거리는느린거름에 씌여오려다가 압개천에호방을싸젓다 얼마동안애를쓰다가억주

로일어나서 편지한장을박선생님에게 전하얏다.

T 그것은午年前에 이마을을써나가서지금은 어느대학교에단이는 윤현구라는청년이 오날이마을로온다는긔별이엿다 자긔가 가르친학생이선공한것과 장성한그의얼골이 지금자긔압헤에나타날것을생각하고 박선생님이……

편지를바더본 박선생은 깃붐을참지못하야 울고우스며 이 깃븐소식을 전하야갓치 질거움을마지하랴고 영진이의집으로행하야갓든것이다

〔2〕 시나리오 「아리랑」

17. 운동장(運動場)

절룽거리며 걸어오는 배달부도 박선생을 보고 반가운듯

배달부 (편지〔便紙〕를 내밀면서) 영진이 동무 현구한테서 편지가 왔군요.
박선생 오래간만에 현구 소식을 듣는군 그려.
배달부 참 영진이는 좀 어떻습니까?
박선생 (한숨을 쉬면서) 별 차도 없지.
배달부 선생님이 제일 사랑하던 제자인데……
박선생 누가 아니라오. 나도 그 중 영진이 장래를 촉망했었지. 그러던것이 만세 사건 때 일본놈의 고문으로 저 꼴이 됐으니…… 허ㅡ

배달부 에-ㅅ 고약한 악당같은 놈들!

18. 학교 앞 길

일본(日本)순사(주재소 주임)가 패검을 절럭거리며 지내간다. 학교쪽을
본다.
박선생 마지못해 인사(人事)한다.

19. 다시 운동장(運動場)

박선생 (귀속말로) 외놈을 없는 세상에서 발을 뻗고 살고 싶구려……
배달부 (한숨을 쉬면서 힘없이)……

박선생의 얼굴을 쳐다보고 고개만 꺼덕 꺼덕하면서 힘없이 돌아서서 간다.

박선생 잘가요.
배달부 (잠간 돌아보고) 안녕히 계십시오.

배달부('박선생'의 오기―인용자)은 말없이 현구한테서 온 편지(便紙)
를 뜯어본다.

(E) (현구의 목소리로 편지(便紙) 사연)
선생님 얼마나 박몰(泊沒)하십니까. 영진이가 점점(漸漸) 심(甚)해 간다
니 걱정스럽습니다. 생각(生覺)하면 억을하게 사는 우리 민족(民族)들을 위

(爲)해서 독립 운동에 참가한 영진이가 저 꼴이 되고 보니 성한 저의 책임이 더욱 무거워 지는 것 같습니다.

선생님 영진이를 잘 돌보아 주십시오. 몇일 후(后) 방학(放學)이 되는대로 곧 내려가겠습니다.[94] (강조는 인용자)

나운규 사후 20주기를 맞아 제작된 〈아리랑〉(남양영화사, 1957)의 첫 부분에는 "자막(字幕) 삼십년전(三十年前)의 명화(名畵) 「아리랑」을 원형(原形)대로 살려 우리들의 선각(先覺) 춘사(春史) 나운규(羅雲奎)의 지나간 면모(面貌)를 유막(遺幕)하고저 하는 바이다. 제작관계자(製作關係者) 일동(一同)"[95]이라고 씌어 있었다. 원작인 나운규의 〈아리랑〉은 무성영화였으므로 이 자막과 달리 시나리오의 대사 부분은 전적으로 새로 쓰였지만, 그럼에도 1957년의 〈아리랑〉은 원작을 충실히 영화화했다는 평가를 받아 같은 해 문교부[96]의 최우수영화상 시상식에서 작품상을 수상했다.

리메이크판의 시나리오는 스토리 면에서는 영화소설과 차이가 없으나 세부적으로는 위와 같이 상당한 변화를 보인다. 인용된 부분에서처럼 영화소설이 한 컷으로 처리한 장면을 시나리오는 세 컷으로 나누면서, 박 선생과 배달부가 일본순사의 감시를 피해 대화하며 반일 감정을 드러내는 숏(shot: 한 번에 촬영한 장면)을 삽입했다. 이처럼 무성영화를 발성영화로 고치면서 나타난 가장 큰 변화는 등장인물들의 목소리(박 선생과 배달부의 대화 및 현구의 보이스 오버)로 항일 감정이 직접적으로 토로된 점이다.[97]

---

94. 〔1〕은 文一, 앞의 책, 4쪽. 〔2〕는 고설봉 소장, 「아리랑 시나리오 원본」, 『다시보기』, 창작마을, 2000년 3·4월, 52~53쪽. 〔1〕, 〔2〕의 옛 맞춤법과 오자는 원본 그대로 두었다.

95. 고설봉 소장, 윗글, 50쪽.

96. 현 교육인적자원부. 당시 영화 검열을 포함해 영화행정 전반은 문교부 예술과 소관이었다.

영화소설의 자막에서 영진은 "어느 사립전문학교이학년에서 퇴학하고 귀향한후에 철학을 연구하다가 밋처낫다는 이동리명물사나히", "무한한 혈기에쒸노는젊은이로서 무서운현실의박해를밧고 그는견디다못하야밋처낫든것이다"[98] 라고 소개되었으나, 1957년의 〈아리랑〉은 위에서처럼 등장인물들의 입을 통해 영진을 3·1독립만세운동에 가담했다가 체포된 뒤 일본경찰의 고문을 받아 정신이상이 된 인물이라고 알린다. 그러나 1926년의 〈아리랑〉의 경우, 개봉되기 2주 전에 신문에 실린 영화 줄거리 에는 "압길이구만리가튼 미덤성잇는청년 영진(羅雲奎扮)은 남몰을불상 한일로 실진을하야"[99] 라고 되어 있다. 즉, 애초에 영진이 실성한 이유는 영화소설처럼 철학을 연구하다가도, 시나리오처럼 일경의 고문 때문도 아닌 '남모를 불쌍한 일'로 의도적으로 모호하게 설정되어 있었다.

또한 영화소설에서는 오기호와 천상민 대 영진과 그의 아버지 사이에 갈등이 있을 뿐 오기호와 천상민이 친일파라는 암시는 어디에도 없다. 그 러나 시나리오에서는 천가와 그의 앞잡이 기호가 친일파로, 박 선생을 중 심으로 한 마을 사람들이 항일파로 묘사되면서 '친일파-지주' 대 '항일 파-소작인'이라는 이중적인 갈등 구조가 설정되었다.[100]

---

97. 예를 들어, 천가가 영진의 아버지를 비웃으며 빚 독촉을 하는 신 25의 "그래 문전옥답 다팔아 헤쳐서 공부 시킨 보람 톡톡히 보았지" "그렇군 또 멋이? 독립운동? 대한독립만세? 어떤 세상이라구 아니꼽게!", 오기 호가 현구와 그녀의 관계를 추궁하며 영희를 협박하는 신 61의 "학생놈두 영희오빠와 함께 독립운동을 했 다지?… 경찰서 고등계에 한마디 불어넣기만허면… 헛 헛…영희 생각 잘 해!" 같은 대사가 그러하다.

98. 문일, 앞의 책, 2쪽.

99. 「紙上映畵 現代劇 『아리랑』 全篇」, 『동아일보』 1926년 9월 19일자.

100. 덧붙여 말하자면 1968년에 리메이크된 유현목 감독의 〈아리랑〉에는 천상민이 등장하지 않고 대신 오기호 가 지주로 등장한다. 2002년에 이두용 감독이 리메이크한 〈아리랑〉에서 기호는 마름이 아니라 천상민의 아들로 등장한다. 이처럼 〈아리랑〉의 변천사에 비추어 볼 때 과거에는 다른 계급으로 인식된 지주와 마름 이 해방 후에는 '친일매판자본가'라는 같은 범주의 공공의 적으로 인식되어 왔음을 알 수 있다.

그럼에도 이 같은 차이점들은 〈아리랑〉이 항일영화라는 평가는 신화에 지나지 않는다' 라는 안티테제를 뒷받침하기에는 부족하다. 왜냐하면 그렇게 해석할 경우 〈아리랑〉이 민족영화이며 감독은 나운규라고 기록한 해방 이전의 사료(史料)와 증언들을 전부 부정하지 않으면 안 되기 때문이다.

의도된 '모호성(ambiguity)'

朝鮮映畵가 소박하나마 참으로 영화다운게 되고, 또 朝鮮映畵다운 작품을 맨들기는 大正 15年 羅雲奎씨의 원작, 각색, 감독, 주연으로 된 「아리랑」에서 붙어다. 이 작품은 本町 某內地商人의 출자로 된 「朝鮮키네마푸로덕슌」의 제작인데, 「아리랑」을 만들기 전 「籠中鳥」라는 流行歌映畵를 津守란 內地人 監督, 李圭高 주연 羅雲奎 조연으로 활영하야 다행히 실패를 보지 않고, 또한 羅雲奎라는 배우의 존재를 세상에 인식시켜 다음 작품을 맨들 가능성이 있게 했음은 다행한 일이었다.
이렇게 해서 2회 작품으로 맨들어진 「아리랑」은 절대한 인기를 得하야 朝鮮映畵로서 흥행성적의 최초기록을 맨들었을 뿐만 아니라, 朝鮮映畵史上 무성시대를 대표하는 최초의 걸작이 된 것이다.
이 작품에 소박하나마 朝鮮사람에게 고유한 감정, 사상, 생활의 진실의 一端이 적확히 파악되어 있고, 그 시대를 휩싸고 있든 시대적 기분이 영롱히 표현되어 있었으며 오랫 동안 朝鮮사람의 전통적인 심정의 한아이였든(하나이었던—인용자) 「레이소스」('페이소스'의 오기—인용자)가 비로서 영화의 근저가 되어 혹은 표면의 色調가 되어 표현되었었다.
그러므로 사람들의('은'의 오기—인용자) 이 작품에서 단순한 朝鮮의 人

象, 風景, 習俗 이상의 것을 맛보는 만족을 얻었다. 이 점은 朝鮮映畵가 탄생 이후 당연히 가져야 할 것으로서 미처 가지지 못했든 것을 사람에게 주었음을 의미한다.[101] (강조는 인용자)

조선에 최초로 영화가 수입되었을 때부터 당시의 신작인 〈복지만리〉(고려영화주식회사, 1941)까지 다룬 「조선영화발달소사(朝鮮映畵發達小史)」에서 임화는 나운규 원작, 각색, 감독, 주연으로 만들어진 〈아리랑〉을 최초의 영화다운 영화, 조선영화사상 무성 시대를 대표하는 걸작으로 평가했다. 이 같은 평가는 임화만의 것이 아니라 수많은 기록과 구술이 전해 주듯 일제강점기 조선인의 공통된 인식이었다. 〈아리랑〉은 개봉 당시에도 "한 개의 획(劃), 시대(時代)적 산물(産物)"[102]로 "오늘날까지 나아온 영화(映畵)중에 이만큼이라도 순전(純全)한 조선인(朝鮮人)의 생활(生活)을 배경(背景)으로 하고 또한 영화제작상(映畵製作上) 여유(餘裕)를 보혀 준 영화(映畵)"[103]는 없었다는 평가를 받았지만 발성영화기에도 "아직도 최고봉은 〈아리랑〉"이라는 평가에는 변함이 없었다.[104]

이렇게 〈아리랑〉이 걸작의 반열에 오를 수 있었던 까닭을 알려면 이 영화가 그 시대의 감정을 충실히 반영하여 관객으로 하여금 표현된 것 이상의 것을 맛보게 했다는 임화의 말을 음미해야 한다. 그가 조선인의 오래된 페이소스라고 표현했던 피지배 민족의 비애와 울분은 영화에서도 비평에

---

101. 林和, 앞의 글 「朝鮮映畵發達小史」, 201쪽.
102. 승일, 「라듸오, 스폿트, 키네마」, 『별건곤』 2호, 1926년 12월, 108쪽.
103. 路傍草, 「局外者로서 본 오늘까지의 朝鮮映畵」, 『별건곤』 10호, 1927년 12월, 104쪽.
104. 나운규 본인과 감독 박기채, 배우 윤봉춘, 이명우, 평론가 서광제, 김유영, 작가 안석영, 배급업자 이기동(李起東), 서효석(徐孝錫) 등이 참가한 좌담회, 「돈만탓하지마라 責한건우리情熱─開會劈頭부터萬丈氣燄 映畵發展의最上策」, 『조선일보』 1937년 1월 4일자.

서도 검열 때문에 늘 간접적으로 표현될 수밖에 없었다. "공연히 학교에 다니다가 밋첫다는 주인공은 지금의 현실속에 부댁기는 우리는 그 외 미첫는가를 다시금 중언부설(重言復說)도 하기실타 (중략) 여하간 이 아리랑이란 영화는 과거의 조선의 영화를 모조리 불살나 버리고 이 돈 업고는 실수업고 한숨만은 이 땅 우에서 넋이 대공(大空)을 울이어 그 무엇을 광호(狂呼)하는 한 개의 거상(巨像)이다"[105]라는 감상에서 알 수 있듯 주인공 영진이 미친 이유와 〈아리랑〉이 암시한 '그 무엇'은 이심전심으로 충분히 전달되지만 결코 공적으로 발설해서는 안 되는 그 무엇이기도 했다. 따라서 나운규 자신도 〈아리랑〉이 저항의 뜻을 담은 '민족영화'였다는 점을 드러내 표현하지는 못하고 다음과 같이 간접적으로 본의를 밝혔던 것이다.

> 지금에 이르러 생각나는 것은 그 「아리랑」을 촬영할 때에 내 자신은 全身이 열에 끌어오르든 것을 기억합니다. 이 작품이 세상에 나아가 돈이 되거나 말거나 세상 사람이 조타거나 말다거나 그러한 불순한 생각을 터럭꿋만치라도 업시 오직 내 정신과 역량을 다하여서 내 자신이 자랑거리될 만한 작품을 만들자는 순정이 가득하엿섯슬 뿐이외다. 그래서 이 한 편에는 자랑할 만한 우리의 조선 정서를 가득 담어 노는 동시에 「동무들아 결코 결코 실망하지 말자.」하는 것을 암시로라도 표현하려 애섯고 또 한가지는 「우리의 고유한 기상은 남성적이엇다. 민족성이라 할가할(원문 그대로—인용자) 그 집단의 정신은 의협하엿고 용맹하엿든 것이니 나는 그 패기를 영화 우에 살니려 하엿든 것이외다.[106] (강조는 인용자)

105. 승일, 앞의 글, 108~109쪽.
106. 나운규, 「「아리랑」과 社會와 나」, 『삼천리』 제7호, 1930년 7월, 53쪽.

나운규가 〈아리랑〉을 만들기 전 독립운동에 가담했다는 점을 감안할 때 위의 회고 속 행간의 의미는 한층 분명해진다. 간도의 명동중학에 다니던 중 3·1독립만세운동이 일어나자, 나운규는 나중에 배우이자 감독이 되는 친구 윤봉춘(尹逢春)과 함께 학생 조직에 가담해 활동했다. 검거를 피해 국경을 건너 러시아로 도주한 그는 잠시 러시아 백군에 입대했다가, 1년 후 북간도로 돌아와 광복군(한국독립군)에 입대해 특공 훈련을 받았다고 한다. 나운규는 학업을 재개하려고 경성으로 건너와 중동중학에 입학했는데, 일본군이 광복군을 토벌하던 중 발견한 문서 때문에 체포되었다. 3개월간의 조사 끝에 재판을 받았으나 실전에는 참가하지 않았기 때문에 2년간 복역하는 데 그쳤다고 한다.[107]

이 같은 이력을 지닌 나운규가 자신이 처음 연출한 영화에 어떤 형태로든지 저항의 뜻을 담으려 했으리라는 점은 상상하기 어렵지 않다. 인용한 글에서 상당히 조심스럽게 언급되었듯 그가 〈아리랑〉을 통해 정말 관객에게 호소하고 싶었던 것은 '동포여, 저항을 계속하라'가 아니었을까. 그러나 검열 때문에 그 뜻을 직접적으로 영화에 표현할 수는 없었고, 그래서 〈아리랑〉의 영웅 영진은 정신 이상자로 설정되지 않을 수 없었던 것이다.

청지기인 오기호가 악역으로 설정되어 영진에게 처단당하는 결말도 마찬가지로 간접적인 암시이다. 영진이 청지기가 아니라 지주를 살해한다면 그것은 곧 총독부의 식민정책과 지배 계급에 대한 전면적인 부정을 의미한다. 토지제도를 근대화한다는 명목으로 총독부가 토지조사사업을 실시한 이래, 자작농 대부분이 소작농으로 전락하고 말았고 극소수인 3퍼센트의 대지주가 전체 농가의 80퍼센트를 지배했던 것이 1920년대 조

---

107. 나운규의 독립운동 이력에 대해서는 조희문, 앞의 책, 56~76쪽 참조.

선 농촌의 현실이었기 때문이다.[108] 그러나 실성한 이가 충동적으로 청지기를 죽였다면 검열을 피해 갈 여지가 생길 뿐만 아니라 조선인 관객에게는 이심전심으로 수탈과 저항의 알레고리로 해석될 수도 있다. 의열단원인 나석주(羅錫疇)가 일제의 토지 수탈 기관인 동양척식주식회사(東洋拓殖株式會社)에 폭탄을 던진 후 조선독립 만세를 외치고 자결한 날이 마침 1926년 12월 28일이었고, 그런 상황에서 공개된 〈아리랑〉은 조선인 관객들에게는 충분히 항일영화로 전용(專用)될 수 있었다.[109] 즉, 역설적이게도 〈아리랑〉은 저항의 뜻을 의도적으로 모호하게 표현했기 때문에 성공할 수 있었던 것이다.[110]

---

108. 이홍락, 「식민지의 사회구조」, 『한국사 14』(한길사, 1994), 157~158쪽 참조.

109. 1920년대 조선에서 농촌경제 악화는 일제의 식민지배에 지장을 초래할 정도의 큰 문제였다. 따라서 식민지 지주제도와 유랑농민 문제에 대한 직접적인 비판은 검열을 피할 수 없었다. 코리아연구소(コリア硏究所)에서 펴낸 『지워진 언론—사회편(消された言論—社会編)』(未来社, 1990)을 보면 다음과 같은 기사가 실린 신문이 총독부의 검열로 압수당했다. 「小作人相助會趣旨書」(『조선일보』 1921년 10월 10일자), 「小作人과 小作地」(『동아일보』 1922년 7월 8일자), 「岩泰小作爭議—최대한 냉정히 임하라」(『동아일보』 1924년 7월 16일자), 「岩泰事件을 듣고」(『동아일보』 1924년 7월 17일자), 「다시 東拓에 대해」(『조선일보』 1924년 11월 12일자), 「저주할 東拓」(『조선일보』 1924년 11월 12일자), 「珍島의 지주의 奸計를 듣고」(『조선일보』 1924년 12월 8일자), 「地主의 覺醒을 切望한다」(『동아일보』 1925년 1월 23일자), 「天人共怒할 東拓의 罪惡—단연코 撤廢하라」(『동아일보』 1925년 2월 8일자), 「東拓은 무엇인가」(『조선일보』 1925년 2월 9일자), 「殘酷無道한 東拓—北栗面의 참극」(『동아일보』 1925년 2월 16일자), 「基督青年聯合會의 東拓驅逐운동—列國에 선전하기 위해 자료蒐報」(『조선일보』 1926년 2월 9일자), 「하늘을 우러러 탄식한다」(『조선일보』 1926년 8월 16일자), 「祖先의 小作問題」(『동아일보』 1926년 11월 22일자), 「八十餘의 水利組合은 朝鮮農民搾取機關」(『조선일보』 1926년 12월 9일자), 「東拓會社狙擊되다 韓銀에는 五千圓盜難」(『조선일보』 호외, 1926년 12월 28일자) 등. 이상의 압수된 기사는 정진석 편 『日帝시대 民族紙 押收기사 모음 1』(LG상남언론재단, 1998)에도 대부분이 채록되어 있다. 이와 같이 압수된 기사에서 알 수 있듯 〈아리랑〉이 개봉될 무렵 조선에서는 국책회사인 동양척식주식회사와 그 파트너가 된 식민지 대지주에 대한 모든 비판은 곧 식민지배에 대한 저항과 마찬가지로 취급되었다. 따라서 착취당하는 조선인 소작농들을 주동 인물로 한 농촌비극 〈아리랑〉은 동시대 관객에게는 항일영화로 수용될 여지가 충분했다고 할 수 있다.

110. 이를 확인해 주는 자료가 나운규 사후 3주기를 맞아 김태진이 쓴 평론이다. 그는 영화예술의 형식이라는 면에서 〈아리랑〉은 실패에 가까운 작품이었으나 조선인이 공감할 수 있는 퍼스낼리티가 관념적으로 표현되었기 때문에 사회적으로 큰 반향을 얻을 수 있었다고 평가했다. 김태진, 「映畵界의 風雲兒! 古羅雲奎를 論함—三周忌를 맞어 그의 作品을 再考(上)」, 『동아일보』 1939년 8월 8일자.

〈아리랑〉 담론의 변증법

이렇게 되면 남은 문제는 '〈아리랑〉은 항일영화다'라는 테제와 '〈아리랑〉이 항일영화라는 평가는 신화에 지나지 않는다'라는 안티테제를 어떻게 종합하는가이다. 〈아리랑〉에 관한 자료들 간의 모순을 해결하려면 '〈아리랑〉은 항일영화인가 아닌가'라는 기존의 질문을 '〈아리랑〉은 과연 어떤 영화였나'로 바꾸어 볼 필요가 있다. 결론부터 말하자면 이 변증법의 진테제(Synthese)는 '〈아리랑〉은 양가적인(ambivalent) 영화이다'라는 것이다.

기존의 〈아리랑〉 연구가 전혀 염두에 두지 않았던 것은 이 영화가 중층적으로 해석 가능한 텍스트였다는 점이다. 관객의 몸은 객석 의자에, 눈은 스크린에 고정되는 오늘날의 수동적 영화 관람 형태와 달리 무성영화 시대의 변사와 관객은 영화 텍스트의 의미를 능동적으로 생산할 수 있었다.

한국, 일본, 태국 등 변사가 있었던 국가의 무성영화기에 '영화를 본다'는 것은 오늘날처럼 '필름'을 보는 것뿐만이 아니라 '변사의 연행'을 본다는 의미도 포함했다. 이 나라들에서 무성영화는 양식적으로 활변(活辯: 무성영화 설명자 또는 변사)을 전제하고 만들어졌으니, 변사는 단순한 설명자가 아니라 영상, 자막, 반주처럼 무성영화의 한 구성요소였다고 할 수 있다. 또한 활변은 고정된 필름으로부터 유동하는 의미를 생산해 내는 무대예술이기도 했다. 변사는 관객의 기대와 반응, 극장의 상황에 따라 설명을 즉흥적으로 바꿀 수 있었고 경우에 따라서는 자의적으로 영화의 의미를 완전히 바꾸기도 했다.

따라서 무성영화기 검열 사고는 변사에 의한 것이 많을 수밖에 없었다.[111] 조선영화가 생산되기 시작하면서 한층 치밀한 검열이 필요하다고 판단한 총독부는 1926년 7월 5일 '활동사진필름검열규칙'을 제정했고,

필름을 검열할 때는 변사로 하여금 설명 대본을 시연하게 했으며, 영화가 상영될 때에는 극장 임검도 실시했다.

무성영화기에는 각 극장의 전속 변사가 영화를 설명하던 시스템이었기 때문에 1926년부터 1940년대까지 장기간 단속(斷續)적으로 상영된 〈아리랑〉의 경우, 변사도 여러 명이었고 따라서 영화설명의 버전(version)도 변사의 수 이상으로 존재했다고 할 수 있다. 즉, 〈아리랑〉의 '필름'은 하나였지만 '영화' 〈아리랑〉은 결코 하나가 아니었다는 말이다. 예를 들어 단성사에서 〈아리랑〉을 해설한 적이 있는 변사 성동호는 임검이 있을 때와 없을 때를 고려해 두 가지 버전으로 〈아리랑〉을 해설했다. 경찰이 임석했을 때 전설(前說)은 "쫓아가는 사나이는 서울 모전문학교에 재학중 철학을 연구하다가 미쳐났다는 김영진이라는 청년이오"[112]로 했지만 지방 상영이라든지 가끔 극장에 경찰이 없을 경우에는 "서울 모전문학교에서 철학공부하다가 3·1운동의 고문으로 미치광이가 된 영진"[113]이라고 해설한

---

111. 활동사진 변사가 처음으로 경찰의 단속을 받고 구인된 것은 1920년 7월 5일 조선인 전용극장인 우미관의 변사 정한설 사건 때이다. 그는 막간 휴식 시간에 관객을 향해 "오늘은자유를 부르짓는오늘이요 활동을 기다리는 오늘이라 우리의맑고 뜨거운붉은피를 온세상에뿌리여 세계의 이목을 한번놀래여써 세계만국으로 하야금 우리의 존재(存在)와 우리의 정성을깨닷게하자"는, 활동사진과 관계없는 "불온한 말"을 해서, 임검하던 경찰이 즉시 종로경찰서로 연행했다고 한다. 「自由를 絶叫하고─우미관변사정한설은 마츰내종로서에구인」, 『동아일보』 1920년 7월 8일자 참조. 이후 1922년부터 총독부는 활동사진변사시험, 흥행및흥행장취체규칙을 실시해 변사를 통제 관리했다. 1922년 6월 경기도 경찰부 안보과에서 실시된 제1회 변사 시험에 합격한 변사 성동호에 따르면 합격자에게는 '활동사진설명업자면허증'이 발행되었고 거기에는 "공안 풍속에 저해되는 언사를 써서는 안 된다"는 주의 사항이 적혀 있었다. 앞의 책 『이영일의 한국영화사를 위한 증언록─성동호·이규환·최금동 편』, 25쪽 참조.

112. 〈변사 성동호 『아리랑』 녹음 콜롬비아 레코드, 1931〉, 〈春史 나운규 육성모음〉(성음제작, 문화부기획, 1991〉. 이연식, 「春史 나운규 작품연구─영화소설 「아리랑」을 중심으로」(연세대 석사 논문, 1992), 9쪽에서 재인용. 또한 〈영화 '아리랑' 해설(REGAL C 107 A-B, 108 A-B, 1930)〉, 〈南北 아리랑의 傳說〉(신나라 뮤직, 2003)에서도 성동호 변사의 영화설명을 들을 수 있다. 김만수·최동현 편, 『일제강점기 유성기 음반속의 극·영화』(태학사, 1998)와 앞의 책 『이영일의 한국영화사를 위한 증언록─성동호·이규환·최금동 편』에 위의 레코드 내용이 채록되어 있다. 단, 레코드에 수록된 영화설명의 전체 길이는 12분 정도로 본래 영화의 내용을 상당히 축약한 것으로 짐작된다.

일도 있었다고 한다.

이렇게 영화소설, 레코드, 경찰이 임검한 상영 등 일제강점기의 공적 매체에서 주인공 영진은 단순한 광인이었지만 비공식적, 암묵적으로는 '3·1독립만세운동 때 검거된 학생으로 경찰의 고문 탓에 광인이 되었다'고 해석되었다. 그 비공식적 해석이 세월을 거쳐 공식화되었고 어느덧 〈아리랑〉은 항일영화로 기억되게 되었다. 나운규의 죽마고우이자 함께 영화를 만든 동료였던 윤봉춘의 다음과 같은 회고는 바로 그 전형적인 해방 이후의 사고(思考)를 드러낸다.

> 『아리랑』은 〈第二의 3·1운동〉이라고 생각한다. 한일합방이 10년 지나서 3·1운동이 일어났다. 三千里 방방곡곡에서 만세를 부른 사람이 대략 210만명이라고 한다. 손에 태극기를 흔들며 대한민국만세를 불렀다. 경찰서에 불을 지르기도 하고 헌병을 죽이기도 했다. 『아리랑』영화도 三千里 방방곡곡에서 상영하였다. 전기가없는 농어촌에는 소형발전기를 가지고 다녔다. 군중은 모여들고 변사는 불을토하듯 해설한다. 미친사람으로 가장한 영진은 태극기 대신 낫을흔들었다. 애국가 대신 아리랑을 불렀다. 변사도 울고 관중들도운다. 이 울음소리는 대한민국만세소리와 직결된다. 미친영진은 오기호와 그 일당을 죽이고 정신이 회복된다. 변사는 목이터져라고 울부짖는다. 관중들은 발을 구르고 박수를 치면서 울음이 터진다. 경관은 호각을 불며 중지를 명령한다. 관중들의 야유는 진동한다. 스크린에는 영진이가 포승에 끌려간다. 무대에는 변사가 포승에 묶여

---

113. '춘사 나운규 학술 심포지엄—제1주제: 아리랑과 춘사 나운규 영화작가의 형성'에 제시된 이영일 녹음의 《영화사를 위한 증언》(영화진흥공사, 1991)에서. 이연식, 윗글, 9쪽.

간다.[114] (강조는 인용자)

　〈아리랑〉이 3·1독립만세운동 때와 같은 기세로 관객을 동원했다는 것
은 사실이지만 이 영화가 처음부터 항일영화로 해석된 것은 아니다. 〈아
리랑〉이 개봉했을 당시 『조선일보』의 시사평은 "이(〈아리랑〉)의 성공이 농
촌을 배경으로 한 순박한 애사에 있거니와 그 실패점도 역시 농촌과 그곳
에 들어온 도회 풍조의 조화가 안되는 곳에 있다"[115]며 농촌의 현실과 동
떨어진 묘사, 편집의 미숙함, 기존 영화의 영향을 결점으로 꼽았다. 반면
『동아일보』는 캐스팅과 연출이 성공적이라고 평가하면서 특히 사막이 등
장하는 신을 "전 조선영화를 통하야 가장 우수한 장면"[116]이라고 극찬했
다. 즉, 처음의 시사평들은 상반되기는 하지만 〈아리랑〉의 영화적 성취도
에 집중했을 뿐 이 영화의 사회 비판적인 측면은 언급하지 않았다.

　그러나 상영을 거듭하면서 〈아리랑〉에 대한 평가는 '농촌을 배경으로
한 멜로드라마'에서 '조선의 현실을 사실적으로 그린 수작'으로 바뀌었
고 해방 이전에는 '무성영화기의 최대 명작'으로, 해방 후에는 '일제강점
기 항일민족영화의 대표작'으로 변모했다.

　현존하는 자료를 통해 〈아리랑〉의 필름에는 항일성이 그다지 가시적이
지 않다는 것을 알 수 있지만 중요한 점은 윤봉춘의 회고처럼 관객들이
이 영화를 항일영화로 '느꼈다'는 것이다. 즉, 〈아리랑〉은 애초부터 항일
영화였던 것이 아니라 항일영화로 '상상'된 것이다. 그러한 상상이 가능

---

114. 尹逢春, 「첫 데뷔作品은 『들 쥐』―東学軍의 아들로 피난길서 태어나」, 『월간 영화』 제2권 7호, 1974년 7
　　월, 73쪽.
115. 『조선일보』 1926년 10월 1일자.
116. 『동아일보』 1926년 10월 7일자.

했던 것은 변사가 영화의 내용을 즉흥적으로 바꿀 수 있고 관객의 논평이 개입될 수도 있는 당시의 가변적인 영화 상영 시스템 덕분이었다.

이렇게 본다면 지금도 여전히 한국인의 집단적 기억에 항일민족영화로 각인되어 있는 영화 〈아리랑〉은 결코 나운규 한 사람의 작품이라고 말할 수 없다. 항일영화 〈아리랑〉의 진짜 작가는 영화를 통해 상상적인 차원에서나마 식민통치에 저항하고 자유를 되찾기를 염원했던 조선의 민중이다. 스크린에 비친 일본인의 모습에 야유를 보내며 고무신을 벗어 던진 조선인 관객들(1부 2장 '극장의 분리와 관객성의 분열' 참조), 순사의 눈을 피해 저항적 의미를 전달하려고 했던 변사들은 〈아리랑〉에 비친 황폐한 조선의 농촌과 몰락한 소작농을 보며 곧 빼앗긴 조국과 민족의 처지를 연상했고, 광인 영진의 모습에서 제정신으로 살 수 없는 비참한 현실과 마주했다. 즉, 나운규가 그린 〈아리랑〉이라는 밑그림은 그들 모두의 공모에 의해 차츰 항일영화로 채색되어 갔던 것이다.

3. 짧았던 황금기

나운규의 부침

조선영화에서 무성영화기는 1923년부터 1935년까지이다. 그중에서도 무성영화 중기라고 할 수 있는 1927년부터 1931년까지는 일제강점기를 통틀어 가장 제작 편수가 많았던, 조선영화의 황금기였다. 양적인 면에서 뿐만 아니라 이 시기는 일본인 자본과 기술로 시작된 조선영화가 예술적, 자본적, 기술적으로 자립한 시기이기도 하다. 또한 활동사진으로 불리던 시기에 비하면 영화에 대한 사회적 인식도 높아져, '경향영화'처럼 영화를 통해 대중에게 사회주의 사상을 전파하고 일제의 식민주의에 저항하려는 민족운동이 왕성했다. 그러나 그만큼 총독부의 검열은 가혹해졌고, 자주적으로 발성영화로 전환하지 못함으로써, 〈아리랑〉의 성공과 더불어 시작된 짧았던 황금기는 카프영화의 몰락과 함께 끝나고 말았다.

〈아리랑〉의 예상치 못했던 성공으로 말미암아 이후 영화 제작에 흘러드는 민족 자본이 급격히 늘어났다는 점은 앞에서 말한 바 있다. 그러나 이후에도 조선 영화계에는 안정적인 제작 시스템이 확립되지 못했고, 한 프로덕션이 한 작품을 만들고 해체되어 버리는 일사일편(一社一篇) 시대가 이어졌다. 일본인 자본의 조선키네마프로덕션이 이 시기 유일하게 안정적으로 제작을 계속한 회사였는데 그것은 시스템과 자본의 효과였다기보다는 나운규 개인의 역량에 기인한 것이었다.

따라서 〈아리랑〉의 대성공 이후 조선키네마프로덕션은 나운규에게 전권을 맡기고 후속작 〈풍운아〉(1926), 〈들쥐〉(1927), 〈금붕어〉(1927)를 제작했던 것이다. 그러나 작가로서 나운규의 작품 세계는 일본인 회사의 상업주의와 충돌할 수밖에 없었던 것으로 보인다. 감독 자신의 독립운동 경험과 만주 유랑 이력이 반영된 〈풍운아〉는 검열에서 1000피트가 삭제되어 재촬영해야 했으며 흥행 면에서 볼 때 〈금붕어〉는 범작, 〈들쥐〉는 실패작이었다. 이윽고 회사와 불화를 빚게 된 나운규는 독립하여 나운규프로덕션을 차렸고, 이때 단성사의 박승필이 자본을 대었다.

나운규프로덕션은 해산할 때까지 〈잘 있거라〉(1927), 〈옥녀〉(1928), 〈사랑을 찾아서〉(1928), 〈사나이〉(1929), 〈벙어리 삼룡〉(1929) 다섯 편을 만들었다. 2년간의 짧은 기간이었지만 이 회사는 〈아리랑〉과 같은 계급적 대립과 휴머니즘을 담은 작품을 끝까지 관철했다. 나운규 자신이 "우리의 고유한 기상은 남성적이엇다 …… 나는 그 패기를 영화 우에 살리려 하엿든 것이외다"[117]라고 말한 것처럼 나운규프로덕션이 만든 영화는 언제나 그가 주연을 맡아 정의감에 불타는 남성 영웅이 여성과 약자를 유린하는 파렴치한 권력자를 징벌하는 내용이었다.

그러나 이런 패턴도 점차 매너리즘에 빠졌고 시간이 지나면 지날수록 흥행 성적은 저조했다. 결국 박승필의 권유대로 나운규는 스스로 회사를 해체하고 단원들을 단성사 촬영부에 통합시켰다. 그 통합 회사가 원방각

---

117. 앞의 글 「「아리랑」과 社會와 나」, 53쪽.

<아리랑 후편>의 개봉 광고(『조선일보』 1930년 2월 13일자). "조선영화사상 불후의 기념탑! 웅혼 비장! 그 누가 감격 없이 대할까보냐?"라는 광고 문구와 함께, 전편과 마찬가지로 나운규 주연의 향토극이라는 점을 강조했다.

(圓方角 또는 ○□△) 프로덕션으로, 첫 작품으로 과거 <아리랑>의 영광을 되살릴 <아리랑 후편>(1930)을 제작했다. 제작 기간 4개월에, 조선영화 최초로 배광기(配光機)를 사용했고 광활소년척후단(光活少年斥候團: 1924년 11월 경성에 설립된 소년단체) 단원이 엑스트라로 총출동한 이 영화는 전편과 마찬가지로 풍성한 볼거리가 있는 영화로 기대를 모았다.[118]

그러나 뚜껑을 열어 본 관객은 앞뒤가 맞지 않는 줄거리에다 과장된 표현에 실망하고 말았다. <아리랑 후편>은 전편에 이어 형을 살고 형무소를 나온 영진이 철공장 노동자가 되어 일하며, 빚으로 고향을 등진 아버지와 영희를 찾아 헤맨다는 내용이었다. 이번에 영진의 적은 천상민의 양자 천재만으로 설정되었고, 방탕한 재만은 영진과 싸우다 자기 실수로 도끼에 가슴을 맞아 즉사한다. 그 충격으로 영진이 다시 정신이 나가 헛소리를 하는 마당에 경관이 도착해 살인죄로 체포한다는 결말이었다.

기대했던 만큼 관객들의 실망은 컸다. <아리랑 후편>을 감독한 것은 이구영이었지만 비난은 전부 나운규에게 쏟아졌다. 특히 신랄한 비판을 아끼지 않았던 것은 서광제, 윤기정(尹基鼎), 남궁옥(南宮玉) 등 카프 진영

---

118. 「『아리랑』後篇 새맛잇는 作品」, 『동아일보』 1930년 2월 9일자와 『조선일보』 1930년 2월 11일자 참조.

의 비평가들이었다. 〈아리랑 후편〉이 검열을 예상하고 쓰였으며 또한 검열에 무수히 가위질당했다는 사실은 알려져 있었으나 카프의 비평가들은 그래도 나운규라면 이렇게 해 주기를 요구했다. "암담한현실을해부폭로하라 그러나 대중으로하여금 이러한그들의현실을 양기하도록교시하라!"[119]

16명이나 살해하고도 무사히 석방되어 나온 영진이 다시 지주의 아들을 노리다가 미쳐서 끌려간다니, 카프 진영에서는 "아리랑후편(後篇)을 보러간 팬대중중(大衆中)에서 푸로레타리아대중중(大衆中)에서 포켓트에서나온 돈이얼마나되는가를아는가!"[120]라고 혹평할 만도 했지만 이 비판의 핵심은 헤게모니 다툼에 있었다.

카프 진영의 비판은 원방각프로덕션의 두 번째 작품인 〈철인도(鐵人都)〉(1930)로 이어져 급기야 나운규가 이제까지의 비판에 대해 반론을 제기하기에 이르렀다. 조선의 현실을 망각하고 영리를 목적으로 한 "순반동영화(純反動映畫)"[121]라는 서광제의 과격한 표현에 나운규는 "룸펜푸로의 생활(生活)을 그려보려든것도아니고 주인공(主人公)을무슨의식(意識)이잇는사람으로 내노려든것도아니다"[122]라고 해명하면서 "그에게 마르크시즘(Marxism)을말해보아라아는가 코뮤니즘(Communism)을설(說)하기보다는 먼저그필요(必要)를 진심(眞心)으로늣기도록해주는것이더 효과(效果)가잇지안은가"[123]라고 되물었다. 카프 진영의 소장파 영화평론

119. 남궁옥, 「『아리랑』後篇을보고」, 『중외일보』 1930년 2월 19일자.
120. 서광제, 「영화비평―아리랑後篇(二)」, 『조선일보』 1930년 2월 21일자.
121. 서광제, 「圓方角作品『鐵人都』批判(一)」, 『중외일보』 1930년 4월 26일자.
122. 나운규, 「『鐵人都』評을읽고―製作者로서一言」, 『중외일보』 1930년 5월 2일자.
123. 나운규, 「『鐵人都』評을읽고―製作者로서一言(三)」, 『중외일보』 1930년 5월 4일자.

가들은 기존의 조선영화를, 조선의 현실을 망각하고 미국영화를 어설프게 모방했다고 비판했지만 나운규가 보기에 오히려 그 젊은이들이야말로 현실의 변화를 감지하지 못하는 탁상공론자들에 불과했다.

> (〈아리랑 후편〉의) 라스트 씬 갓가히부르짓는『마음이 變했다』가 이作品이 말하려는 第一重要한 目的이다 그리기째문에 永鎭이가 出獄하야도 라와본 社會가 入獄前에 比하야얼마나 變햇다는것이 이作品을보는사람에게 第一注意해야될일이아니냐 永鎭이를 洞里사람들은 울며作別햇다 그째에 그사람들마음에는 自己들을爲하야犧牲이되는사람이다 이런生覺은 누구에게나잇섯슬것이다 그럼으로 이犧牲者를監獄으로보게며(원문 그대로―인용자)울엇다 그러케 마음속깁히 밋든同志들이 永鎭이가出獄後에 그를반갑게對할自由까지쌔앗겨버렷다속으로피가쯔르면서도밧줄을쥐고 永鎭이를 기다린다 웨그러케되느냐가問題요 이것을말하야『變햇다』는것이다 社會가變햇고 사람들의 마음이 變햇다 同志들이 前篇에는 多少間이라도힘이잇섯다希望이보엿다그러나 後篇(出獄後)에는 아조落心하고 그야말로 現實에 忍從하는사람들이되고말엇다[124] (강조는 인용자)

〈아리랑 후편〉에 쏟아진 비판에 대한 해명인 동시에 나운규가 겪은 고뇌가 잘 드러난 글이다. 그의 의도는 출옥한 영진이 마주한 현실의 변화와 그에 따른 좌절감을 이 영화에서 그리고자 한 것이었다.

그러나 변한 것은 타인과 사회뿐만 아니라 나운규 자신이기도 했다. 검열의 압박과 계속되는 흥행 부진, 평론가들의 신랄한 비판에 지친 그는

---

124. 나운규, 「現實을忘却한映畵評者들에게答함(一)」, 『중외일보』 1930년 5월 13일자.

호구지책으로 종로 5정목에 생긴 미나도좌의 연극무대에 서게 되었다. 그리고 이듬해에는 우익 야쿠자였던 도야마 미츠루(遠山満)가 설립한 도야마프로덕션에 합류해 〈금강한(金剛恨)〉(1931)과 〈남편은 경비대로〉(1931)에 출연했다. 두 영화는 나운규의 이미지가 실추되는 데 결정적인 계기가 되었다. 〈금강한〉에서 그가 맡은 역은 순진한 시골처녀를 유린하고 결국은 본처에게 살해당하는 색마였고, 〈남편은 경비대로〉는 총독부 경무국이 후원한 선전영화였던 것이다.

나운규의 인생은 무성영화와 함께 피어났고 함께 사그라진 불꽃이었다. 그도 한때 조선 최초로 발성영화를 제작하려는 꿈을 품었지만 이 새로운 테크놀로지를 주도했던 것은 해외 유학을 통해 선진 기술과 연출법을 익힌 소장파 감독들이었다.

이 새로운 세대의 특징은 조선이 식민지가 된 이후에 태어나 일본어로 근대 교육을 받고 일본에 유학했다는 점이다. 나운규 세대에게 예술의 원류가 3·1독립만세운동과 그 실패로 인한 좌절감 극복에 있었다면, 신세대 감독들에게 조국의 독립은 막연하고 비현실적인 문제로 인식되었다. 이들의 대부분이 제국의 신민으로 동화되어 일본과 합작하는 데에서 친일영화로, 그리고 전쟁 동원을 위한 일본어 국책영화를 제작하는 길로 접어들게 된 근본적인 이유가 거기에 있다. 또한 발성영화에서는 '의도된 모호성'이 불가능했고 중일전쟁 이후는 전쟁의 양상이 총력전으로 변했기 때문에 〈아리랑〉 때와는 달리 제국주의를 측면에서 비판할 틈새도 없었다. 즉, 신세대 감독들에게 주어진 운신의 폭이란 협력, 아니면 침묵이었던 것이다.

중일전쟁이 발발한 지 약 한 달 뒤인 1937년 8월 9일 나운규는 지병이었던 폐결핵으로 세상을 떠났다. 병마에 시달리면서 연출한 마지막 영화

〈오몽녀〉(경성촬영소, 1937)가 완성된 지 얼마 뒤였다. 비가 오는 가운데 열린 장례식에는 영화인들과 함께 팬들도 모여들었다. 화장터로 향하는 관이 독립문을 지나 홍제원 언덕을 넘을 때, 뒤따르던 악대는 〈아리랑〉의 주제가를 연주했다. 장례 행렬을 따라가던 사람들은 빗속에서 울려 퍼지는 선율에 맞춰 조선 영화계의 풍운아와 한 시대의 종말에 바치는 조가를 구슬피 합창했다.

카프의 영화운동과 그 몰락

카프〔조선프롤레타리아예술가동맹(Korea Artista Proleta Federatio): KAPF〕가 결성된 것은 1925년 8월이었고 그 산하에 신흥영화예술동맹이 결성된 것은 1927년 전국대회에서였다. 카프 영화동맹의 맹원들은 영화 비평을 중심으로 활약했을 뿐, 실제로 영화적 실천은 빛을 발했다고 생각한 순간 곧 꺼져 버린 정도에 그쳤다. '프로(프롤레타리아) 영화운동'의 첫 결과물인 〈유랑〉(1928)에서부터 〈혼가〉(1929), 〈암로〉(1929), 〈화륜〉 (1931), 〈지하촌〉(1931)까지 카프는 고작 작품 5편을 남겼을 뿐이다. 카프의 프로영화운동이 좌절할 수밖에 없었던 원인으로는 다음의 세 가지를 지적할 수 있다.

첫째, 당시 영화산업의 구조가 카프의 사상과 조화되지 못했다는 점이다. 다른 예술과 달리 영화를 생산하는 데에는 상당한 자본이 필요하지만 무산계급의 영화를 만들기 위한 자본을 어디에서 얻느냐가 카프의 자가당착적인 문제였다. 물론 그 자본이 무산계급의 주머니에서 나올 리 만무했고 카프 맹원들은 사재를 털어 영화를 만드는 수밖에 없었다. 즉, 조선 영화의 오랜 문제인 자본 부족이 카프의 경우 한층 심각했다고 할 수 있다. 자본 부족은 영화의 질적 저하로 이어질 수밖에 없는데, 카프영화는 늘 흥행에 실패하거나 상영금지 처분을 받았기 때문에 악순환이 되풀이되었다. 투자한 자본이 회수되는 경우는 전혀 없었고, 맹원들도 특별히 자본의 부족을 메울 다른 방도를 강구하지 않았다.

둘째, 조직 내부의 분열이 카프의 몰락을 부추겼다. 1930년 카프의 주요 지도자 중 한 명이었던 팔봉 김기진은, 이론만으로 대중은 공감하지 않으므로 예술을 대중화할 필요가 있다고 주장했다. 그러나 그의 주장은 중앙위원회가 취한 볼셰비키화 노선에 의해 곧 비판받았다. 이어 중앙위원회는 〈유랑〉과 〈혼가〉를 제작한 신흥영화예술동맹에게 동맹을 해산하고 카프영화부에 합류할 것을 권고했다. 그러나 신흥영화예술동맹은 이를 거부하고 서울키노를 설립했다. 서울키노는 서광제가 각본을, 김유영이 감독을 맡아 〈화륜〉을 제작했다. 이 사건으로 두 사람은 카프의 서기장 임화로부터 "계급적영화운동(階級的映畵運動)의 유일(唯一)의조직(組織)을배반(背叛)한탈주자(脫走者)"[125]로 강력한 비난을 받았다. 이런 내부 분열을 해결하지 않은 채 카프영화부는 청복키노를 설립해 1931년 1월부터 〈지하촌〉 제작에 들어갔는데, 이 영화는 카프 검거의 도화선이 되고 말았다. 3월에 촬영이 완성된 이 영화는 단성사에서 개봉될 예정이었는데 경찰은 개봉 전에 필름을 압수해 버렸다. 그리고 청복극장(靑服劇場)의 경영자인 안막〔安漠: 본명은 안필승(安弼承)〕을 비롯하여 카프영화부의 동향을 주의 깊게 감시하며 기회를 노렸고 이윽고 9월 카프 맹원들을 검거했다.[126] 이른바 1차 검거로 일컬어지는 이 첫 번째 검거에 의해 안막과

---

125. 임화, 「서울키노映畵『火輪』에對한批判(1)」, 『조선일보』 1931년 3월 25일자.

126. 京鐘警高秘 제5350호, 「靑服劇場에 관한 건」, 『思想에 關한 情報(副本)』 1931년 4월 27일자.

〈지하촌〉의 감독 강호(姜湖)가 체포되었다.

마지막으로, 가장 결정적인 원인은 외부 탄압이었다. 대체로 악덕 지주와 자본가에게 착취당하던 빈곤한 농민과 노동자가 계급의식에 눈을 뜨고 프롤레타리아 운동에 동참한다는 내용을 담은 카프영화는 총독부의 방침에 반하는 '불온'한 영화로 필름이 삭제되거나 압수당했다.

주지하다시피 불온이라는 단어는 정치적으로 '온당치 아니하고 험악하다'는 뜻 이외의 의미를 항상 포함한다. 국가권력은 스스로의 존립을 위협하는, 따라서 배제해야 하는 성원에 대해 특히 이 모호한 용어를 즐겨 쓴다. 일제강점기에 가장 불온한 성원을 칭하는 '불온분자'라는 용어는 사회주의자와 동의어로 사용되었다. 그들은 식민국가에 빼앗긴 인민을 되찾고자 국가와 싸우는 세력이었다. 따라서 "영화(映畵)는 노동자(勞動者)의계급의식(階級意識)을 심화(深化)시킬수잇스며 모-든농민(農民)과국민(國民)의 비(非)푸로레타리아적층(的層)의정치적교화(政治的敎化)의위대(偉大)한 무기(武器)라야만할것이다"[127]라고 선언한 카프의 프로영화운동은 총독부에 의해 철저히 탄압받았다. 결국 1934년 총독부는 카프 산하의 연극단체인 신건설(新建設)의 선전 전단이 전라북도 금산에서 발각된 사건을 빌미로 대대적인 2차 검거에 들어갔고, 이때 카프의 맹원들이 대부분 검거되어 조직은 해산되었다.

이렇게 1931년을 기점으로 나운규로 대표되었던 민족영화 세력이 쇠퇴하고, 카프 구성원이 대거 검거되어 프로영화운동도 좌절되고 말았다. 그 뒤의 무성영화 말기는 침체기라고밖에 형용할 수 없는 암울한 시기였

---

127. 김유영, 「映畵街에立脚하야 今後『프로』映畵運動의 基本方針은이러케하자」, 『동아일보』 1931년 3월 26일자.

다. 외국영화는 이미 토키 시대에 돌입했으나 자본과 기술이 빈약한 조선 영화계에서 토키는 자주적으로 달성하기 어려운 과제였다. 외국의 토키 영화가 극장을 장악한 이 시기에 무성영화를 생산할 장비와 인력밖에 갖추지 못했던 조선 영화계는 급격히 위축되고 말았다.

토키화

테크놀로지와 이데올로기의 길항

3부

1. 모던의 '미몽', 토키의 '미몽'

토키 전환기의 '말 못할 사정'

무성영화기의 마지막 히트작은 이규환(李圭煥) 감독의 데뷔작 〈임자 없는 나룻배〉(유신키네마, 1932)였다. 이규환은 신코키네마(新興キネマ)[128]의 교토 촬영소에서 스즈키 주키치(鈴木重吉) 감독의 조수로 2년간 연출을 배우던 중 이 영화의 시나리오를 완성했다고 한다. 그는 해방 후 이영일과 인터뷰하면서 이 영화에 대해 "착상은 역시 일본에 대한 반항인데, 그 반항을 문명에 대한 반항으로 캄프라치(camouflage: 적의 눈을 속이려고 위장함)한 거지"[129]라고 말한 바 있다.

〈임자 없는 나룻배〉는 일본의 철도 건설 때문에 일터를 잃고 만 뱃사공

---

[128]. 경영이 부진했던 데이코쿠키네마에 쇼치쿠 자본을 대어 1931년 새롭게 발족한 영화사. 이규환이 일한 곳은 이 영화사의 교토 우즈마사(太秦) 촬영소였다. 데이코쿠키네마 시절 이창용과 정기탁이, 신코로 바뀐 뒤에는 이규환과 김성춘이 우즈마사에서 영화를 배웠다. 그리고 1935년에는 무용수 최승희(崔承喜)가 신코키네마의 배우로 입사한 바 있다. 한편, 스즈키 주키치는 당시 조선에도 수입된 경향영화 〈무엇이 그 여자를 그렇게 만들었느냐(何が彼女をそうさせたか)〉(1930)를 연출한 감독이다. 이창용도 데이코쿠키네마 시절 그에게서 사사했고 이규환은 1937년 스즈키와 공동으로 토키영화 〈나그네(旅路)〉(성봉영화원·신코)를 감독했다.

[129]. 앞의 책 『이영일의 한국영화사를 위한 증언록—성동호·이규환·최금동 편』, 137쪽.

춘삼(나운규 분)이 딸[문예봉(文藝峰) 분]을 겁탈하려고 한, 일본인 기사의 조선인 조수를 죽이고 기차에 몸을 던져 자살한다는 내용이다. 이렇게 〈임자 없는 나룻배〉의 항일적인 내용은 〈아리랑〉과 비슷한, '의도된 모호성'을 띠었고 나운규가 맡은 사공 역도 어딘가 〈아리랑〉의 비극적인 영웅 영진과 닮았다. 그러나 시대는 이미 〈아리랑〉풍의 모호함도 검열에 저촉될 정도로 변했다. 춘삼이 울분에 못 이겨 도끼로 철로를 찍어 부수는 신은 결국 문제가 되어 200피트 정도 삭제해 재검열을 받아야 했고, 『동아일보』의 학예부장 주요섭(朱耀燮)은 "라운규(羅雲奎)가 주연하는춘삼이란 한개농부로동자의 슬픈이야기를 우리는한개인의이야기로보지말고 조선민족이라는 한민족의이야기로볼째 비로소그감격이 커지는것이다"[130]라고 써서 신문이 일시 판매정지 처분을 받았다. 총독부는 〈임자 없는 나룻배〉에서 철도가 식민지 근대화에 따른 수탈의 상징이라는 점을 간파했던 것이다.

무성영화 후기의 조선영화는 강도 높아진 검열과 늦은 토키화로 인해 그야말로 철도에 밀려 설 자리를 잃은 뱃사공 춘삼과 같은 처지에 처해 있었다. 무성영화를 고수하자니 관객이 외면하고, 토키로 가자니 자본이 딸리는 데다 검열에 대한 걱정도 해야 했다. 1930년 1월부터 조선극장은 미국의 토키영화를 상영하기 시작했고 1932년부터 단성사도 대세에 동참했다.

한편 일본에서는 1931년부터 국산 토키가 제작되기 시작했다. 조선에서도 영화인들을 중심으로 국산 토키영화를 시도해 보자는 움직임이 일기 시작했지만 평론가들의 시각은 부정적이었다. 카프영화부의 평론가

---

130. 「試寫評─一流新키네마二回作 임자업는나루배」, 『동아일보』 1932년 9월 14일자.

박완식[朴完植: 호는 현해(玄海)]은 "현하조선(現下朝鮮)과가튼경제적실정하(經濟的實情下)에서 무성영화(無聲映畵)의제작(製作)조차 극난(極難)한 현상(現狀)인데『토-키-』의 국산(國産)이란도모지쑴도 쑬수업는 공상(空想)이다"[131]라고 단언한 바 있다. 그가 조선 영화인들의 눈물겨운 시도에 찬물을 끼얹은 것은 비단 경제적, 기술적 문제 때문만은 아니었다.

現在 우리朝鮮에서『토-키-』를獲得치못하는原因이 經濟的條件과技術的困難쑌이아니다 佛國과가티 檢閱制度가업다면몰라도 朝鮮에 잇서서는 이것이쏘한 問題거리가될것이다 …… 萬若無聲映畵로서××(검열―인용자)로 因한 필름의中斷이생기드래도 解說上 事件連結에依한 큰飛躍만은免하겟지만『토-키-』에잇서서 中斷이된다면오히려 無聲映畵만도못한結果를 招徠할른지도몰은다[132] (강조는 인용자)

그는 총독부의 검열 때문에 조선의 발성영화는 무성영화만도 못한 결과를 가져올 것이라고 내다보았다. 무성영화는 필름이 삭제되더라도 변사의 해설로 이를 메울 수 있지만 '의도된 모호성'이 통하지 않는 발성영화는 총독부에 의해 완전히 통제될 것이 뻔했기 때문이다.

1930년 4월 16일, 나운규와 이필우를 비롯한 원방각영화사의 동인들은 일본에서 바이타폰(vitaphone)식 촬영기를 구해 국산 토키〈말 못할 사정〉을 제작한다고 발표하면서 "한번해본다 는 것이다 그 결과(結果)는 단언(斷言)할수업다그러나 이것으로조선(朝鮮)서발성영화제작사업(發聲

---

131. 박완식,「發聲映畵의 國産問題(2)」,『동아일보』1929년 12월 25일자.
132. 현해,「發聲映畵에對하야(三)」,『조선일보』1930년 2월 2일자.

映畵製作事業)의가능(可能) 불가능(不可能)을판단(判斷)하는운명(運命)을 결정(決定)하는것으로알고 착수(着手)하는것이다"라는 포부를 밝혔다.[133]

그러나 사운드판(대사는 없으나 음악과 음향이 들어간 발성영화)으로 기획된 이 영화는 결국 말만 무성하더니 자금 부족으로 도중하차하고 말았다. 역시 토키는 시기상조라는 박완식의 예상이 맞아떨어진 것인가? 그러나 이후의 영화사를 고찰해 볼 때 조선 영화계에 토키화는 마치 구한말에 철도가 그랬던 것처럼 거역할 수 없는 근대의 물결이었다. 그 물결을 억지로 막는 것은 대원군의 쇄국정책과 같은 발상에 지나지 않았다. 한편, 그 물결에 올라타는 것에는 조선의 불행한 과거와 마찬가지로 일제의 식민주의에 이용될 위험이 따랐다. 이런 진퇴양난의 상황에서 조선영화가 이대로 절명할지도 모른다는 위기의식이 영화인들 사이에 만연했다.

무성영화 말기인 1932년부터 1934년에 걸쳐 제작된 영화는 고작 12편에 불과했으며 〈임자 없는 나룻배〉 이외에는 작품의 수준도, 흥행도 바닥을 쳤다. 그러나 발성영화를 제작하려면 무성영화의 세 배 이상 되는 비용이 필요했으므로 선뜻 나서는 자본가가 없었다. 있었다 해도 스튜디오와 현상소 같은 기간산업이 전무한 상황에서 제작에 덤벼드는 것은 무모한 일이었다.

이필우와 토키 〈춘향전〉

나운규와 이필우가 조선 최초의 토키를 만들겠다는 열정에 휩싸인 것

---

133. 「期鮮(원문 그대로—인용자)最初의發聲映畵—圓方角同人出演 撮影은李弼雨氏」, 『조선일보』 1930년 4월 16일. 이필우, 「發聲映畵에對하야『말못할事情』을박히면서」, 『조선일보』 1930년 4월 18일자 참조.

은 1930년 조선극장에서 상영된 사운드 온 디스크 레코딩(sound on disc recording) 방식의 뮤지컬 영화 〈파라마운트 온 퍼레이드(Paramount on Parade)〉(1930)를 보고 나서였다. 나운규는 〈말 못할 사정〉을 제작할 자금을 만들려고 평양에서 〈철인도〉(원방각프로덕션, 1930)를 날림으로 찍은 다음, 홍순언(洪淳彦: 무용가 배구자의 남편으로 나중에 동양극장을 설립)에게서 영화에 자본을 댄다는 약속을 받고 배구자 일행(裵龜子一行: 배구자와 그 무용단으로 1929년부터 전국을 돌며 레뷰식 공연을 했다)과 연극무대에 섰다.

이필우에 의하면 나운규가 벌인 불미스러운 일 때문에 1930년 여름 그는 나운규와 갈라졌다. 이후 이필우는 배구자 일행과 무용가 조택원(趙澤元)의 일본 순회공연을 따라가 일본에서 토키 기술을 손에 넣을 궁리를 했다. 그가 수소문해서 찾아간 곳은 오사카의 쇼치쿠자(松竹座)였다. 그곳에서는 무성영화에 반주를 하던 악사 츠치하시 다케오(土橋武夫)가 음악과 영상을 동조시키려고 갖가지 방법을 시도하고 있었다. 츠치하시의 소개로 또 다른 기술자 나카가와 교시(中川曉史)와 만난 이필우는 셋이서 새로운 토키 시스템을 개발하기로 협의했다. 웨스턴 일렉트릭(Western Electric) 사 토키 시스템[134]의 비싼 저작료 때문에 그들은 웨스턴 일렉트릭의 특허에 저촉되지 않는 범위에서 새로운 모방 시스템을 만들기로 했다.

이필우가 상하이까지 가서 외국 토키 카메라의 핵심 기술을 캐 오는 노력 끝에 웨스턴 일렉트릭과 비슷한, 그러나 완전히 같지는 않은 사운드 온 필름 레코딩(sound on film recording) 방식의 토키 시스템이 완성되

---

134. 할리우드에서는 1929년 2월 5대 회사 협약(Big Five Agreement)이 체결되어 MGM, 유니버설, 파라마운트, 퍼스트 내셔널(First National), P.D.C(Producers Distributing Corporation)가 웨스턴 일렉트릭의 시스템을 토키의 표준으로 채택했다.

었다. 이것이 바로 츠치하시 시스템으로, 일본의 첫 토키영화 〈마담과 마누라(マダムと女房)〉(1931)가 이 시스템으로 만들어졌다.

이후 이필우는 조선에서의 권리는 전부 자신이 가진다는 계약을 맺고 1933년 여름 조선으로 돌아왔다. 자신이 개발한 시스템을 'P.K.R식 발성장치기'로 이름 붙이고 단성사 안에 '조선발성영화연구소'를 차리고서 신문에 알렸지만[135] 토키에 투자하겠다는 제작자는 좀처럼 나타나지 않았다. 하는 수 없이 이필우는 와케지마 슈지로(分島周次郎)의 경성촬영소로 들어갔고, 무성영화를 제작하는 틈틈이 토키를 제작할 기회를 노렸다.

대일본국수회 조선본부 간사장으로 일본인 이주민들 사이에서 상당한 영향력을 발휘하던 사업가 와케지마는 1919년 본정 3정목에 설립된 경성극장을 인수하면서 연예사업에도 손을 댔다. 그는 이전에 도야마프로덕션에 투자한 적이 있었고, 김상진(金尙鎭)이 연출한 〈방아타령〉(신홍프로덕션, 1931)에도 자금을 대었다. 1931년 경성극장 뒤 창고에 경성촬영소(정식 발족은 1933년)란 간판을 단 와케지마는 이필우에게 소장을 맡아달라고 청했다. 그러나 이필우가 일본으로 떠나게 되자 유신키네마가 제작한 〈임자 없는 나룻배〉를 촬영한 바 있는, 이필우의 동생 이명우(李明雨)에게 촬영소를 맡겼다. 이때 〈임자 없는 나룻배〉의 프린트 제작을 위탁받은 경성촬영소 측은 그 영화의 주인공 이름을 딴 〈정춘삼(鄭春三)〉이라는 해적판을 만들어 조선과 일본 각지에서 흥행했기 때문에 유신키네마의 사주 강정원(姜鼎遠)으로부터 고소를 당했다.[136]

이렇게 무분별한 데가 있던 와케지마는 1933년 여름에 돌아온 이필우

---

135. 『조선중앙일보』 1933년 7월 27일자.
136. 『조선중앙일보』 1933년 6월 20일자.

에게 소장 직을 맡겼고, 닛카츠에 있던 야마자키 도키히코〔山崎時彦: 김소봉(金蘇峰)이라는 조선명으로 활동〕를 불러다 감독을 시키고 조선인 배우를 모집해 영화 제작을 시작했다. 그 첫 작품이 일본영화의 번안인 〈전과자〉 (1934)였다. 이어 야마자키의 연출로, 조선인들에게 잘 알려진 고전 〈홍길동전〉(1935)이 영화화되었다.

일본에서 토키를 연구할 때부터 〈춘향전〉을 첫 작품으로 염두에 두었던[137] 이필우는 언제나 지갑을 여는 데 소극적이었던 와케지마를 설득하고, 나카가와를 통해 일본으로부터 카메라를 들여와 조선의 첫 토키 〈춘향전〉을 완성했다.

그가 첫 토키로 춘향전을 택한 이유는 이것이야말로 위험 부담이 가장 적은 텍스트였기 때문이었다. 오늘날에도 판소리, 연극, 영화, 오페라, 게임 등 다양한 매체에 의해 재현(representation)되고 있는 춘향전은 비단 토키뿐만 아니라 한국영화의 기술적, 환경적 변화에 동반하여 반드시 리메이크되었던 작품이다. 연쇄극(1922), 조선의 첫 민간영화(1923), 첫 발성영화(1935), 휴전 후 첫 흥행 대작(1955), 첫 칼라 시네마스코프(cine-mascope) 영화(1961), 첫 70밀리 영화(1971), 첫 칸영화제 본선 경쟁 부문 진출작(2000) 등등. 한국사람이면 누구나 새로운 춘향전을 보러 갈 준비가 되어 있다는 것을 영화인들은 잘 알고 있는데 그것은 이필우도 마찬가지였다.

함경도 사투리를 쓰긴 했지만 미모를 자랑하는 문예봉을 새로운 춘향으로 발탁한 이필우는 메가폰을 동생 이명우에게 맡기고 자신은 촬영과 녹음에 전념했다. 그러나 첫 시도였던 이 영화는 "보는 눈과 일하는 손의

---

137. 앞의 책 『이영일의 한국영화사를 위한 증언—유장산·이경순·이창근·이필우 편』, 243쪽 참조.

차(差)가 우심(尤甚)함을 한할 뿐"[138]이라는 감독 이명우의 회고대로 그 시절 서양 토키에 비하면 창피한 수준이었다. 평론가들도 토키라고 하기에는 한참 미숙한 데다 묘사에 리얼리티가 없다고 지적했다. 그럴 수밖에 없는 것이 방음 시설이 필요했기 때문에 남원 로케는 꿈도 못 꾸고, 멍석을 두 겹으로 둘러친 경성촬영소에 꼼짝없이 틀어박혀 촬영했기 때문이다. 그러나 모국어가 들리는 영화를 보고 싶은 마음에 단성사 어귀에서 창덕궁 쪽으로 일렬, 동대문 쪽으로 일렬, 두 줄로 늘어선 관객들은 영화의 완성도에 크게 개의치 않았고 보통 때에 비해 두 배나 되는 입장료를 기꺼이 물었다.

〈미몽〉, 혹은 조롱 속의 자유

〈춘향전〉 이후 토키화는 영화 흥행에 가장 중요한 요소가 되었다. 1935년에 발성영화는 경성촬영소가 제작한 〈춘향전〉과 〈아리랑고개〉뿐이었으나 1936년에는 8편 중 6편이, 1937년에는 모든 작품이 발성영화로 제작되었다.

초창기 조선 토키의 수준을 보여 주는 필름으로는 〈미몽〉(1936)이 있다. 경성촬영소의 다섯 번째 작품인 〈미몽(迷夢)〉(일명 〈죽음의 자장가〉)은 그동안 이필우의 조감독으로 연출을 익힌 양주남(梁柱南)의 감독 데뷔작이었다. 녹음을 맡은 이필우는 기존의 카메라를 개량한 '노이스레스(noiseless를 의미—필자) P. K. 시스템 조선(朝鮮)폰'을 들고 현대극 영화로서는 처음으로 거리로 나가 동시 녹음을 시도했다.[139] 오늘날의 관점에

---

138. 이명우, 「춘향전을 제작할 때—조선영화감독고심담」, 『조선영화』 제1호, 1936년 10월.

서는 배우들이 어색할 정도로 큰 목소리를 내고 잡음도 심하게 느껴지지만, 당시 조선영화의 기술 수준을 고려하면 카메라가 이만큼이나마 스튜디오에서 벗어나 자유로워질 수 있었던 것도 대단한 일이었다.

〈미몽〉은 허영심 많은 가정부인의 애정 행각을 다룬 통속 멜로드라마로, 1950년대 최고의 흥행작 〈자유부인〉(삼성영화사, 1956)의 원조 격이라 평가할 만하다. 사극이나 순박한 시골처녀의 정조 유린이 단골 메뉴였던 조선 영화계에서 유부녀의 탈선을 다루었다는 것만 해도 놀라운데, 여주인공 애순(문예봉 분)의 일탈 행위가 서민들로서는 좀처럼 체험할 수 없는 상류층의 공간에서 이루어진다는 점이 더욱 이색적이다. 집안일은 하녀에게 맡기고, 화장에 공을 들이고, 낭비벽이 심한, 현모양처와는 거리가 먼 애순은 백화점, 호텔, 바, 극장, 미용실 등 경성의 근대 공간을 쏘다니며 사치 향락을 일삼는다. '최고급'이라는 유행어를 탄생시킨, 〈자유부인〉의 곗돈 사기꾼(주선태(朱善泰) 분)의 대사 "뭐든지 최고급품으로 주십시오. 최고급입니까?"에서 전후 한국사회의 욕망과 허세가 드러나듯 '데파토(デパート : 백화점)'에서 쇼핑을 하는 애순이 "왜 이리 싸"라고 이죽거리는 장면에서 식민지의 굴절된 모더니티가 드러난다.

애순이 모던과 향락을 향한 열망을 감추지 않듯 '서울에 딴스홀을 허(許)하라'[140] 시절의 상업영화 〈미몽〉은 수지 타산에 대한 욕망을 부주의

139. 『동아일보』 1936년 7월 3일자와 앞의 책 『이영일의 한국영화사를 위한 증언록—유장산·이경순·이창근·이필우 편』, 278쪽 참조.

140. 「서울에딴스홀을許하라—경무국장에게 보내는 我等의 書」, 『삼천리』, 1937년 1월. 경무국장 미츠하시(三橋)를 수신인으로 한 이 공개 탄원서에는 당시 이름난 한량이던 '대일본레코드회사' 문예부장 이서구, 여배우이면서 인천에서 기생 생활도 하다가 카페 '비너스'를 차린 복혜숙, 조선권번 기생 오은희, 한성권번 기생 최옥진, 종로권번 기생 박금도, 당시 북촌 최고(最古)의 바였던 '멕시코'의 여급 김은희, 영화배우 오도실, 동양극장 연극배우 최선화가 연서했다. 그 내용은, 댄스는 퇴폐적인 것이 아니라 건전한 근대 문화이므로 만주사변도 가라앉은 지금 도쿄와 마찬가지로 경성에도 댄스홀을 허가해야 한다는 것이었다.

하게 드러낸다. 조잡한 국산 토키에서 막 벗어난 조선영화는 더 큰 시장 점유율을 꿈꾸며 가장 취약한 부분인 제작비 문제에 대한 해결책을 찾았고, 〈미몽〉은 투자,[141] 제휴, 후원을 받고 광고를 해 줌으로써 이를 해결했다. 오늘날의 영화 속 간접 광고(tie-up)와 같은 방식이라 할 수 있는데, 이 방식으로 인해 〈미몽〉의 내용도 상당히 영향을 받은 것으로 생각된다. 애순이 극장에서 정부와 함께 무용 발표회를 관람하는 신에는 조택원무용연구소 전원이 특별 출연했고, 카메라는 조택원의 새 레퍼토리 중 하이라이트를 담았다. 1936년 7월 초 〈미몽〉이 개봉했을 때 조택원은 유럽행을 앞두고 6월부터 8월 말까지 전국 순회 고별 무용회를 개최 중이었다. 즉, 영화가 무용회와 동시 진행형으로 제공됨으로써 조택원무용연구소는 영화 관객을 무용회 관람객으로 흡수하는 광고 효과를 거둘 수 있었던 것이다.

마찬가지로 애순이 머리를 지지는 장면도 간접 광고 방식으로 실제 미용실[142]에서 촬영되었다. 또 다른 후원자였던 조만교통국(朝滿交通局)을 배려한 신에서 애순은 순회공연을 떠나는 무용수(조택원 분)를 뒤쫓아 자동차를 타고 경성역으로 간다. 그러나 기차는 떠나 버렸고 애순은 그 기차를 따라잡으려고 운전사를 재촉해 용산역으로 달려가다가, 사고로 자신의 딸 정희를 치고 만다. 이 사고를 경성역으로 가는 도중에 일어난 것이라고 해도 될 법한데 굳이 기차의 인서트 신(insert scene: 짧은 삽입 화

---

141. 이필우를 통해 와케지마를 움직여 경기도청으로부터 극장 허가를 얻은 홍순언은 1935년 11월에 동양극장을 열었고, 이필우에게 약속한 대로 〈미몽〉에 투자했다. 앞의 책 『이영일의 한국영화사를 위한 증언록―유장산·이경순·이창근·이필우 편』, 260~263쪽과 278쪽 참조.

142. 도쿄의 모로구치프로덕션(諸ロブロ)에서 영화배우로 일하던 오엽주(吳葉舟)가 1933년 4월에 조선여성으로서는 처음으로 화신상회 화장부에 소속되어 미용원을 열었다. 화신상회의 화재로 폐업한 오엽주는 1935년 12월 19일 종로 2정목 영보(永保) 빌딩에 엽주미용실을 개업했다. 한편 1935년 6월 같은 종로 2정목에 한청(韓靑) 빌딩이 완공되었고 이때 한청미용원도 개업했는데, 〈미몽〉은 종로에 위치한 이 두 미용실 중 한 곳에서 촬영된 것으로 짐작된다.

면)을 넣어 가며 용산역으로 가는 도중이라고 설정한 것은 조만교통국의 요청 때문이 아니었을까 추측해 볼 수 있다.

이렇게 〈미몽〉에는 만주사변 이후의 일시적인 호경기와 조선영화의 상업적 전망에 대한 기대가 투영되어 있다. 이 영화에는 2년 뒤 제작되기 시작한 선전영화들에 나타나는 정신주의적 설교와 전쟁 프로파간다의 어떠한 전조도 보이지 않는다. 다만 방탕한 여주인공 위로 내리꽂히는 가부장주의 윤리관의 쐐기 또는 상업영화의 안전핀이 있을 뿐이다. 조롱 속에서 푸드덕거리는 새로부터 경대 앞에서 화장하는 애순의 얼굴로 커트되는 이 영화의 의미심장한 첫 신을 보라. 백화점으로 외출 나갈 준비를 하는 애순은 거울(거울의 프레임에 남편의 모습이 비친다)에서 시선을 떼지 않고, 불만을 터뜨리는 남편에게 핀잔을 준다. 이때 화면은 새장으로 커트 백 되면서 애순의 목소리가 보이스 오버(voice-over: 현재 화면상에 보이지 않는 인물들의 대사나 해설)된다. "나를 가두어두지 그래요? 나는 조롱에 든 새는 아니니까요." 과연 애순은 조롱을 벗어나듯 가출하여 철저히 자신의 욕망에 따라 생활을 영위해 나가지만 결국 영화는 그녀의 자살로 끝을 맺는다. 애순이 살아남으려면 〈자유부인〉과 같은 타협(아들 명호 때문에 부부는 재결합한다)이 이루어져야 하는데 그녀에게는 자신의 실수 때문에 죽어 버린 딸이 있을 뿐이다.

그런데 애순이 누린 한시적인 자유가 결국 '미몽'에 불과했다는 이 영화의 가부장제적 속뜻은 아이러니하게도 자기 반영적인 형태로 조선 영화계에 되돌아왔다. 비약을 꿈꾸던 조선 영화계는 이듬해 발발한 중일전쟁으로 인해 갑작스럽게 전시체제로 개편되었고, 1938년부터 총독부와 제휴한 친일영화가 제작되기 시작한 것이다. 결국 불안정한 토대 위에서 급속도로 진행된 조선 토키에 대한 낙관적인 전망은 제국주의라는 조롱

속 미몽이었다는 사실이 뒤늦게 밝혀졌다.

〈나그네〉/〈여로〉의 이해관계

조선에서 토키가 빚은 최대 희생자는, 할리우드 영화 〈사랑은 비를 타고(Singin' in the Rain)〉(1952)가 묘사하듯 목소리 나쁜 무성영화의 스타가 아니라 변사였다. 1936년까지만 해도 조선인 극장에서는 언어 문제로 인해, 외국어 토키영화의 음량을 줄이고 변사가 조선어로 번안한 자막을 설명하는 토키 연행(連行)이 여전했다. 그러나 1937년이 저물자 변사는 경성의 일류 상설관에서 변두리 극장으로 밀려나고 말았다.[143]

변사의 주변화는 빠르게 지방까지 확대되었다. 1938년 6월 15일자 『동아일보』에는 극장에서 퇴출당하여 생활고로 자살한 광주 변사의 이야기를 보도한 「발성영화등장(發聲映畫登場)따라 변사실직(辯士失職)끝에 자살(自殺)—과학문명을저주하는청년」이라는 기사가 실렸다. 이 기사대로 과연 변사의 실직은 과학 문명의 발전 때문이었을까? 그러나 그 이면을 들여다보면 변사가 갑작스레 퇴출된 데에는 중일전쟁으로 인한 외국영화 수입 통제라는 맥락도 작용했음을 알 수 있다. 조선인 극장은 흥행 면에서 조선영화나 일본영화보다는 전적으로 외국영화, 특히 할리우드 영화에 의존하고 있었다. 그런데 중일전쟁이 일어나고 1937년 8월 12일부터 일본, 조선, 대만에 동시에 '북지사변특별세(北支事變特別稅)' 징수가 실시되는 한편 불급품(不急品) 불필요품(不必要品) 수입이 제한되면서

---

143. 이화진, 『조선 영화—소리의 도입에서 친일 영화까지』(책세상, 2005), 32~38쪽, 제1장 3절 '변사 시대의 폐막' 참조.

외국영화도 수입 제한 품목에 포함되어, 배급업자들과 조선인 변사들의 생업에 큰 영향을 미쳤다.

중일전쟁이 영화계에 초래한 변화는 외국영화 수입 제한만이 아니었다. 북지사변특별세법은 생필름에도 2할의 세금을 부과했으므로 영화 제작자들도 본격적인 대책이 필요했던 것이다. 이때 비용 증가에 대한 타개책으로 주목받은 것이 〈나그네〉의 합작 사례였다. 이 영화는 홍찬(洪燦)이 설립한 성봉영화원(聖峰映畵園)과 신코키네마의 합작으로 제작되어, 사제 간이었던 스즈키 주키치와 이규환이 공동 감독했다(크레딧에 따르면 각각 제작 지도와 감독을 맡았다). 그러나 엄밀히 말하면 합작이라기보다, 기술 부문은 전부 일본인들이 담당하고 조선 측에서는 배우를 제공한 기술 원조였다고 할 수 있다. 후시 녹음으로 조선어판과 일본어판이 제작된 〈나그네〉는 조선에서는 1937년 4월, 일본에서는 〈여로(旅路)〉라는 제목으로 5월에 개봉되었다. 이 첫 조일합작 토키영화는 흥행에 크게 성공했기 때문에 같은 형태의 합작영화가 제작되는 중요한 계기가 되었다.

그러나 이 같은 합작 방식에 대해 조선 측과 일본 측이 목적과 견해를 공유했던 것은 아니다. 조선 영화인들은 조일합작을 조선영화의 기술적 발달과 국제화의 길로 이해한 반면, 일본 영화인들은 차이나 드림을 향한 '여로'로 이해했다. 곧바로 이듬해에 스즈키 주키치는 동화상사(東和商事)[144]가 제작한 〈동양평화의 길(東洋平和の道)〉(1938)을 연출한 뒤 만주영화협회에 입사했다. 그 내용은 중국인 피난민이 일본군인의 친절에 감

---

144. 가와키타 나가마사(川喜多長政)가 설립한 외화수입사로, 경성에도 지사가 있었다. 주로 유럽영화를 수입하다가 중일전쟁 이후 대동아공영권 블록에 대한 영화 배급으로 전환하여 사세를 크게 확장했다. 전후에도 일본영화의 외국 배급에 관계했으나 국가적 지원이 없는 상태라 사세가 확연히 기울었다. 현재는 재단법인 '가와키타기념영화문화재단(川喜多記念映画文化財団)'을 발족해 박물관 사업에 주력하고 있다.

동하여 그때까지의 공포와 증오를 씻고 국가를 초월한 우정을 나눈다는 노골적인 선전영화로, 1938년 조선에서도 개봉되었다. 그리고 같은 해 성봉영화원은 도호(東宝)와 합작하여, 중일전쟁에 협력하자는 선전을 담은 친일영화 〈군용열차〉를 제작했다. 게다가 이 영화의 원작을 쓴 것은 이규환이었다.

이처럼 당초 조선 영화인들의 기대와 달리, 일본과 합작하는 일은 막상 들어서고 보니 친일영화로 이어지는 지름길임이 판명되었다. 〈나그네〉가 수출되었을 때부터 제휴에 대해 우려하는 목소리는 있었지만 이렇게 조선영화가 남의 전쟁이나 선전해 주는, 재주넘는 곰이 될 줄은 그 누구도 예측하지 못했다. 조선 영화인들이 '일지사변(日支事變)'의 돌발로 인한 불경기와 필름 값 앙등을 고민하는 사이에 일본군은 난징(南京)으로, 쉬저우(徐州)로, 광둥(廣東)과 우한(武漢)으로 점령해 들어갔고 전쟁은 장기화할 것이 확실해 보였다. 그리하여 조선 영화인들 사이에는 규제를 완화해 달라고 탄원할 것이 아니라 살 길을 찾아 국가에 협력해야겠다는 의식의 역전 현상이 일어나게 된다.

2. 〈군용열차〉의 불길한 출발

영화인의 전향과 친일

朝鮮에도 現代的인 토-기-씨스템(원문 그대로―인용자)이있고 現代
的인 産業形態를가춘 多量生産의 映畵撮影所가있다하드래도 오늘의 朝
鮮의 모든文化가 內地에서 移入되는 現象이어늘 하물며 小規模나마도
現代的인 撮影所한아를 갖지못한우리들은 機會가있고 經濟的인許容이
있는 때에는 東京의 큰撮影所에서 硏究하는것이 오히려 後日의 朝鮮映畵
를 爲하는 것이라고굳게 깨다렀다.[145](강조는 인용자)

과거 카프의 영화평론가였던 서광제는 전향과 동시에 친일을 한 인물
로, 1938년 조선의 첫 친일영화 〈군용열차〉를 도호와 합작하여 만들었다.
1939년 그는 차기작을 준비하려고 일본으로 건너가, 반년간 도호의 도쿄
촬영소를 출입하면서 일본식 스튜디오 시스템과 연출을 배웠다. 그때의

---

145. 서광제, 「東京映畫界 見聞記―내自信과 朝鮮映畫界에 하고싶은말」, 『조광』 1940년 6월, 192~193쪽.

경험에 대해 쓴 것이 바로 윗글「도쿄영화계 견문기」이다.

공교롭게도 그가 동경에 머물렀던 때는 1939년 10월 1일부터 실시된 '영화법(映畵法)'의 영향으로 일본 영화계가 전시체제에 맞춰 한창 변화하던 시기였다. 해가 바뀌어 조선으로 돌아온 서광제는, 이번에는 1월 1일에 공포된 영화령으로 조선의 영화산업이 강제적으로 통폐합될 위기에 놓인 것을 목격하게 되었다. 서광제는 좌파라거나 친일파라기보다는 언제나 일신에 유리한 기회를 잘 포착하는 편승파였다. 그는 영화산업이 국유화를 목전에 둔 시점에서 한 자리 얻어 타기로 결심했다. 그리고 위와 같이 앞으로 자신이 나아갈 길에 대해서 "후일의 조선영화를 위하는 것"이라고 변명을 보태었다.

그런데 친일한 지식인들로부터 자주 듣게 되는 이 '후일'이란 대체 언제인 것일까? 서광제뿐만 아니라 지도자급 위치에 놓인 친일 엘리트들은 그때가 언제인지 그들 자신도 모르면서 친일을 정당화하고 동포를 동원하려고 '후일을 도모하기 위해서'라는 구호를 즐겨 썼다. 그러나 자신들의 생애에는 결코 일어날 것 같지 않았던 막연한 그날이 어느 날 갑자기 '도둑처럼 찾아왔을 때' 후일을 대비해 그들이 도모해 놓은 것은 아무것도 없었음이 여실히 드러났다. 조선은 과거와 마찬가지로 가난한 농업국으로 돌아갔고, 조선영화는 무성영화로 퇴보했다. 친일 영화인들의 주장과 달리, 기술적으로 우수한 일본과 합작한 결과 조선영화에 남은 것은 의존심뿐이었다. 기자재와 기술 문제를 전적으로 일본에 의존하여 해결해 왔던 그들로서는 새로 생긴 국경이 한스러울 뿐이었다.

그들이 일제 말기 조선영화제작주식회사에서 만든 일본어 선전영화는 조선영화라기보다는, 일본의 전쟁 선전에 인적 자원을 제공한 데 불과했다. 따라서 패전 후 일본인들이 영화 기자재와 필름을 쟁여 싣고 떠나자,

조선영화는 폐허에서 다시 시작해야만 했다. 그럼에도 친일 영화인들에게 과거의 무책임한 약속에 대한 반성을 촉구하는 이는 아무도 없었다. 내선일체 친일영화를 만들었던 그들은 이번에는 새 조국을 위한 영화 건설을 약속하며 광복영화를 만들었다. 해방 이후 한국사회에서 친일파에 대한 처벌은 시도하기도 전에 흐지부지 끝나고 말았고 영화계도 예외는 아니었다. 문학계에서는 이광수(李光洙)가 재판을 받았고 친일 작가들의 자기비판도 있었지만 영화계에서 그런 일은 일어나지 않았다. 오히려 친일 영화인들은 최인규처럼 과거의 친일 행위에 대한 비난으로부터 벗어나고자 광복영화를 만들었고, 조선영화를 위해 일제에 협력했다는 궤변을 광복 후에도 되풀이했다.

〈군용열차〉의 제작 배경

〈나그네〉에 이어 성봉영화원이 만든 두 번째 작품 〈군용열차〉도 '조선영화를 위해서'라는 명분을 내건 합작 선전영화였다. 성봉영화원은 홍찬이 조선영화의 기업화라는 슬로건을 내세우며 의정부에 촬영소를 차리고, 동인제로 배우와 제작진을 모아 차린 영화사였다. 홍찬은 해방 후에 반민족행위처벌법 위반으로 구속되는 친일파이기도 했다. 〈나그네〉에 이어 그가 두 번째 동반자로 손잡은 것은, 정부 주도로 트러스트를 결성한 뒤 국책영화를 양산하기 시작한 도호였다.

〈나그네〉가 경제적 목적을 위한 합작이었다면 〈군용열차〉는 처음부터 국책 선전을 위해 제작되었다. '내지(內地: 일본)'와 '외지(外地: 식민지)' 조선의 우호와 협력을 선전하기 위해 이 영화에는 드물게 일본인 배우들이 출연했다. 〈군용열차〉는 1938년 6월 29일 도호가 직영한 약초극장(若

〈군용열차〉의 배우와 제작진. 앞줄 오른쪽에서 두 번째가 문예봉, 카메라 바로 뒤가 왕평, 카메라 왼쪽이 서광제, 그 옆이 김한, 그 뒤가 독은기.

草劇場)에서 개봉되었고 7월 13일부터 일본에서도 공개되었다. 이 영화는 국책의 비호를 받아 일본으로 수출되었으나 흥행에 실패했는데, 그럼에도 외지에서 영화 제작에 열심이었던 도호는 두 번째 합작영화를 추진했다. 그것이 대표적인 시대극 스타인 하세가와 가즈오(長谷川一夫)와 만주영화협회(이하, '만영'으로 줄임)의 톱스타 리코란(李香蘭)을 주연으로한 〈백란의 노래(白蘭の歌)〉(1939)였다.

이 영화는 일본에서 1939년 11월 30일에 개봉했고 조선에서는 같은해 12월 9일 약초극장에서 개봉했다. 〈백란의 노래〉는 중일전쟁 이후 활발하게 제작된 소위 '대륙친선영화'로, 〈군용열차〉와 비슷한 목적으로 기획되었다. 두 작품 모두 중국공산당의 스파이 및 항일유격대에 대한 경계심을 앙양하고 일본에 대한 동화를 촉진하려는 선전영화로, 통속 멜로드라마에 전쟁 프로파간다를 섞은 것이었다. 그러나 같은 회사에 의한 비슷한 기획물이었지만 두 작품의 질적 차이는 현저했다. 〈백란의 노래〉가 디제시스(diegesis)를 이음매 없이 봉합(suture)[146]하여 프로파간다의 노골성을 감추려한 선전영화였다면, 〈군용열차〉는 정신주의의 과잉과 프로파간다의 적나라함으로 인해 오히려 내러티브의 연속성과 논리성을 깨뜨려 역효과를 낸 영화가 되었다.

대륙친선영화 〈백란의 노래〉

만주에서 촬영한 〈백란의 노래〉는 구메 마사오(久米正雄)의 소설을 원작으로 한 영화이다. 1937년 닛카츠에서 도호로 이적한 와타나베 구니오(渡辺邦男)가 이 영화의 연출을 맡았다. 오락성 있는 작품을 빠른 속도로 찍어 내는 것이 장기였던 그는 국책영화 〈백란의 노래〉에서도 오락성을 살리면서 민족 간의 친선과 만주 개발이라는 국책 선전을 엮어 넣었다. 영화의 기조는 일본인 마츠무라 고키치(松村康吉)와 만주처녀 세츠란(雪蘭: 슈에란의 일본어 독음)의 연애를 다룬 멜로드라마이지만 당시의 만주 붐을 감안하여 만주 각 도시의 풍경과 명승지를 담았다. 마츠무라를 연기

---

146. 디제시스(diegesis)란 스크린에 표상되는 허구의 세계를 의미한다. 내레이션, 연기, 음악과 음향 등 스크린 상에서 일어나는 모든 일이 디제시스를 구성한다. 디제시스는 만들어진 환영이지만 관객이 영화에 몰입하면 그것을 자연스러운 것으로 느끼게 된다. 따라서 반제도적 영화(counter cinema)는 때로 관객에게, 디제시스가 실재가 아니라 허구에 지나지 않는다는 것을 환기하고자 내러티브와 논리적으로 들어맞지 않는 사운드나 숏을 삽입하기도 한다. 봉합(suture)은 원래는 상처를 꿰맨다는 의미의 외과 용어인데, 정신분석학자 라캉은 상상계와 상징계의 분열을 하나로 통합하려는 자아의 노력이라는 의미로 사용했다. 영화학에서 봉합은 영화가 환영이라는 것을 관객이 눈치 채지 못하도록 디제시스를 유지하는 영화적 효과를 의미한다. 봉합 장치의 예로는 공간적, 시각적 논리성에 따른 고전적 내러티브 영화의 숏/역숏(shot/reverse shot: 역숏은 두 사람이 등장하는 장면 등에서, 앞서 촬영한 방향과 반대편에서 촬영하는 것), 매치 온 액션(match on action), 연속편집(continuity editing) 등을 들 수 있다. 이 책에서는 편집 장치로서의 효과뿐만 아니라 이데올로기적 효과에 주목하여, 관객이 지배 이데올로기를 자연스레 받아들이도록 이끄는 영화적 전략도 봉합이라고 불렀다.

〈백란의 노래〉의 개봉 광고(『조선일보』 1939년 12월 9일자)

한 하세가와는 이 영화가 처음 출연하는 현대극이었던 만큼 나쁘지는 않다는 평을 들었던 반면, 리코란은 열연을 펼쳤다는 호평을 얻었다.[147] 〈백란의 노래〉의 줄거리를 따라가며 어떤 식으로 만주 개발과 민족협화(民族協和)의 프로파간다가 주입되었는지 살펴보자.

만철(滿鐵: 남만주철도주식회사) 직원 마츠무라는 일본 유학을 경험한(그래서 일본어가 능란하다는 설정) 만주처녀 세츠란을 상하이에서 만나 사랑하는 사이가 되나, 아버지의 부음을 듣고 일본으로 돌아가는 바람에 세츠란과 헤어진다. 장례식 후 가족을 인솔하여 만주로 이민 온 마츠무라는 만주인들을 독려하여 국토 개발에 힘쏟는다(즉, 식민지 건설에 현지 주민들을 동원했다). 한편, 세츠란은 마츠무라에게서 아무 연락이 없자 애인이 변심한 것은 아닌가 의심하게 된다. 그러나 실은 여동생이 일본인과 사귀는 것을 반대하는 세츠란의 오빠(공산당원)가 마츠무라의 편지를 감추어 온 것이다. 물론 이 국책영화에서는 오빠가 왜 항일 감정을 갖게 되었는지는 전혀 묘사되지 않는다. 마츠무라를 보고 싶다는 일념으로 만주의 개척지를 찾아온 세츠란은 그에게 새 여자(실은 마츠무라 동생의 약혼녀)가 생겼다고 오해한 채

---

147. 「"白蘭の歌" 前後篇——一夫の珍しい 現代物」, 『京城日報』 1939년 12월 12일자.

돌아간다.

　민족협화를 주제로 한 일본의 선전영화에서 이렇게 상대를 오해하는 쪽은 늘 식민지인이고 그 오해는 도덕적 시련으로 그려진다. 그가 일본인에 대한 오해를 푸는 순간 그의 도덕성은 회복되고, 동시에 그는 일본인에 동화되는 것이다. 세츠란도 마찬가지로 오해로 인해 도덕적 딜레마에 빠진다. 애인에게 배신당한 그녀는 오빠의 설득에 넘어가 공비(共匪, 즉, 이 영화는 항일 공산당 유격대를 비적으로 묘사했다)가 되어 작전에 참가한다. 그리고 참으로 멜로드라마틱하게 두 남녀는 전선에서 딱 마주친다. 마츠무라의 설명으로 오해를 풀게 된 세츠란은 이번에는 두 민족의 화합과 만주 개발이라는 그의 대의에 감동하여, 공비에서 적극적인 친일파로 변한다. 공비들의 만철 폭파 계획을 마츠무라에게 알리려다 세츠란은 다리까지 다치는 희생을 감수한다.

　그러나 만주처녀가 완전한 일본인으로 거듭나기까지는 아직 넘어야 할 시련이 더 남아 있었다. 마츠무라가 식민지 건설이라는 과업 때문에 연애라는 작은 일에 구애되지 않기로 결심한 것이다. 사랑을 구걸하는 세츠란을 마츠무라는 사무적이고 차가운 태도로 무시하고, 두 남녀 사이에는 사도마조히즘적인 밀고 당기기가 전개된다. 사도마조히즘의 절정은 어느 비 오는 밤 마츠무라가 결혼해 달라고 매달리는 세츠란을 뿌리치는 장면이다. 세츠란은 솟아오르는 격정을 억누르지 못하고 히스테릭하게 폭발하고 만다. 그때서야 마츠무라는 "당신은 내 아내요"라는, 멜로드라마적 과잉이 듬뿍 묻어나는 대사로 자신의 본심을 고백한다.

　곧바로 다음 신에서, 두 사람의 결합은 민족협화의 의미로 전유(專有)된다. 세츠란과 마츠무라가 서로의 사랑을 확인한 바로 그 시각, 마을의 제방이 호우로 인해 터지기 시작했다. 두 사람의 사랑이 이루어진 것을 보고 관객의 감정이 이완될 즈음, 마츠무라의 동료가 뛰어들어 제방이 터졌음을 알려 다시 긴장을 고조한다. 마츠무라의 지도로 일본인 이주자들과 만주인들은 홍수를 막기 위해 하나가 되어 밤새도록 둑을 쌓는다. 그리고 무사히 이튿날 아침이 밝았을 때, 영화는 양 민족 간의 군건한 화합을 보여 주며 대단원에 이른다.

〈백란의 노래〉와 같이 일본의 국책 멜로드라마는 항상 적(敵)이나 식민지인이 일본인에 동화되는 것을 미덕으로, 그 반대는 악덕으로 묘사한다. 특히 대륙친선영화에서는 세츠란과 마츠무라의 관계에서처럼 중국여성과 일본남성의 관계는 전자가 피학증적이고 후자가 가학증적인 것이 도식처럼 되어 있다. 이에 대해 사토 다다오(佐藤忠男)는 다음과 같이 분석했다.

> 영화적인 쾌락인 에로티시즘이 전쟁에 결부되면 어떻게 될까. 정복한 땅의 여자를 안고 싶다고 하는 이미지가 쉽게 떠오를 것이다. 현실로 중국전선에서 있었던 것처럼, 전화의 불길이 타는 속에서 반항하는 상대를 범하고 죽인다는 이상한 장면을 국내의 선량한 선남선녀에게 보여줄 수는 없는 것이다. 그것은 어디까지나 멋진 중국여성이 친절하고 믿음직스러운 일본남자를 연모하기 때문에 사랑해 준다는, 커다란 거짓의 엉터리 환상이 아니면 안 된다. 거기서 그러한 멜로드라마가 만들어진다.[148]

즉, 일본의 침략을 중국이 기쁘게 받아들인다는 일본인의 망상을 충족하기 위해 일본영화는 리코란과 같은 중국인 여배우가 필요했다.

---

148. 사토 다다오, 유현목 옮김, 『일본영화 이야기』(다보문화, 1993), 199쪽.

〈지나의 밤〉의 리코란과 하세가와 가즈오

〈백란의 노래〉가 크게 히트하자 도호는 다시 리코란-하세가와 콤비를 기용해 〈지나의 밤(支那の夜)〉(1940), 〈열사의 맹세(熱砂の誓い)〉(1940)를 만들었다. '지나 삼부작(支那三部作)'으로 불린 이들 영화 세 편은 대동소이하게 일본남성과 중국여성의 연애를 친일의 메타포로 삼은 멜로드라마였지만 조선에서도 인기를 누렸다.

그런데 리코란은 진짜 중국인이 아니라 푸순(撫順)에서 태어난, 야마구치 요시코(山口淑子)라는 일본인이었다. 리코란이 일본인이라는 사실은 만영의 기밀이었고, 1941년 2월 도쿄 공연 중에 정체가 드러날 때까지 그녀는 매스컴뿐만 아니라 일상생활에서조차 중국인을 연기했다. 당시 조선에서 리코란의 인기는 일본의 어떤 여배우보다 압도적이었고, 그녀가 표상되는 방식 때문에 '이향란(리코란의 조선어 발음)'은 조선인이라는 소문도 무성했다. 한없이 가까운 타자로 표상되는 이 "대동아공영권의 아이돌"[149]이야말로 조선 관객들의 눈에는 내선일체의 화신으로 보였기 때문이다.

---

149. 전시 일본과 그 식민지의 영화에서 리코란의 표상과 역할에 대해서는 요모타 이누히코(四方田犬彦) 편, 『李香蘭と東アジア』(東京大学出版会, 2001) 참조.

일본인임이 공개된 뒤에도 그녀가 조선인이라는 소문은 가라앉지 않았다. 1941년 3월 전 조선 순회공연 '노래하는 리코란(唄ふ李香蘭)' 때는 대구, 부산, 서울 등 각지에서 이향란이 실종된 자기 피붙이라고 주장하는 조선인 어머니, 오빠, 언니, 동생 들이 나타났을 정도였다.[150] 리코란은 폭발적인 관객 동원력 덕분에 이후 조선영화에도 몇 편 출연했다. 이미 정체가 폭로된 뒤였지만 1941년 조선군사령부가 제작한 〈그대와 나(君と僕)〉와 1944년 조선군 보도부가 제작한 〈병정님(兵隊さん)〉에도 변함없이 만주처녀로 출연했다.

방첩영화 〈군용열차〉

〈군용열차〉는 조선적인 멜로드라마가 국책 프로파간다와 봉합되지 못한 채, 선전의 노골성이 더욱 두드러지고만 영화였다. 이 영화의 내러티브를 구체적으로 따라가 보자.

국철 기관사 점용〔왕평(王平) 분〕과 이원진〔독은기(獨銀麒) 분〕은 같은 방을 쓰는 친구이다. 점용은 식당차에서 메이드로 일하는 정순희〔사사키 노부코(佐々木信子) 분〕에게 마음을 두고 있고, 원진은 점용의 여동생 영심과 애인 사이다. 전도가 촉망되는 국철 기관사인 그들의 유일한 고민은 영심의 몸값이다. 영심은 아버지가 돌아가시자 점용을 철도학교에 보내려고 기생이 되었던 것이다. 두 달 뒤에는 큰오빠가 만주에서 돈을 벌어온다지만 욕심 많은 포주는 기다려 주지 않고 영심을 호색한인 박 주사에

---

150. 「李香蘭は吾子─俄然!!半島から親が飛び出す」, 『京城日報』 1941년 2월 25일자와 「李香蘭・金信哉 會見記」, 『삼천리』 제13권 제4호, 1941년 4월, 182쪽 참조.

〈군용열차〉의 주연 배우들. 왼쪽부터 독은기, 왕평, 문예봉

게 2000원에 팔려고 한다.

즉, 〈군용열차〉는 무성영화 시절부터 통속 멜로드라마에 빈번히 등장한, 기구한 운명의 '기생 여주인공'을 모티프로 하는 영화이다. 그런데 여기에 번번이 '국책 프로파간다'가 끼어들면서 내러티브는 개연성을 잃고만다. 원진이 영심을 구할 돈 때문에 고민하는 것을 대체 어떻게 알았는지, 중국에서 철도를 타고 경성으로 침투한 스파이 장〔김한(金漢) 분, 본명은 김인규(金寅圭)〕이 그에게 접근한다. 즉, 〈군용열차〉는 중일전쟁이 장기화 조짐을 보이던 시기에 중국과 국경을 맞댄 조선에서 중국 스파이에 대한 방첩과 경계를 선전하고자 제작된 영화였던 것이다.

점용과 원진은 일본에 충성을 바치는 모범적인 조선인과 언제 중국인에게 포섭될지 모르는 믿음직하지 못한 조선인의 표본으로 설정된, 한 짝

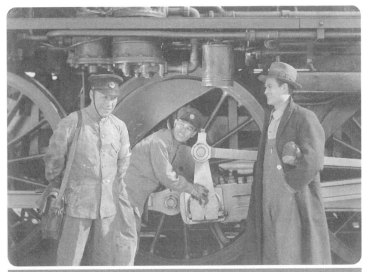
〈군용열차〉에서. 왼쪽이 점용, 오른쪽이 원진

이다. 영화는 교차편집으로 두 사람의 행위를 대조한다. 기관구장〔機關區
長, 고바야시 주시로(小林重四郞) 분〕이 점용을 불러 군용열차 운전이라는
중임을 맡길 때 원진은 스파이 장을 만나 정보를 판다. 장이 원하는 것은
군용열차가 지나가는 시각이다. 그런데 원진이 점용의 운전 일정을 어떻
게 알았는지는 빠져 있다. "자네의 몸은 자네 혼자만의 것이 아니라 국민
전부의 것이네"라고 격려하는 기관구장의 말에 점용이 의욕을 불태울 때
원진은 스파이 장과 담배를 태운다. 국가적 기밀을 팔고서 2000원 중
100원을 선금으로 받고 하숙으로 돌아온 원진은 자다가도 꿈속 점용의
질책(인서트 화면)에 놀라 깬다. 그사이 밤 1시 반에 지나가는 군용열차를
폭파하려고 스파이 일당은 철로에 폭탄을 설치하는 중이다.

　그러나 이 교차편집 장면에서 관객이 손에 땀을 쥐는 일은 일어나지
않는다. 원진이 옆에서 잠든 점용을 흔들어 깨워 "스파이의 심부름꾼이
되고 말았네. 아니 사회에 큰 죄를 짓고 말았네(일본어 자막은 "매국노가 되

고 말았네")"라고 너무나도 싱겁게 고백해 버리고 말기 때문이다.

국철 직원들이 스파이 일당을 일망타진하는 장면도 영화적 묘사가 불충분한 것은 마찬가지다. 이 장면은 단지 스파이들의 얼굴 클로즈업과 뉴스 릴(news reel: 사건 기록 화면, 뉴스 필름)로 처리되었다. 화면에 제시된 것은 『경성일보』의 호외로 "반도 운송차를 노린 모국(某國) 스파이 검거, 오늘 새벽 경성 모처에서"라는 헤드라인이 달려 있다. 이 뉴스 릴은 영화용이지만 "쇼와(昭和) 13년(1938년) 4월 20일"이라는 날짜까지 박혀 있다. 그 무렵 총독부 기관지인 일본어 신문 『경성일보』에는 조선에서 중국인 스파이를 검거했다는 보도는 없고 일본군이 대륙에서 적의 군용열차를 폭파하고 일장기를 꽂았다는 쪽은 많았다. 즉, 중국의 스파이가 경성에 침투해 치안을 위협한다는 설정은 어디까지나 흑색선전에 지나지 않았다.

이어지는 신에서 영심은 큰오빠를 만나 "그래, 원진이는 그 뒤로 돌아오지 않았소?"라고 묻는다. 이 대화에서 스파이 검거 후 시간이 어느 정도 흘렀다는 것이 드러난다. 두 사람은 기차를 타고 어딘가로 떠나는 중이다. 그리고 영심은 점용이 군용열차를 운전하게 되었다고 큰오빠에게 이야기한다. 그들의 대화에 이어 점용이 군용열차를 운전하는 신이 따른다. 열차가 달리기 시작했을 때 한복 차림인 남자가 철로에 몸을 던진다. "앗, 원진이다"라고 외치고 점용은 열차를 급정거했지만 이미 때는 늦었다. 점용에게 원진의 유서가 전해지고 그 내용이 원진의 보이스 오버로 들린다. "자네가 군용열차를 운용하며 조선철도의 중대한 사명을 다하는 이때 내 혼이나마 이 선로를 지켜 황군의 무운을 기도하는 수밖에 없네. 이럼으로써 내 죄를 갚는 것이라고 생각하네. 김 군, 동양 평화를 위하여 반도 철도를 잘 지켜주길 바라네. 그리고 영심이를 행복스럽게 해주게. 모든 것이 영심이를 위해서였네." 점용은 눈물을 머금고 다시 운전대를 잡고, 원진을 애도하는 뜻으로 흰 천을 두른 군용열차는 점차 멀어진다. 목적지는 물론 중국 전선이다.

합작 선전영화라는 딜레마

원진의 유서로 마감하는 라스트 신과 같이 〈군용열차〉는 멜로드라마에 프로파간다를 봉합하려 했으나 그 방식이 사뭇 노골적이다. 〈백란의 노래〉와 비교한다면 결말만 놓고 보더라도 두 영화가 프로파간다를 전달하는 방식의 차이는 현격하다.

〈백란의 노래〉에서 두 남녀의 사랑은 국가에 의해 완성되는 것으로 설정되어 있다. 일본인 마츠무라의 만주 건설은 만주인 세츠란의 보필에 의해 달성된다. 또한 이국적인 미인 세츠란이야말로 만주국에 대한 일본인의 차이나 드림과 등가물이다. 이 꿈을 깨뜨리지 않기 위해, 현실에서 일어났던 친일파와 항일파의 갈등, 일본인 이주자와 현지 만주인들 사이의 갈등은 영화에서 완전히 배제되었다. 흥미로운 점은 관객들이 설사 그것을 눈치 챈다 하더라도 마츠무라와 세츠란이 맺어지는 결말에 대해서는 그다지 의문을 느끼지 못한다는 점이다. 왜냐하면 이 영화가 잘 만들어진 멜로드라마이기 때문이다. 그런 결말이 미덕으로 그려지는 이 장르의 규칙에 관객들이 익숙하기 때문에, 관객들이 마츠무라와 세츠란의 결합을 자연스럽다고 느끼는 한 이 영화에 포함된 프로파간다 역시 자연스럽게 용인된다. 대부분의 대륙친선영화가 '멜로드라마'[151]라는 표상의 양식을

---

151. 멜로드라마(melodrama)는 남녀 간의 연애를 테마로 한 통속극만을 의미하지 않는다. 역사적으로 볼 때 멜로드라마라는 용어는 서양연극, 특히 프랑스 혁명 이후의 연극에서 도덕적 인물이 악당이나 도덕적 딜레마로 인해 파란을 겪다가 최후에는 이를 극복하고 결국 미덕이 승리한다는, 비현실적이며 감상적인 드라마

택한 것은 바로 이런 까닭이다.

한편, 〈군용열차〉의 경우 사랑과 국가는 대립한다. 영심과 원진처럼 가족의 생계를 위해 기생으로 팔려 간 처녀와 사랑하는 처녀를 구하려 하지만 그럴 수 없는 무능한 청년의 이야기는 조선영화에 반복되는 레퍼토리였다. 기생 여주인공이 유행한 이유는 그야말로 팔려 간 조국, 즉 식민지의 알레고리이기 때문이었다.[152] 따라서 당시의 관객은 그와 같은 멜로드라마적 코드에 따라 〈군용열차〉에 감정 이입할 준비가 되어 있었다고 볼 수 있다. 그러나 〈군용열차〉의 후반은 영심과 원진의 결합을 피해 급회전하더니 원진의 죽음으로 질주했다. 왜 그런 결말이 났을까? 여기서 고려해야 할 점은 이 국책 선전영화에서 군용열차가 국가의 알레고리로 설정되었다는 것이다. 원진은 영심을 구할 것인가, 군용열차를 구할 것인가 하는 딜레마에 빠진다. 이 같은 도덕적인 이원론에서는 한쪽이 선이면 나

를 의미하는 용어로 쓰였다. 그러나 현대에 와서 멜로드라마적인 표상 양식은 연극뿐만 아니라 소설, 회화, 영화, 텔레비전 드라마 등 갖가지 예술 장르에 나타난다. 그것에 주목한 영문학자 피터 브룩스는 멜로드라마는 장르라기보다는 '상상의 양식(mode of imagination)'이며 '멜로드라마적 상상력(melodramatic imagination)'은 종교 지배 이후의 시대, 즉 근대 의식의 불가피한 특질이라 지적하며 멜로드라마의 본래 의미를 확장했다. Peter Brooks, *The Melodramatic Imagination: Balzac, Henry James, Melodrama, and the Mode of Excess*, Yale University Press, 1976(Preface Revised, Colombia University Press, 1995) 참조. 한편, 브룩스보다 앞선 1972년에 영화학자 토머스 엘새서는 「소리와 분노의 이야기: 가족 멜로드라마에 대한 고찰」에서 할리우드 영화의 가족 멜로드라마에 나타난 표상의 양식에 주목하여 '멜로드라마적 상상력'이라는 같은 용어를 사용한 바 있다. Thomas Elsaesser, "Tales of Sound and Fury: Observations on the Family Melodrama", in Christine Gledhill ed., *Home is Where the Heart is: Studies in Melodrama and the Woman's Film*, BFI, 1987 참조. 이후, 영화학에서 멜로드라마는 액션, 호러 등과 같은 장르 이름인 동시에 리얼리즘, 낭만주의와 마찬가지로 표상의 양식을 의미하는 용어로도 사용되고 있다.

152. 백문임은 식민지 시기의 대중 서사에서 '팔려 가는 딸'이 매우 보편적인 설정이었고, 가족을 위해 팔려 가는 딸과 그를 구하지 못하는 무능한 오빠의 이야기는 식민지와 민족의 알레고리로 독해되었다고 지적했다. 백문임, 『춘향의 딸들, 한국 여성의 반쪽짜리 계보학』, 책세상, 2001, 54~66쪽 참조. 한편, 조선영화에서 기생 여주인공이라는 설정의 또 다른 측면인 '이그조티시즘(exoticism)'에 대해서는 〈어화〉를 분석한 다음 장을 참조.

머지 한쪽은 악일 수밖에 없으며 한쪽을 택하면 나머지 한쪽은 버릴 수밖에 없다.

도덕적 선택의 기로에서 괴로워하던 원진은 결국 군용열차를 택했다. 그리고 자신의 도덕적 타락에 대한 책임을 지고 자살한다. 원진의 자살을 마치 미덕의 승리인 양 미화하며 〈군용열차〉의 작가들[153]은 라스트 신에 멸사봉공(滅私奉公)의 교훈(?)을 집어넣었다. 그러나 내러티브상에서 조선인인 원진이 왜 "황군의 무운을 위해" 목숨을 바쳐야 하는지 납득할 만한 논리는 전혀 제시되지 않았다.

〈군용열차〉가 흥행에 실패한 것은 이처럼 프로파간다를 노골적으로 드러내 버리고 만 구성상의 결함 때문이었다. 당시 매스컴에서도 이 영화는 "참아 정시(正視)할 것이 못" 되며 "도호(東寶) 같은 전국적 배급망을 가진 이런 곳에 배급할 수 있는 호운(好運)을 맛낫다고 이런 타작이 나와서는 조선 영화와의 제휴가 단명될 우려 있다 …… 중학생 급(級) 머리의 작자, 감독, 배우 몇몇 분에게 맹성(猛省)을 촉(促)한다"[154]라는 신랄한 비판을 받았다. 라스트 신의 엄숙한 정신주의적 설교와 선전은 극적 효과를 반감하고 관객의 감정 이입은커녕 반발을 불러일으키기 족한 것이었다. 서광제는 영화의 실패에 대해 일본 측에 주도권을 빼앗긴 것이 문제였다고 변명하며 "〈나그네〉와 〈군용열차〉를 엄정히 한 번 살펴본다면 제휴나 공동제작이라는 비극은 이 땅의 영화제작자는 꿈꾸지 않을 바"[155]라고 했다.

---

153. 이규환이 쓴 원안을 기쿠치 다카시(菊地盛史)와 조영필(趙英弼)이 각색했다.
154. 「映畵 展望臺」, 『삼천리』 제10권 제11호, 1938년 11월, 91쪽.
155. 서광제, 「朝鮮映畵界의 一年」, 『비판』, 1938년 12월, 85쪽. 그러나 앞서 다룬 「동경영화계 견문기」에서 보듯 영화령 이후가 되면 서광제는 이 견해를 다시 뒤집어 버린다.

그럼에도 〈군용열차〉와 같은 '비극'은 이후로도 계속되었다. 그럴 수밖에 없었던 것은 조선영화의 체질적 문제이기도 했다. 제작자들은 토키화로 앙등한 제작비와 녹음과 현상 등 기술적 문제를 자체적으로 해결할 수 없었기 때문에 다소 주도권을 뺏기더라도 합작으로 영화를 만들기를 원했다. 그러나 이렇게 만들어진 합작영화는 제작자 개인에게는 득이 되었을지 몰라도 조선영화의 발전과는 전혀 거리가 멀었다. 합작으로 인해 조선영화는 목소리를 얻긴 했지만, 자본과 국가권력의 간섭으로 인해 조선영화의 진정한 자기표현은 무성영화기와는 또 다른 차원에서 불가능한 일이 되고 말았기 때문이다.

3. 〈어화〉의 '멜로드라마적 상상력'

1937년 4월 우미관과 명치좌(明治座)에서 동시에 〈나그네〉가 개봉되었다. 이때 명치좌는 〈나그네〉를 개봉해 개관 이래 최대인 45만 원의 흥행 성적을 거두었는데 그 관객의 8할은 조선인이었다고 한다.[156] 이 화제작을 둘러싸고 일본에서는 재일조선인 소설가 장혁주(張赫宙)와 영화평론가 기지마 유키오(来島雪夫) 사이에 논쟁이 벌어졌다. 기지마가 〈나그네〉의 향토색과 조선적 정취를 높이 산 데 비해 장혁주는 그것은 연출된 것에 지나지 않으며 현대 조선의 현실과는 너무 동떨어졌다고 비판했다. 이 논쟁에 대해 베를린대학 사진화학과를 마치고 돌아와 막 데뷔작을 준비하던 안철영(安哲永)은 "현대조선(現代朝鮮)을 이해(理解)못하고 소화(消化)못하는 구미인(歐米人)의 흥취(興趣)나 동일(同一)한 정도(程度)의 관점(觀點)을 미면(未免)한 평론(評論)이다"라며 기지마의 〈나그네〉 예찬을 서구인의 오리엔탈리즘과 마찬가지라고 비판했다.

---

156. 「「나그네」와 文藝峰」, 『삼천리』 1937년 5월, 16쪽 참조.

最近 李圭煥氏의 洗鍊된才能을 追從한다는것보다『나그네』와 가튼 輸移
出映畫를 模倣하야보려는 映畫人이 만흔模樣이다. 興行成績으로는 成
功을 얻을지모르나 아직도 朝鮮映畫의標準이 확립되지못한今日, 現實
性에對한 映畫人의 이니시아티부缺陷을 露骨로 表現하려는것은 實로
遺憾이라아니할수없다.[157]

　이처럼 안철영이 조선영화라고 해서 〈나그네〉를 무조건적으로 옹호한
것은 아니었다. 같은 글에서 그는 〈나그네〉에 대해 "외국시장(外國市場)
에 판로(販路)를 얻기위(爲)한 의도(意圖)에서 제작(製作)된영화(映畫)이
라는 것은 틀림없는 사실(事實)이다 …… 일본내지시(日本內地市)에서
환영(歡迎)받을 사용가치(使用價値)의 이용(利用)을 선처(善處)한것에 불
과(不過)하다"라고 비판하기도 했다. 즉, 안철영의 글은 〈나그네〉의 조선
적 정취에 오리엔탈리즘적인 시선을 보내는 일본인 지식인들과 그것을 내
면화하여 일본 수출용 향토영화를 만들고자 한 조선 영화인들을 동시에
비판한 것이다. 그렇다 해도 토키화와 시장 확보는 조선영화의 사활이 걸
린 문제였고, 조선영화는 일본과 손을 잡는 대신 주도권을 빼앗기느냐, 아
니면 자력갱생하되 흥행을 포기하느냐 하는 딜레마에 처해 있었다. 다음
해 2월 안철영은 극광영화사(極光映畫社)를 창립하여 첫 작품을 연출했으
나 그도 역시 이 딜레마에서 벗어날 수 없었다.
　1938년 4월 극광영화사는 첫 작품이자 마지막 작품이 된 〈어화(漁火)〉
를 크랭크인했다. 이 영화는 쇼치쿠와 제휴하여 6월에 도쿄에서 후반 작
업(편집, 녹음)을 마친 뒤 10월 16일에 황금좌(황금관의 후신)에서 개봉했

---

157. 안철영, 「輸出映畫와現實—張赫宙, 來島雪夫氏의『나그네』評論을읽고」, 『동아일보』 1937년 9월 11일자.

다. 연출은 안철영이 맡았고 일본 측 감수자는 시마즈 야스지로(島津保次郎)[158] 감독이었다. 〈어화〉는 안철영이 비난한 바 있는, 타자의 눈을 의식한 조선적인 멜로드라마였다. 2005년에 이 영화가 중국에서 발견되었다는 사실에서도 확인할 수 있듯 대동아공영권 내에서 '로컬리즘(localism)으로서의 조선미'는 당시 조선영화의 존재 조건이 되고 있었다. 그리고 〈어화〉 뒤에는 영화에 전쟁 선전을 어떤 형태로든 넣지 않을 수 없는 시기가 도래한다.

〈어화〉의 멜로드라마적 코드

〈어화〉의 주인공은 기구한 운명의 기생이다. 그리고 그녀를 사랑하는 유약한 청년과 그녀를 유린하는 유복한 호색한이 등장한다. 이런 인물군은 조선의 통속 멜로드라마에서는 빠질 수 없는 전형으로, 여주인공과 삼각관계를 이루어 극적인 긴장감을 고조한다. 이처럼 〈어화〉는 여성에 대한 인신매매와 납치, 정조 유린, 여성의 자립 문제와 그 좌절 등 그 시대 멜로드라마의 표준적인 코드가 담겨 있는 영화였다. 따라서 역으로 〈어화〉의 코드를 분석함으로써 그 당시 멜로드라마의 가치관, 관습, 미의식, 상상력, 표상의 양식 등을 추출할 수 있다. 물론 그러려면 영상 표현의 효과와 의미뿐만 아니라 당대의 사회적, 역사적, 이데올로기적 맥락을 통해 텍스트를 분석할 필요가 있다. 먼저 이 영화의 내러티브와 화면 구성을 다음과 같이 재구성해 본다.

---

158. 시마즈는 그때까지 쇼치쿠에서 영화 140여 편을 연출한 베테랑 감독으로, 같은 해 도호로 이적해 리코란이 주연한 만영 합작 영화 〈나의 휘파람새(私の鶯)〉(만영·도호, 1938)를 비롯해 선전영화를 몇 편 연출했다.

〈어화〉의 어촌 풍경. 풍경과 인물을 원근법적으로 배치하여 딥 포커스(deep focus: 전심 초점, 초점이 원경이나 근경에 치우치지 않아 화면 전체가 선명하게 보이는 촬영 기법) 효과를 냈다.

그림처럼 아름다운 어느 조선의 어촌. 어부의 딸인 김인순〔박노경(朴魯慶) 분〕은 마을 청년 최천석과 사랑하는 사이다. 마을 성황당에서는 풍어제가 벌어져 두 사람이 앉아 있는 소나무 아래까지 '쾌지나 칭칭 나네'[159]가 울려 퍼진다. 영화는 이렇게 조선 어촌의 풍경과 조선민요, 풍어제를 보여 줌으로써 향토성을 부각하려 하지만 배우들이 서울 토박이말을 쓰기 때문에 상당한 위화감이 든다. 아무튼 바야흐로 총각은 처녀에게 사랑을 고백하려는 참이다. 그러나 결국은 뜸을 들이다가 타이밍을 놓쳐 버렸다. 그날, 경성에서 윤옥분〔전효봉(田曉奉) 분〕이 돌아와 인순의 집을 방문

---

159. '쾌지나 칭칭 나네'는 원래는 경상도 지방의 남성 노동요이다. 이 민요가 강원도 고성의 거진항(巨津港)에서 촬영한 〈어화〉에 삽입된 것은 경상도라는 지역성을 드러내기보다는 잘 알려진 민요를 활용해 일본 관객들에게 이 영화가 토속미를 살린 조선영화라는 느낌을 불러일으키려 했던 것으로 보인다. 이 민요는 〈어화〉뿐만 아니라 〈사랑과 맹세〉에도 같은 맥락으로 사용되었다.

한다. 서울물을 먹은 티가 역력한 옥분 언니는 인순에게 같이 서울로 가서 일하자고 권하고, 시원시원한 어투로 인순의 아버지를 설득한다. 아버지의 허락을 받은 인순이 상경의 꿈에 부풀어 있을 때, 풍어제를 지낸 보람도 없이 고기 잡으러 나간 아버지는 풍랑에 휩쓸려 죽는다. 인순네가 갑작스러운 비극에서 차마 헤어나기도 전에 선주 장이 빚을 독촉하러 온다. 장은 어머니에게 빚을 변제해 주는 대신 인순을 첩으로 달라고 한다.

한편, 경성에서 회사원으로 일하는 장의 아들 철수(장과 철수는 1인 2역)가 귀향해 인순에게 반지를 선물하는 등 관심을 보인다. 재력도 용기도 없이 무기력한 천석은 철수가 인순을 꾀어내는 것을 엿보기만 할 뿐이다. 천석은 망원경으로 두 사람을 감시하는데 이 장면에는 무성영화에 흔했던 아이리스 숏[iris shot: 카메라에 조리개를 추가하여, 조리개가 열리고 닫힘에 따라 원형 화면이 열리거나(아이리스 인) 닫히는(아이리스 아웃) 장면 전환 숏. 1914년 무렵부터 미국영화에서 페이드 인과 페이드 아웃 대신 빈번히 사용되었다]이 쓰였다. 철수는 아버지를 속여 돈을 타 낸 뒤 그 돈의 일부를 인순의 어머니에게 주며 빚을 변제하라고 한다. 채권은 아버지에게서 아들로 옮아갔고, 마음의 빚을 지게 된 인순은 공부를 시켜줄 테니 같이 서울로 가자는 철수를 따라간다.

그런데 철수는 서울에 도착하자마자 완전히 태도를 바꾼다. 그의 변화는 짧고 빠르게 흘러가는 도시의 야경처럼 인순을 불안하게 한다. 처음의 설정 숏이 심도 있는 화면과 롱 테이크로 한낮의 어촌 풍경을 유장하게 표현한 것에 비해 경성이라는 근대 도시를 표현한 설정 숏에는 네온사인, 자동차, 호텔 등 도시의 밤 풍경이 몽타주(montage: 주제로 수렴되는 개별 숏들을 하나의 긴밀한 연속물로 결합하는 편집 기술) 되었다. 철수는 급기야 옥분 언니에게 데려가 달라는 인순을 호텔에 감금하고 정조를 유린했다.

호텔에서 도망쳐 나온 인순은 옥분을 찾아가 사정을 이야기한다. 옥분은 "지나간 일은 지나간 일이고 넌 이제 철수에게서 떨어져야 한다. 지금 먼저 너는 경제적으로 네 자신을 독립시켜야 하지 않니"라고 실용적인 충고를 한다. 가족의 빚 때문에 팔려 가는 처녀라는 무성영화기의 대중적인 모티프는 여기서부터 변형되기 시작한다. 〈어화〉에서 달라진 점은, 이 시골처녀 인순에게는 〈아리랑〉의 영희나 〈군용열차〉의 영심처럼 자신을 구해줄 '오빠'가 없는 대신 '언니'가 그 역할을 한다는 점이다. 옥분은 철수를 찾아가 "내게 써먹으려던 수단을 인순이에게 기어코"라고 내뱉고 그의 뺨을 때린다.

이때 갈팡질팡하는 인순을 자포자기로 이끄는 사건이 발생한다. 늘 머뭇거리는 천석이 이번에도 너무나 늦게 경성에 나타난 것이다. 인순을 찾으려고 철수를 만난 천석은 두 사람이 같이 있다는 이야기를 듣고 크게 실망하여 돌아간다. 인순은 천석을 쫓아가, 상경한 뒤 철수에게 당한 일에 대해 밝힌다. 인순은 정조 관념에 사로잡혀 "전 천석 씨 뵐 낯이 없어요"라고 자책하는데 천석은 묵묵부답. 천석이 고향으로 돌아가 버리자 인순은 옥분에게 "앞길이 막힌 저로서는 이렇게 할 수밖에 없어요"라는 유서를 남기고 자살을 기도한다.

그러나 얼마 뒤, 죽은 줄 알았던 인순은 월향이라는 이름으로 기생이 되어 비정한 도시에서 연명하고 있다. 공교롭게도, 변함없이 주색에 빠져 지내던 철수는 우연히 월향이 일하는 곳에 손님으로 든다. 인순을 알아본 철수는 침묵하고, 술자리를 떠나 방으로 돌아온 인순은 설움에 겨워 통곡한다. 그때 얄궂게도 천석으로부터 "인숙 씨 앞날에 행복을 바랄 뿐입니다"라는 편지가 도착한다. 며칠 뒤 철수는 카페에서 옥분을 만나, 인순이 기생이 되었다는 이야기를 하면서 선심을 베푸는 듯 몸값을 치르라고 돈

〈어화〉에서. 인순의 몸값을 건넨 철수(나웅)에게 그 돈을 던지려는 옥분(전효봉).

을 내민다. 양심을 돈으로 사려는 철수에게 분노한 옥분은 "철면피"라고
쏘아붙이고 그 돈을 집어 던진다.

　무대는 다시 평화로운 어촌 마을로 바뀐다(오프닝 신과 같은 어촌의 풍경
숏). 옥분에게서 인순이 극약을 마셨다는 전보를 받은 천석은 인순을 데
리고 고향으로 돌아왔던 것이다. 한편, 철수는 회사의 돈을 횡령해서 유
흥비로 썼던 것이 발각되어 해고당하고 만다. 악당은 벌을 받고 사랑은
이루어지고 멜로드라마는 결말을 맞이한다. 인순이 떠나기 전과 같이 변
함없이 아름다운 어촌의 풍경이 펼쳐지고 '쾌지나 칭칭 나네'도 들린다.
그리고 첫 장면과 똑같이 소나무 아래 인순과 나란히 앉은 천석은 이번에
야말로 사랑을 고백한다. 그리고 이렇게 덧붙인다. "모든 것이 이전과 같
이 아름답지 않소?"

〈어화〉의 이원론과 '양가성(ambivalence)'

이상과 같이 〈어화〉의 내러티브는 명확한 이분법에 의해 전개된다. 시골/도시, 빈/부, 순수한 청년/호색한, 여자의 정조/남자의 방탕 등이 선과 악의 이원론에 기초하여 대립한다. 〈어화〉뿐만 아니라 이것은 조선 멜로드라마의 전반적인 특징이다. 선악의 극명한 대립에 의해 극적 긴장감을 높이고 관객의 감정을 끌어내는 그 특징은 흔히 신파적이라는 말로 비판되어 왔다.

그러나 그 상상력의 근본에는 결코 가볍게 볼 수 없는 도덕관념이 존재한다. 봉건사회를 타파하고 자립적인 국민국가를 수립하는 데 실패한 조선은 식민지로 전락하여 종속적인 근대화를 강요당했다. 전통사회의 급속한 붕괴와 왜곡된 근대가 초래한 변화에 저항하려는 서사적 전략으로, 식민지 시기의 멜로드라마는 '유린된 전통/타락한 근대'의 도덕적 이원론을 설정하고 전통적인 가치로 회귀하는 것을 미덕으로 그렸던 것이다. 그런 전략은 전형적인 인물들을 통해 구체적으로 표현되었다. 무성영화기 멜로드라마에서 식민지는 항상 유린당하는 여성으로, 나라를 빼앗긴 국민은 그녀를 구할 수 없었던 무능한 가부장과 애인으로 비유되었다.

1930년대 후반의 멜로드라마 〈어화〉에서도 그와 같은 이분법적 구도는 여전하지만, 식민지적 근대가 기정사실로 받아들여진 당시의 상황이 디테일의 변화로 반영되었다. 순박한 시골처녀 인순은 방탕한 부자청년 철수에게 유린당하지만 한편으로 인순은 그 '모던 보이'와 근대 도시 '경성'의 유혹에 넘어간 것이기도 하다. 애인이 무능력한 것은 여전하지만 인순에게는 무성영화기의 여주인공들과는 달리 혈연으로 이어진 가부장은 부재한다(아버지는 죽었고 오빠는 없다). 대신 먼저 상경하여 산전수전을 겪은 '언니' 옥분이 인순을 구한다.

재미있는 것은 〈어화〉에 등장하는 인물들의 의상과 직업도 사회의 변화에 맞춰 코드화되어 있다는 점이다. 인순은 시골에 있을 때나 서울에 있을 때나 한복을 벗지 않는다. 나중에 그녀는 한복이 작업복과 마찬가지인 기생이 된다. 또한 서울서 버스 걸(버스 안내양)로 취직했다는 옥분은 치마저고리에 하이힐을 신고 고향에 나타난다. 그 옷차림이 말하듯 옥분은 완전히 도시화되지 않은 존재이다. 한편, 식민지의 심장부인 경성에 부르주아 인텔리로 편입한 철수는 양복을 입고 출근하는 화이트칼라의 회사원이다. 한편 그와 대립된 위치에 있는 남성 주체 천석은 직업이 무엇인지 분명하지 않은데 혼자서 양복을 입고, 조선옷을 입은 어촌 사람들 사이를 어치렁거린다. 의상 코드에서 미루어 보건대, 그는 근대 교육은 받았으나 도시에서 직업을 구하지 못하고 귀향한, 일할 의욕까지 잃어버린 룸펜으로 설정된 것이 아닌가 추측된다.

그런데 남녀 간의 삼각관계에서 벗어나 인순과 옥분의 자매애에 초점을 두고 〈어화〉를 독해할 경우 전통/근대의 이원론은 흐려지고 만다. 이 새로운 해석 틀의 중심인물은 인순이라기보다 옥분이다. 순결 이데올로기에 묶인 낡은 여성 인순에게 과거를 잊고 경제적으로 자립하라고 충고하는 옥분은, 일견 그 당시 멜로드라마의 구속을 뛰어넘은 인물처럼 보인다. 〈어화〉와 비슷한 시기에 신파 멜로드라마의 대명사가 된 〈사랑에 속고 돈에 울고〉(고려영화협회, 1939)가 영화로 만들어졌다. 이 영화와 원작인 연극에서처럼 조선의 멜로드라마에서 신여성에게 맡겨진 역할은 주로 악역이었다. 그에 비해 〈어화〉에서 옥분의 '새로움'은 긍정적으로 그려진다. 그렇다면 옥분은 자신과 모국을 알고 결혼을 직업화하지 말 것이며 남성과 동등한 경제력을 확보하도록 노력하지 않으면 안 된다고 부르짖은 김일엽〔金一葉: 본명은 원주(元周)〕[160]의 후예인가?

확실히 옥분은 경제적으로 자립한 독신 여성이며 인순과 달리 가부장적 가치에 당당히 저항하고 분노를 표현할 줄 아는, 새로운 여성이다. 그러나 옥분은 20년대의 신여성들과 같이 근대 교육을 받은 부르주아 인텔리 계층에 속한 인물은 아니다. 그녀는 시골 출신인 버스 걸로 근대적 고등교육과는 그다지 인연이 없다. 치마저고리에 하이힐을 신고 귀향한 어중간한 옷차림이야말로 그녀의 계층적 속성을 대변한다. 이농하여 도시 노동자로 경성에 편입한 옥분은 도회의 유행과 출세의 상징인 양 하이힐을 신고 인순네 안마당으로 들어선다. 인순을 서울로 데려가 같이 일하겠다는 옥분의 말에 인순의 아버지가 주저하면서도 허락하는 것은, 그만큼 식민지적 근대화가 심장부인 경성으로부터 벽촌의 말단까지 미치게 되었다는 사실의 반영이다. 공부시켜 주겠다는 것이 철수의 미끼였다는 것에서도 알 수 있듯 옥분과 인순 같은 시골처녀들에게 상경의 꿈은 서울로 가 여학생이 되는 것이었다. 그러나 그들이 경성에서 얻을 수 있었던 것은 교육의 기회보다는 노동의 기회였다. 그렇다고 그들이 열악한 노동 환경에 처한 시골 출신 여직공이 된 것은 아니다. 그들의 위치는 여학생과 여직공 사이였다. 버스 걸 옥분처럼 백화점, 카페, 바 등 근대 도시 경성에 형성되었던 새로운 공간에서 근대적 서비스업에 종사한 그들은 '모던 걸'로 불렸다.

모던 걸은 신여성이라는 용어의 30년대식 변형이다. 신여성이 가진 지식인 여성이라는 함의를 벗어 버린 이 용어는 더욱 넓은 범위의 근대적 여성을 포함하게 되었다. 또한 이 용어는 30년대의 새로운 여성을 광적인 근대문화 소비자로서 통속화하는 동시에 소비의 대상으로 폄하하기 위해

---

160. 1920년 나혜석(羅蕙錫) 등과 함께 조선의 첫 여성잡지 『신여자』를 창간한, 당대의 대표적인 신여성.

서도 쓰였다. 특히 근대문화를 누구보다 빨리 흡수할 수 있는 위치에 있었던 서비스업의 모던 걸이 그런 양가적인 위치에 있었다. 그들은 본질적으로는 "도시적 근대화를 겪기 이전에 오랫동안 유흥 서비스나 오락을 제공해 왔던 기생의 다양한 근대적 변형태"[161]로, 근대적 남성의 공공연한 욕망의 대상이었다. 즉, 옥분이 "내게 써먹으려던 수단을 인순이에게 기어코"라고 말하며 철수의 뺨을 때리는 장면에서 표현되었듯, 모던 걸 옥분과 권번에 속한 기생 인순은 본질적으로 같은 전철을 밟아 경성에 편입한 새로운 주민인 것이다. 이렇게 〈어화〉에서 모던 걸과 기생은 멜로드라마적 이원론에서 벗어나, 중산층 가정부인과 대립되는 위치에서 서로 연대를 맺고 있다.

기생 주인공의 양가적 위치

30년대의 모던 걸이 신여성에 비하면 완전히 새로운 여성은 아니었듯, 30년대의 기생 역시 완전히 낡은 여성은 아니었다. 전통적으로 관에 소속되어 노래와 춤, 연주 등 예능을 직업으로 삼았던 기생은 식민지 시기에 들어와 매춘부로 취급받게 되었다. 1916년 3월 조선총독 데라우치 마사타케(寺內正毅)가 공창제도를 공포하면서 기생도 허가제로 바뀌어, 권번(券番: 기생들이 적을 두었던 조합)에 소속되어 세금을 납부했다. 사회적 인식에 따르면 여전히 정조를 지킬 것을 요구받았으나, 공창제도하에서는 성판매 노동자가 되지 않을 수 없었던 기생은 신구의 틈바구니에 낀 존재

---

161. 정혜영, 「여성노동공간의 다양화와 식민화」, 태혜숙 외, 『한국의 식민지 근대와 여성공간』(여이연, 2004), 323쪽.

였다. 흔히 모던 걸이 가정부인으로 편입될 여지가 있었던 데 비해 기생은 주로 봉건적인 축첩제도에 포괄되었다. 또한 기생은 근대적 남성에게는 자유연애의 대상이 된 반면, 부부 중심인 근대적 가정제도로부터는 철저히 배제되었다.

기생에 대한 이런 양가적 태도는 남성 엘리트 작가들의 서사에서도 엿볼 수 있다. 예를 들어 이광수의 『무정』(1917)에서 여주인공 영채는 독립운동을 한 죄로 투옥된 아버지와 오빠들을 구하기 위해 기생이 되었다. 어린 시절의 정혼자 이형식은 순결 이데올로기에 사로잡혀 영채를 의심한다. 결국 기생 영채는 배학감에게 정조를 유린당한다는 설정으로, 근대적 주체로 상정된 형식의 결혼상대 자리를 여학생 김선형에게 내주고 만다. 훗날 영채가 옛 정혼자와 재회하여 그로부터 근대적 자아로 인정받게되는 것은 신여성 김병욱의 지도로 근대의식에 눈뜨고 신여성으로 변신한 이후이다.

한편, 임선규(林仙圭)의 희곡 『사랑에 속고 돈에 울고』는 가정으로 들어간 기생의 운명을 보여 주는 작품이다. 1936년 7월 동양극장에서 초연된 이후 일명 '홍도야 우지 마라'로 불린 멜로드라마의 대명사이다. 이 작품의 여주인공 홍도는 오빠를 경찰학교에 보내려고 기생이 되었다. 그녀는 오빠의 친구이자 백작의 아들인 용규와 신분 차이를 무릅쓰고 결혼하지만 그 때문에 가정 내에서 핍박받는다. 그리고 용규의 약혼녀이자 도쿄에서 유학한 신여성 혜경〔김선영(金鮮英) 분〕이 홍도에게 부정을 저질렀다는 누명을 씌운다. 결국 홍도는 혜경과 다투다가 우발적으로 혜경을 살해하게 되고, 경찰관이 된 오빠〔황철(黃鐵) 분〕의 손에 체포당한다. 즉, 이 작품에서 기생은 자유연애의 대상이나 가정은 끝내 기생을 받아들이지 않았다.

〈사랑에 속고 돈에 울고〉에서. 남편(김동규), 시어머니(김선초), 홍도(차홍녀)의 삼각 구도

　이처럼 근대 문학의 기생 주인공들은 자기희생적인 효녀지만 언제나 정조가 문제가 되어 남성 주체와 가정으로부터 박해받는다. 한편 그들은 신여성과의 관계 속에서도 타자로 위치 지어졌다. 『무정』에서처럼 신여성에 편입되거나, 『사랑에 속고 돈에 울고』에서처럼 신여성에게 배척당하거나, 어느 쪽이든 기생은 신여성에 비해 열등하며 의존적인 타자로 그려졌다. 그러나 정작 실제 기생의 삶이 그러했는지는 의문이다. 문학의 소재가 되지 않았을 뿐 그들 또한 김일엽이 신여성의 조건으로 내걸었던 대로, 민족의식과 계급의식에 투철한 자립 여성이었다는 증거들이 발견되기 때문이다. 그 증거들은 기생이라는 그들의 신분 때문에 평가 절하되어 왔다.

　3·1독립만세운동의 여학생 주모자 유관순(柳寬順)은 오늘날 민족의

성처녀로 표상되지만(유관순을 재현한 수많은 그림과 영화들을 보라), 민족적 거사에 참여한 기생들에 대한 기억은 희미하기만 하다. 그러나 여학생들이 학교 조직을 통해 독립운동을 했을 때 기생들은 전국 각지의 기생조합을 통해 조직적인 운동을 펼쳤다. 3·1운동 때도 6·10만세운동 때도 기생들은 지식인들과 더불어 시위에 참여했고 마찬가지로 체포되어 형을 살았다. 1919년 3월 19일 진주 기생들은 촉석루에 모여 만세를 불렀다. 그리고 3월 29일 수원기생조합의 기생들은 병원으로 정기 검진을 받으러 가는 길에 경찰서 앞에서 돌발적으로 시위를 벌였다. 전자의 기생들은 조선 기생의 절개라는 미덕을 민족에 대한 충성으로 전환했다. 그리고 후자의 기생들은 자신들의 신체에 가해진 식민화가 조선이 식민지로 전락한 결과임을 인식하고 있었다.

그러나 식민지 시기의 대중서사는 늘 기생을 봉건적인 존재로 표상했다. 실제로 기생들은 근대화와 함께 몰락한 것이 아니라 오히려 근대적 공간으로 활동 영역을 넓혀 간 것으로 보인다. 1927년 1월에 창간된 기생 동인지 『장한(長恨)』을 보면 기생들도 신여성 못지않게 사회 비판적인 '여류 명사'였다는 것을 알 수 있다. 새장 속에 갇힌 기생의 사진과 "동무여 생각하라 조롱 속의 이 몸을"이라고 쓰인 표지에서

기생 동인지 『장한(長恨)』의 창간호 표지

알 수 있듯 이 잡지는 사회적 차별에 저항하여 기생의 권익을 지키고 연대를 강화하고자 만들어진 것이었다. 또한 현직 기생들이 쓴 그 속의 기사들(단발과 화장법, 외국 배우의 동정 등)을 보면 그들이 서구문화와 근대적 유행에 대해 상당한 지식을 갖추었다는 것을 알 수 있다. 이 잡지에서 기생들은 단발에 대해 이구동성으로 반대하면서 전통의 수호자를 자처하며 스스로에게 신여성과 정반대 위치를 부여하기도 했다.

그러나 30년대에 접어들자 전통의 수호자라는 기생의 성향도 변해 갔다. 이 시기에는 경성에만 해도 5개 권번에 600여 기생이 소속되어 있을 정도로 기생의 수가 늘었다. 30년대 중반에 이르면 아버지의 빚을 갚으려고, 남자 형제를 학교에 보내려고 기생이 되었다는 내력은 영화나 소설 같은 이야기가 되고, 더 나은 수입을 위해 직업으로 기생을 선택한 인텔리 여성조차 나타났다. "기생이 자랑도 아니고 그렇다고 부끄러운 것도 아니고 그저 직업이지요"[162]라는 여교사 출신 기생의 말처럼 기생이라는 직업은 매소부(賣笑婦)라기보다는 유흥업 종사자로 인식되었다. 영화계에서는 여배우 복혜숙이 인천에서 기생을 하다가 카페 '비너스' 마담으로 유전(流轉)했고 한룡, 김소진(金小珍) 등은 기생에서 여배우가 되었다. 이처럼 30년대에 기생이라는 직업은 조선 기생의 후예라기보다는 모던 보이의 욕망의 대상이 된 카페 마담, 바의 여급, 댄서, 여배우와 마찬가지로 근대적 서비스업으로 간주되었다.

집안(〈미몽〉의 첫 신, 가정부인)에 있으나 집 밖(『장한』의 표지, 기생)에 있으나 여성이 조롱 속의 새인 것은 마찬가지였다. 그러나 1930년대의 경제 불황 속에서 기생이 된다는 것은 가정부인으로 편입될 화이트칼라 여

---

162. 「女高出身인 인테리 妓生, 女優, 女給 座談會」, 『삼천리』 제8권 제4호, 1936년 4월, 165쪽 참조.

성 노동자보다 훨씬 나은 수입을 보장했던 것이다.

기생, 조선영화의 스펙터클

식민지 시기 대중서사에서 기생 여주인공의 기구한 운명이 민족의 알레고리라는 것은 앞에서도 논한 바 있으나, 30년대 후반 조선 토키에서 기생 여주인공은 영화적 스펙터클로서도 중요한 역할을 하게 된다. 〈군용열차〉의 기생집 장면에서는 영심이 창을 부르고 그에 맞춰 고깔을 쓴 기생이 춤추는 숏이 있다. 이 숏에 곧바로 이어서 야외에서 고깔을 쓰고 춤을 추는 기생의 숏이 삽입되고 그것은 다시 기생집으로 연결된다. 김종원은 〈군용열차〉의 이 장면 전환을 유연하고 역동적이라 평가하면서 "기녀의 방에서 보여 준 여자의 정적인 춤 장면은 격동적인 열차의 처리와 대비돼 깊은 인상을 심어 주었다"[163]라고 평가한 바 있다. 그러나 이런 평가는 어디까지나 현대 영화의 실마리(cue) 없는 장면 전환에 익숙한 오늘날의 시각에 불과하다. 요정 장면에 삽입된 느닷없는 야외 숏은 아래 글에서 밝혀진 것처럼 상업적인 이유로 들어간 것이었으며, 당시에는 시간적 비일관성 때문에 감독의 명백한 실수로 비판받기도 했다.

최근 朝鮮映畵로서 영화작가의 비영화적이고 비현실적 묘사법을 말하라면 어느 영화에서 이를 지적할 수 있지만 더욱 현실파인 評者의 過作品 (카프의 영화평론가였던 서광제의 〈군용열차〉를 비꼰 발언—인용자)에

---

163. 김종원, 「발굴된 일제 말기 극영화의 특징과 의의」, 『해방의 기쁨과 억압의 흔적』(국회 특별상영 및 기자회견 때의 소책자), 22쪽.

서 이를 지적하야 보자. 요정 무대에서 기생이 酒客에게 보이기 위하야 춤을 춘다. 이 춤에서 「오버랩」(오버랩의 오기―인용자)을 하면 그 기생이 교외에서 그와 같이 춤을 추다가 다시 오버랩을 하면 料亭 그 무대에서 춤을 춘다. 이 작가는 무어슬 의도하였을가. 다만 아름다운 기생의 춤추는 것을 보이기 위하야 무대에서 교외로 교외에서 다시 무대로 화면의 분위기로 보면 무대는 밤이고 교외는 낮(원문 그대로―인용자)이다. 무대에서 춤이 끝나면 酒家들이 조타고 손벽을 친다. 그러면 이 酒家들과 기생은 그 魂이 교외로 ×갓섯든가? 혼이 나갓섯다 하드라도 酒客들도 한 컷트 보여야 할 것이 아닌가. 작가는 이를 영화적 묘사법으로 초현실적 묘사법으로 인×할까.[164] (강조는 인용자)

〈군용열차〉가 초현실주의 영화가 아닌 바에야 기생집 장면은 시간과 공간의 연속성을 무시한 초보적인 실수로 읽힐 수밖에 없다. 박기채(朴基采)는 이 장면을 두고 "영화감독이라는 것을 영화작가다 라는 인식을 못한 데서 나온 無知가 아닌가!"라고 비판했다.[165] 그러나 〈군용열차〉를 비판한 박기채도 〈무정〉(1939)을 연출하면서 기생의 생활과 예능을 이색적인 볼거리로 넣었다. 제작사인 조선영화주식회사[166]가 첫 작품이었던 이 영화의 흥행을 위해 기생이 창을 하고 가야금을 뜯는 정도가 아니라 아예 원작을 기생 월향=박영채〔한은진(韓銀珍) 분〕를 중심으로 뜯어 고쳤기 때문이었다. 그 때문에 이 영화는 상업주의로 원작을 손상했다는 비판을 받

---

164. 박기채,「映畵批評界의 危機, 無情評의 讀後感」,『삼천리』제11권 제7호, 1939년 6월, 193쪽.
165. 윗글, 194쪽.
166. 총독부 주도로 설립된 조영이 아니라 최남주(崔南周)가 1937년 7월 경성부 종로 1정목에 설립한 민간영화사. 나중에 본사를 서린정으로 옮기고 장선영(張善永)이 대표, 최남주가 이사를 맡았다.

178 | 3부 토키화―테크놀로지와 이데올로기의 길항

았고 원작자 이광수를 비롯하여 문단에서도 불만을 표했다.[167]

　　記者: 세작품이 모두 기생을주역으로한것은 우연한 일치(一致)일가요?
　　또는 무슨?
　　徐恒錫: 흥행(興行)을 겨눈기획이기로 하지오.(원문 그대로―인용자)
　　조선에서는 지금 바루『춘희(椿姬)』시대로 보고―.

---

167. 현재 〈무정〉의 필름은 남아 있지 않으나 시나리오를 참고하여 원작이 어떻게 재구성되었나 살펴볼 수 있
다. 이광수 원작, 박기채 각색, 「토―키 씨나리오 無情」, 『삼천리』 제10권 제5호, 1938년 5월. 한편 1939
년 4월 18일 황금좌에서 개봉된 〈무정〉에서는 영채가 자살을 결심하는 장면과 신여성 병욱의 존재가 삭제
되었는데, 이에 대해 이광수는 「映畵『無情』으로 公開狀, 監督 朴基采氏에게 보내는 글」(『삼천리』 제11권
제7호, 1939년 6월)에서 강력히 유감을 표시했다.

3. 〈어화〉의 '멜로드라마적 상상력' | 179

〈무정〉의 기생 월향(한은진)과 월화(현순영)

金幽影: 『무정』은 그러치는 안켓지오. 기획부에서 이걸 택한건 춘원(春園)의 유명한작품이고 또 만히 읽히웟으니까 택햇겟지오.

徐恒錫: 『무정』을 택한건 의의가 깊은데 『조영』(朝映)창립기념 작품이라면 소설 『무정』중에서도 다른 면(面)을 취할만한데가 만흔데 어째 기생면(妓生面)을 택했을가? 하는데 문단측등에서 불만이 만트군요.[168]

〈무정〉뿐만 아니라 같은 시기에 개봉한 이영춘(李英椿) 감독의 〈귀착지〉(한양영화사, 1939)와 이명우 감독의 〈사랑에 속고 돈에 울고〉도 기생이 주인공인 영화였다. 이렇게 30년대 후반의 조선영화가 기생을 영화적

168. 「봄날의 映畵漫談 『歸着地』, 『無情』, 『사랑에…』三作品合評—錄音硏究가 絶對必要」, 『동아일보』 1939년 3월 30일자. 인용문의 『조영』은 최남주의 조선영화주식회사를 가리킨다.

〈귀착지〉의 기생 월매(현순영)

스펙터클로 대상화한 이유는 해외로 진출하려는 욕망과 무관하지 않다.

〈나그네〉 이후 '조선미(朝鮮美) 발견'은 조선 영화계의 생존 전략이 되었다. 합작영화 〈군용열차〉의 기생집 장면처럼 기생 여주인공을 내세울 경우 외국 관객에게 이그조틱(exotic)한 시각적 쾌락을 제공할 여지도 생긴다는 것이 제작자 측의 계산이었을 것이다. 이 시기 활발했던 조선문화의 국제화 담론에서 기생은 나전칠기나 백자 같은 조선의 토산품과 진배없는 존재로 취급되었다. 기생의 전통적인 자태와 가무는 조선미를 세계에 알릴 문화상품이라는 것이었다. 실제로 기생은 식민지 시기의 조선 박람회에 빠지지 않고 등장했고[169] 일본 수출을 염두에 둔 조선영화에서도

---

169. 예컨대, 일본인이 경영하던 민간신문인 『조선신문(朝鮮新聞)』이 주최한 '흥아전망대박람회(興亞展望大博覽會)'에 장안의 대표적인 세 권번에서 기생 부대를 출동시켰다는 기사가 있다. 『동아일보』 1940년 5월 3일자.

기생과 조선의 명승고적은 빠질 수 없는 레퍼토리였다. 지금도 '한국미'라는 것이 할리우드 영화에 대한 안티테제인 동시에 해외 영화제용 영화의 전략이듯이, 식민지 시기에 조선미라는 것은 저항적 민족주의와 대동아공영권론이라는 양극을 왔다 갔다 했던 가치였다.

멜로드라마는 왜 반복되나?

일제강점기의 멜로드라마들은 여학생이나 신여성이 아니라 사회적으로 유독 천대받던 기생을 여주인공으로 호명했다. 영화 밖의 기생들이 어떠했던 간에, 자기희생의 결과 기생이 된 것으로 설정된 영화 속의 기생이 효, 정절, 인고 등 전통적인 가치를 지키느라 박해를 받는 모습은 관객들의 눈물을 짜내고 민족적인 노스탤지어를 자극했다. 반면, 같은 시기의 조선영화에서 남성 주인공들은 광인, 떠돌이, 룸펜, 몰락한 농민과 노동자 등 무기력한, 시대의 희생자로 그려졌다. 그리고 근대적 가치를 주장하는 적극적이며 주체적인 신여성과 모던 걸은 종종 부정적으로 그려지거나 희화화되었다.

왜 식민지 조선에서는 같은 주제와 소재의 멜로드라마가 끊임없이 반복되었을까? 기생 여주인공을 구하는 역할을 남성 영웅이 아니라 모던 걸 옥분에게 맡겼다는 점에서 독특하기는 하지만 〈어화〉도 결말에서는 식민지 시기의 여느 멜로드라마와 다르지 않다. 멜로드라마의 여주인공이 겪을 법한 시련을 모두 거친 인순에게는 귀향이 허락되고, 그녀는 이제 '원래의 자리'로 돌아온다(이 영화의 수미쌍관 구조에 주목하라). 영화는 여기서 끝나지만 관객들은 고향이라는 유토피아적인 공간에서 인순이 천석의 아내로서 가정에 편입하게 될 것이라고 상상한다. 왜 관객들은, 과

거는 물론 오늘날에도 이 같은 멜로드라마적 귀결에 안도하는 것일까? 이런 결말은 현실의 반영이 아니라 '되돌아갈 수 없는 자리'를 허구적 차원에서 재현한 것일 뿐인데도. 그러나 역설적이게도 그것이 바로 실재하지 않는 노스탤지어의 세계 속에 관객을 가두어 놓고 동정과 눈물을 짜내는 이 양식의 특징이자 힘이다.

멜로드라마의 렌즈에는 당대의 이상과 현실, 욕망과 환멸이 꿈속에서 보는 환영처럼 비칠 뿐 결코 세계와 인생에 대한 총체적인 상(像)은 맺히지 않는다. 천석과 인순의 마지막 대사를 떠올려 보자.

"모든 것이 이전과 같이 아름답지 않소?"
"그래도 사람은 변했어요."(아니나 다를까 귀향한 인순은 예전에 옥분이 그랬던 것처럼 치마저고리에 하이힐을 신고 있다)
"그래도 사랑만은 어쩔 수 없나 보오."

이렇게 현실은 아름답지 못하게 변하고 말았지만 멜로드라마는 그 사실을 사랑이라는 눈가리개로 살포시 감춘다. 영화가 끝났을 때야 비로소 우리는 꿈에서 깨어나, 멜로드라마의 조잡한 감성과 비일관적인 내러티브와 과장된 연기를 비웃는다. 그럼에도 우리는 반복되는 이야기를 보고 또 보게 된다. 왜냐하면 멜로드라마는 꿈과 마찬가지로 억압된 욕망을 상상적 차원에서 해소함으로써 현실의 잔인함에 지친 우리를 위로해 주기 때문이다. 멜로드라마는 현실을 있는 그대로 반영하지 않는다. 그렇기 때문에 유혹적일 수 있다.

친일영화의 다양한 층위

4부

1. 조선영화령과 영화신체제

영화 탄압의 서막

　중일전쟁이 발발한 지 약 3개월 후 총독부는 오노 로쿠이치로(大野綠一朗) 정무통감의 명의로 관공서와 관계 단체에 영화보국(映畫報國)을 철저히 하라는 통지를 내렸다. 그 골자는 영화를 통해 시국 인식을 높인다는 명목으로 전국의 영화관에서 뉴스영화를 강제 상영한다는 것이었다. 또한 그 통지에는 전국의 각 극장이 총독부가 제작한, 일장기와 전쟁 슬로건 등을 촬영한 필름을 의무적으로 구입하여 뉴스영화의 막간에 상영하고, 민중에 미친 정신적 영향에 대한 통계를 각 도의 도지사가 총독부에 보고하라는 사항도 포함되어 있었다.[170]

　이렇게나 빨리 전시체제는 식민지 조선으로 확대되었다. 처음의 작전과 달리 중일전쟁을 전면전으로 확대하기로 한 일본은 병력 부족을 해결하고자 1938년 2월부터 조선에서도 중국 전선에 투입할 지원병을 모집했다. 영화정책도 이에 발맞춰 전황 뉴스영화만 강제 상영할 것이 아니라

---

170. 『조선일보』 1937년 10월 16일자.

지원병을 선전하는 영화도 적극적으로 제작하자는 방향으로 변했다. 그러려면 영화 생산과 배급을 총독부가 완전히 장악하지 않으면 안 된다. 그래서 그 법적 근거를 만들고자 총독부는 1940년 1월 조선영화령(이하, '영화령'으로 줄임)을 공포했다.

영화령의 조문은 1939년 10월부터 실시된 일본의 영화법을 거의 그대로 옮긴 것이었다. 단, 영화법 제19조(영화위원회의 설치), 시행규칙 제13조(16세 미만 여자 노동자의 심야 노동을 원칙적으로 금지)와 제43조(흥행 시간제한)는 영화령에서는 빠져 있었다. 대신 검열 불합격 항목을 다룬 시행규칙 제26조와 27조에 '조선 통치상 지장 있는 것'이 추가되었다. 영화법과 영화령의 주요 내용은 영화산업 허가제, 영화제작자 및 종사자 등록제, 대본에 대한 사전 검열, 외국영화 상영 제한, 우수영화 추천 제도, 문화영화 강제 상영, 흥행시간 단축(1회에 3시간), 14세 미만 영화 관람 불가 등이었다.

이렇듯 영화의 생산, 배급, 관람을 철저히 통제하는 가혹한 법률이었지만 일본정부와 총독부는 영화법과 영화령 제정에 대해 국가가 문화를 육성하고 국민적인 범위로 확대, 전개하기 위한 문화 입법이라고 선전했다. 영화인들은 그다지 저항 없이 국가의 시책에 따랐다. 당시 이 입법에 반대한 인물로는 영화평론가 이와사키 아키라(岩崎昶)가 유일했다고 전해진다. 이 법령이 "독일을 모방하여 실시된 영화의 예술성을 말살한 문화 통제", "예술 표현의 자유의 대폭적인 제한을 목적으로 실시된 악법"[171]이라고 비판받은 것은 전후의 일이었다.

---

171. 가토 아츠코(加藤厚子), 『総動員体制と映画』(新曜社, 2003), 49쪽.

조선영화령의 특수성

　1940년 8월부터 조선영화령이 실시되었다. 영화령이 일본의 영화법을 준거로 했다고는 하지만 조선에서 영화 통제는 일본과 완전히 같지는 않았다. 먼저, 영화산업의 구조 면에서 일본은 중소기업들이 도호, 쇼치쿠, 다이에이(大映)[172]라는 세 대회사로 정리, 통합되었지만 조선에서는 모든 영화사가 강제적으로 폐합되어 사단법인 조선영화제작주식회사(朝鮮映畵製作株式會社, 이하 '조영'으로 줄임)로 제작이 일원화되었다. 조영의 "제작은 어디까지나 국가 목적에 즉응하여 조선 통치의 근본 방침에 따라 황국신민화 연성(練成)에 이바지할 우수한 극영화, 문화영화 또는 시사영화"[173]에 한정되었다. 그리고 배급 면에서도 일본과 달리 일원적인 통제기관인 사단법인 조선영화배급사가 설립되어 조선 전체의 배급을 독점하고 선전영화의 순회 상영도 담당했다. 이들 두 회사는 법인이라고는 해도 실제로는 경영을 비롯한 모든 결정권을 총독부가 가지고 있었던 국책회사였다.

　또한 영화에 대한 통제도 일본과 조선은 사정이 달랐다. 일본의 영화법이 원하는 이른바 '국민영화'란 "고매한 국민적 이상을 현현(顯現)하여 국민생활에 뿌리를 내리고 그것을 풍순(豊醇)할 수 있는 깊은 예술미를 가지면서 동시에 국책 수행상의 계발 선전에 이바지할 수 있는 영화"[174]였다. 이 같은 정의에 따라 영화법을 입법하고 영화정책을 담당한 정보국은

---

172. 대일본영화제작주식회사(大日本映畵製作株式會社)의 약어. 1942년 정보국이 영화사 통폐합을 위해 만든 영화사. 이 회사에 신코키네마, 닛카츠, 다이토영화(大都映画)가 합병되었다. 현재의 '가도카와헤럴드영화(角川ヘラルド映画)'는 다이에이의 후신.
173. 가토 아츠코, 앞의 책, 24쪽.
174. 「国民映画座談会」, 『日本映画』, 1942년 5월호, 위의 책 126~127쪽에서 재인용.

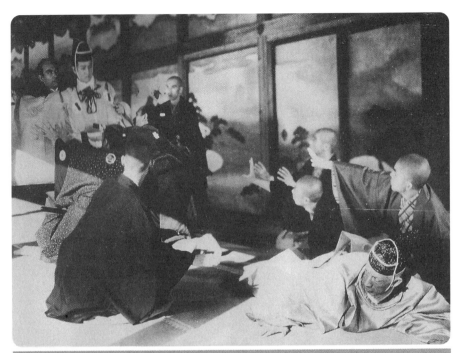
미조구치 감독의 〈겐로쿠 주신구라〉

미조구치 겐지(溝口健二) 감독의 〈겐로쿠 주신구라(元禄忠臣藏)〉(1941)와
오즈 야스지로(小津安次郎) 감독의 〈아버지가 있었다(父ありき)〉(1942)
에 국민영화상을 주었다. 전자는 일본 고전을 영화화한 것이고 후자는 홈
드라마였다. 물론 전자에는 주군을 향한 사무라이들의 충성이 강조되었
고, 후자에는 서민 가정의 전쟁 협력에 대한 선전이 홈드라마 형식으로 묘
사되었지만 당시의 조선영화와 비교한다면 일본의 영화작가들은 훨씬 운
신의 폭이 넓었다는 것을 알 수 있다.

　영화령이 제시한 국민영화란 그 정의부터 일본의 국민영화와 달랐다.
조선에서 국민영화란 "총후의 민중의 일상생활을 지도하는 생활독본(生
活讀本)이 되게 해야 하고 한편으로는 더 나아가서 국가의 대이상(大理

想)을 위한 성전(聖戰)에 있어서 무기도 되어야"[175] 했다. 즉, 황민화 이데올로기와 전쟁 선전을 정면에 내거는 영화여야 했다.

영화령 직후부터 내선일체 선전을 포함하지 않는 영화는 제작이 어려웠고, 조영이 영화를 제작한 1943년부터는 군과 정보부가 위탁한 선전영화만이 생산되었다. 조영의 영화는 조선인이 출연했어도 총독부의 계획과 감시 하에 순전히 일본어로 만들어졌다. 또한 조영 영화에는 내선일체를 선전하고자 자주 만영과 일본의 스타와 제작진이 동원되었다. 그 결과 조영 영화는 완전히 조선영화라고도, 그렇다고 일본영화라고도 말하기 어려운 '키메라(chimera : 그리스 신화에 등장하는, 사자·뱀·양이 합체된 상상의 동물)'가 되었다. 그런데 이 키메라는, 교배자들이 선전한 바대로 내선일체[176]를 글자 그대로 표방하는 영화가 한 번도 만들어진 적이 없다는 점에서 진짜 괴물이었다. 그들이 그렇게밖에 할 수 없었던 까닭은 내선일체를 글자 그대로 영화에 표현하면 일제의 식민지배 자체가 부정되기 때문이다. 인종적으로 차이가 없는 조선 배우들이 이름까지 일본식으로 개명[177]하여 유창한 일본어로 말하는 내선일체 영화란 일본인 입식자에게

---

175. 안종화, 「新體制와 映畵人協會의 任務」, 『삼천리』 제13권 제6호, 1941년 6월, 191쪽. 안종화는 영화신체제를 주도한 친일 영화인 단체인 조선영화인협회의 회장으로 선임되었고 이 단체가 해산할 때까지 그 직위를 역임했다.
176. 내선일체란 제국 일본과 식민지 조선이 하나라는 의미이나, 실제로는 일본이 조선인을 전쟁에 동원하고자 내건 구호에 지나지 않았다. 총독부는 조선인 징병제를 정당화하려고, 내선일체가 실현되었으므로 조선인도 일본인과 다름없는 평등한 국민으로서 징병의 의무를 져야 한다는 논리를 세웠다.
177. 총독부는 조선인을 황민화하고자 신사 참배, 황국신민서사 암송, 궁성요배(宮城遥拜 : 천황이 있는 황궁 쪽으로 절을 올리는 것)를 강요한 끝에 1940년 2월부터는 조선 성(姓)을 폐하고 일본식 성명으로 변경하는 창씨개명(創氏改名)을 강제했다. 이에 따라 영화계 인사들은 아래 표와 같이 일본식 성명으로 개명했다. 영화인들 대부분이 본명을 일본식 한자 속에 남기는 방식으로 성명을 바꾸었다. 예를 들면 문예봉은 본명인 정원(丁元)으로, 세례명이 마리아이던 복혜숙은 마리(馬利)로 개명했다. 한편, 일본에서 기혼 여성은 남편의 성을 따르기에 여배우 김신재와 문예봉은 각각 남편 최인규와 임선규의 일본식 성씨에 따라 성을 호시(星), 하야시(林)로 바꾸었다.

는 악몽이나 다름없었을 것이다. 따라서 항상 내선일체 영화는 차별의 근거가 되는 차이를 강조하는 방식으로 조선인을 타자화했다.

영화신체제와 영화인들의 대응

이와 같은 영화 탄압을 국가는 '영화신체제(映畵新體制)'[178]라 불렀다. 총독부 경무국 도서과와 조선군 보도부는 영화 통제를 위해 미리 친일 영

여배우		남배우		감독 및 촬영기사	
조선 이름	일본식 이름	조선 이름	일본식 이름	조선 이름	일본식 이름
문예봉(文藝峰)	林丁元	김한(金漢)	星村洋	안종화(安鍾和)	安田辰雄
김소영(金素英)	金惠得	이금룡(李錦龍)	香山長春	안석영(安夕影)	安田營
김신재(金信哉)	星信哉	김일해(金一海)	金用正錫	이규환(李圭煥)	岩本圭煥
복혜숙(卜惠淑)	富川馬利	독은기(獨銀麒)	光成健	최인규(崔寅奎)	星寅奎
한은진(韓銀珍)	淸山銀珍	이원용(李源容)	松山正雄	서광제(徐光霽)	達成光霽
강정애(姜貞愛)	馬場福云	최운봉(崔雲峰)	高峰昇	홍개명(洪開明)	德山高
지경순(池京順)	池本京順	전택이(田澤二)	宮田泰彰	전창근(全昌根)	泉昌根
노재신(盧載信)	盧甲順	박창원(朴昌遠)	新井文雄	이익(李翼)	星野正史
김영순(金永順)	金井永順	박제행(朴齊行)	新井齊行	임선규(林仙圭)	林勝福
장세정(張世貞)	張田世貞	조택원(趙澤元)	福川元	주영섭(朱永涉)	松村永涉
이난영(李蘭影)	小林玉順	심영(沈影)	靑木沈影	이명우(李明雨)	瀨戶明
전옥(全玉)	松原禮子	나웅(羅雄)	羅山俊夫	이필우(李弼雨)	瀨戶武雄
김연실(金蓮實)	金井實千代	주인규(朱仁奎)	安川文治	양세웅(梁世雄)	三原世雄
		박창혁(朴昌爀)	朴村重伯	손용진(孫勇進)	慶孫博行
		손일평(孫一平)	伊原東龍	이신웅(李信雄)	李信
		남홍일(南弘一)	豊原敬基	박필호(朴弼浩)	新本一浩
		유현(柳玄)	金原龍俊	신경균(申敬均)	大空敬均
		최남용(崔南鏞)	岡本富平	이병일(李炳逸)	李炳祿
		진훈(秦薰)	三溪淸		
		김해송(金海松)	小林久男		

「映畵」, 『대동아』 제14권 제5호, 1942년 7월, 69쪽과 「朝鮮映畵特報」, 『映画旬報』 1943년 7월 11일, 26~27쪽을 참조했다. 참고로 『삼천리』는 1942년 5월 1일부로 『대동아』로 제호를 바꾸었다.

화인들을 중심으로 어용단체 '조선영화인협회'를 결성하게 했다. 1939년 8월 16일 경성호텔에서 안종화를 회장으로, 이창용, 안석영, 서광제, 이명우를 이사로 한 조선영화인협회의 발족식이 열렸다. 이 단체의 목적은 그 규약 제3조에 표명되어 있듯 "본회(本會)는 영화(映畵)의 건전(健全)한 발달(發達)과 영화인(映畵人)의 질적향상(質的向上)을 도(圖)하여 문화(文化)의 진전(進展)에 기여(寄與)함을 목적(目的)으로 하고 따라서 영화(映畵)를 통해서 내선일체(內鮮一體)의 실(實)을 거(擧)하려함을 기(期)함"[179]이었다.

이후 영화령으로 법적 근거를 마련한 총독부는 1940년 8월부터 1941년 1월 13일까지 영화인 등록을 실시했다. 등록 창구인 조선영화인협회로 등록원을 제출한 영화인에 대해서, 영화령 제8조 제2항 제2호에 따라 도서과장이 기능심사위원회의 위원장이 되어 영화인 기능(技能) 심사를 실시했고, 합격자에게 '기능증명서(技能證明書)'를 발급했다. 등록하지 않은 영화인이 영화 제작에 착수할 경우 위법 행위로서 엄벌에 처해진다는 위협이 있었다.[180]

---

178. '신체제운동(新体制運動)'은 일본식 파시즘 운동이었다고 할 수 있다. 이 운동의 중심에 있었던 인물은 일본의 제34, 38, 39대 내각 총리대신을 역임한 고노에 후미마로이다. 중일전쟁 한 달 전인 1937년 6월 4일에 조직된 1차 고노에 내각은 1939년 1월 히라누마(平沼) 내각이 결성되면서 해산되었다. 그러나 다시 1940년 7월 22일 2차 고노에 내각을 조직한 고노에는 '대동아공영권' 구상을 발표하고 국민 총동원 체제인 '신체제운동'을 전개했다. 고노에는 나치스당, 파시스트당을 본떠 1940년 10월 12일에 대정익찬회를 발족했고 이듬해 7월 8일 3차 고노에 내각을 조직했다. 미일 정상 회담을 통해 교섭을 추진했으나 실패한 고노에 내각은 결국 군부의 독주를 멈추지 못하고 10월 18일 총사직했다. 신체제운동은 천황을 보필하여 국난을 해결하는 애국운동이라고 포장되었고 나치스당과 같은 정당이 만들어지지는 않았다. 그러나 이 운동의 결과 일본과 그 식민지에는 사회의 모든 분야에 걸쳐 파시즘적 체제 개편이 단행되었다.

179. 「朝鮮映畵人協會規約」, 『삼천리』 제13권 제6호, 1941년 6월, 191쪽.

180. 「映畵人 技能證明書 發行 規程」, 『삼천리』 제13권 제6호, 213~219쪽과 「제1기 영화인 등록자, 영화인 58명 등록」, 『삼천리』 제13권 제6호, 1941년 6월, 236~238쪽 참조.

한편, 총독부는 전시 물자 통제에 따라 생필름 공급을 제한할 수밖에 없다는 이유로 영화사 국유화를 추진했다. 1941년 2월부터 생필름은 총독부가 일본 내각 정보국에 신청하여 배당받는 체제로 바뀌었고, 배당받은 생필름은 총독부 영화반에 우선적으로 주어졌다. 이로 인해 민간영화사는 요청한 분량의 10분의 1도 배당받지 못해 영화 제작이 불가능한 상태에 처하게 되었다. 결국 같은 해 8월 내각 정보국 제5부 부장 가와즈라 류조(川面隆三)는 영화제작자들을 불러 모아 "민간에 돌릴 필름은 이제 1피트도 없다"고 선언했다. 이리하여 일본의 영화사는 3개 회사로 통폐합되었고, 조선의 영화사는 조영으로 일원화되어 국유화되었다.

조선영화인협회는 총독부가 조영 설립(1942년 9월 29일)이라는 소기의 목적을 달성함으로써 1942년 10월 23일 해산되었다. 영화령이 공포되었을 때부터 조영이 설립되기까지 영화신체제가 구축되어 가는 상황에서 조선 영화인들의 대응은 어떤 방식으로 이루어졌을까? 윤봉춘은 영화계를 떠나 해방될 때까지 몸을 숨겼고 이규환은 만주로 갔다가 강제 징용당했다고 하지만, 일반적으로 영화인들은 체제에 순응했다. 게다가 그중에는 오히려 영화신체제를 새로운 기회로 생각한 이들도 있었다. 왜냐하면 당시 조선군과 총독부는 내선일체와 지원병제도를 선전하는 영화라면 전면적인 지원을 아끼지 않았고, 이런 영화는 만주와 일본으로 수출할 길도 열려 있었기 때문이다. 영화신체제를 긍정한 〈반도의 봄〉(명보영화사, 1941)과 내선일체와 지원병제도를 선전한 〈그대와 나〉(조선군사령부, 1941), 이름 그대로의 지원병 선전영화 〈지원병〉(동아영화제작소, 1940~1941), 민족협화(民族協和)와 만주 이주 정책에 영합한 〈복지만리〉(고려영화협회, 1941) 등이 바로 그 예이다.

2. 지원병제도와 〈지원병〉

카프 맹원들의 친일영화

〈지원병〉은 카프 소속의 소설가 겸 연극운동가 최승일(崔承一: 무용가 최승희의 오빠)이 설립한 동아흥업사(東亞興業社) 산하 동아영화제작소의 첫 작품이었다. 원작은 카프를 조직한 당사자인 박영희(朴英熙)가, 각색과 연출은 역시 카프 맹원이었던 안석영이 맡았다. 말하자면 이 영화는 좌익운동에 가담했던 지식인들의 전향 선언이었다고 할 수 있다. 특히 안석영은 마르크스주의 예술가로서 만화가, 영화배우, 무대예술가, 화가로 활약하는 동시에 시, 소설, 희곡, 시나리오, 영화평론 등 문필 활동에도 재능을 발휘한 인물이었기에 그가 〈지원병〉을 감독했다는 사실은 더욱 무겁게 다가온다.

『조선일보』의 기자 겸 삽화가였던 안석영은 1930년 그 신문에 시나리오 「노래하는 시절」을 연재하면서 영화계와 인연을 맺었다. 이 시나리오는 안종화가 연출하여 영화로 만들어졌다. 이어 안석영은 박기채가 연출한 〈춘풍〉(월간영화시대사, 1935)의 시나리오를 썼고, 1937년에는 신문사를 퇴사해 기신양행이 제작한 토키영화 〈심청〉을 연출하면서 감독으로 데뷔했다. 뛰어난 문필가이자 조선의 일류 화백으로 알려진 안석영이었지만 그의 데뷔작은 클라이맥스가 없고 시종일관 평면적인 서술체라는 비판[181] 과 함께 흥행 면에서도 기대를 저버린 작품이 되고 말았다. 1939년 그는 조선영화인협회의 상무이사로 선출되어 친일의 길을 걸었고, 그 뒤 〈지원병〉을 연출했다. 조선영화인협회의 회장이었던 안종화에 따르면 안석영은 경찰부의 요시찰인(要視察人) 명부에 올라 있었고, 신변의 위험을 걱정해 이 영화의 메가폰을 들었다.[182] 이후 안석영은 조영에 입사해 문화영화(文化映畵)[183] 〈흙에 산다〉(1942)를 연출했고, 선전영화 제작에 관계했다.

조선인 지원병을 다룬 첫 영화는 이익(李翼)이 감독한 〈국기 아래 나는 죽으리(國旗の下に我死ん)〉(조선문화영화협회, 1939)로, 이인석의 전사를 다룬 문화영화였다. 극영화로서는 첫 지원병 선전영화가 바로 동아흥업의 〈지원병〉이다. 다이토(大都) 영화사와 쇼치쿠가 이 영화 배급권을 놓고 교섭하다가 결국은 일본단편영화사(日本短篇映畵社)가 배급을 맡아 1940년 8월 아사쿠사(浅草)의 데이코쿠칸(帝國館)에서 개봉되었다.[184] 조선어 신문이 같은 해 8월에 폐간되었기 때문에 조선에서는 언제 개봉

---

181. 「映畵「沈淸」試寫評(上)」, 『동아일보』 1937년 11월 19일자와 「安夕影監督 "沈淸" 試寫評」, 『조선일보』 1937년 11월 19일자 참조.

182. 앞의 책 『한국영화측면비사』, 285~286쪽 참조.

183. 1920~30년대 독일에서 유행한 쿨투르키노(Kulturkino)를 번역한 말로 교육영화, 과학영화 등 계몽적 다큐멘터리 영화의 총칭. 전시체제하 계몽정책의 일환으로 1939년 영화법과 1940년 영화령에 의해 문화 영화 제작이 장려되었고, 이렇게 만들어진 문화영화들은 일본과 조선 전역의 극장에서 강제 상영되었다. 조선에서는 1939년 일본인이 경영하는 조선문화영화협회가 남산정 3정목에 설립되었다. 이익, 이필우, 유장산(柳長山) 등이 연출을 맡아 〈국기 아래 나는 죽으리〉(1939), 〈방공(防共)〉(1939), 〈청명심(淸明心)〉(1940), 〈산촌(山村)의 여명(黎明)〉(1940), 〈바다의 빛(海光)〉(1940) 등이 제작되었다. 한편, 조선 영화주식회사에서도 〈인삼〉(1940), 북조선 지방의 수산업을 다룬 〈정어리〉(1940) 등을 제작했다.

184. 「志願兵 『日本短篇』서配給」, 『조선일보』 1940년 5월 23일자.

되었는지 정확히 알 수 없지만, 『경성일보』 1941년 3월 18일자에는 3월 19일부터 약초극장에서 개봉(封切)한다는 광고가 실려 있다. 이 영화는 기존의 영화사에는 1941년 작품으로 기록되어 있으나 실은 1940년에 일본에서 먼저 개봉되었다.[185] 왜냐하면 이 영화의 오프닝 타이틀에는 영화신체제와 황기 2600년 행사에 대한 협력을 표하고자 "영화보국", "광휘의 황기(皇紀) 2600년[186]을 맞이한 우리 반도영화인들이 이 한 편을 미나미 총독에 바친다"라는 문구가 들어 있다.

〈지원병〉의 개봉 광고
(『경성일보』 1941년 3월 18일자)

좌익 지식인들이 모여 만든 친일영화 〈지원병〉은 서광제가 연출한 〈군용열차〉에서 한 걸음 더 나아가, 민족의 문제는 차치하고 이미 황국신민이 되어 일제를 위해 목숨을 걸 각오가 된 조선청년의 모습을 보여 준다. 여주인공은 〈군용열차〉 때와 마찬가지로 문예봉이 맡았는데, 이번에는

---

185. 〈지원병〉 제작 연도를 1940년으로 기록한 자료는 「朝鮮文化 及 産業博覽會, 映畫篇」, 『삼천리』 제12권 제5호, 1940년 5월, 240쪽과 「機密室(우리 社會의 諸內幕)」, 『삼천리』 제12권 제5호, 20쪽이 있다.

186. '황기'는 『일본서기(日本書紀)』에 기록된, 진무 천황(神武天皇)이 즉위한 해인 서기전 660년을 원년으로 하여 일본의 기원으로 삼은 것. 황기 2600년은 서력 1940년으로 이해에는 황국신민화 정책과 연동하여 갖가지 국가적 행사가 벌어졌다.

기생이 아니라 '총후부인(銃後婦人)'의 전 단계라 할 수 있는 군국처녀의 역할이 주어졌다. 일본으로 수출된 〈나그네〉, 〈군용열차〉, 〈수업료〉, 〈수선화〉 등을 통해 문예봉은 단아한 미모를 갖추었으나 숫기 없고 조신한 '반도처녀'의 이미지를 쌓아 왔다. 일본에 수출할 것을 전제로 제작된 〈지원병〉에서 그녀는 파격적인 출연료인 천 원에 기용되어[187] 조선 여배우 중 최고의 주가임을 증명했다.

〈지원병〉에 묘사된 지원

〈지원병〉의 오프닝은 대륙으로 향하는 출정군인들을 마을 주민들이 역에서 환송하는 장면으로 시작된다. 이 영화의 시대적 배경은 조선에서 지원병제도가 실시되기 직전인 1938년으로 설정되었다. 주제가 〈지원병의 노래(志願兵の歌)〉와 삽입곡 〈지원병을 배웅하다(志願兵を送る)〉가 흐르는 가운데 출정식에 동원된 조선인들은 일장기를 열심히 흔들며 만세를 부른다. 임춘호[최운봉(崔雲峰) 분]와 그의 친구 최창식은 애국부인회의 아주머니들 사이에 끼어 있는 분옥(문예봉 분)을 발견한다. 분옥은 춘호와 결혼을 약속한 사이이나 한편으로 김첨지의 아들과 혼담이 있다. 출정식이 끝나고 지원병에 대한 강연을 듣고 돌아가는 길에 춘호는 창식에게 이렇게 말한다.

"내선일체는 이미 실현된 것이지만 국가를 위해 싸울 땐 우리 젊은 사람도 나서게 되어야지 않겠나? 지금의 우리에겐 거기 뜻이 있어도 될 수가 없네. 그럴 자격이 없네. 그러니 동일한 임무를 다할 수 있겠나? 그러

---

187. 「機密室(우리 社會의 諸內幕)」, 『삼천리』 제12권 제5호, 1940년 5월, 20쪽 참조.

나 그런 시기가 온다면 자네는 그 뜻을 위해서 나설 수 있겠나? 우린 그럴 의무가 있네."

이 영화의 시대적 배경이 지원병제도가 실시되기 직전으로 설정된 것은, 바로 춘호의 대사처럼 마치 조선청년들이 원해 마지않아 지원병제도가 실시된 것처럼 선전하기 위해서였다. 총독부는 지원병제도 실시를 내선일체의 완성인 것으로 포장했고, 영화에서처럼 국민총력운동의 말단 조직인 애국반과 애국부인회를 통해 출정군인 환송회, 지원병 강연회 등 각종 관련 행사를 벌였다.

집으로 돌아온 춘호는 벽에 걸어 둔 이토 히로부미의 사진을 바라본다. 눈을 감으면(인서트 신으로 춘호의 상상이 전개된다) '조선총독부 육군 지원병 훈련소'라는 현판이 떠오른다. 훈련병들이 교관의 명령에 따라 일사분란하게 행진하고, 그것을 지켜보는 미나미 총독의 모습도 보인다. 그리고 그 속에는 춘호 자신의 모습도 있다. (다시 춘호의 얼굴로 커트) 그의 상념을 깨뜨리며 밖에서 춘호를 부르는 소리가 들린다. 김 첨지가 긴히 할 이야기가 있다며 춘호를 데리고 나간다. 다음 신에서 김 첨지가 돌아가신 춘호아버지의 마름을 뺏으러 서울의 지주에게 공작 중이라는 분옥과 춘호어머니의 대화가 이어진다. 아니나 다를까, 얼마 후 춘호는 지주의 부름을 받고 상경하고, 지주는 춘호아버지가 관리해 온 땅을 김 첨지에게 맡기겠다고 통보한다. 카프문학의 흔적이랄지, 지주와 시골 마름의 갈등이 영화를 이끄는 동기가 된 것이다.

그러나 경향소설이나 카프문학의 주인공들과 달리 춘호는 계급 문제와 앞날의 생계를 고민하기보다는 다른 것에 정신을 빼앗기고 있다. 서울에 갔더니 소화통(昭和通: 현재의 퇴계로) 여기저기에는 '생업보국(生業報國)' '일억심중(一億心中: 전 국민이 같이 죽는다는 뜻)'과 같은 결전 표어가 쓰인 현수막이 걸려 있고, 부인네들은 지나가는 사람들에게 센닌바리(千人針: 여자 천 명이 무명천에 붉은 실로 한 땀씩 떠서 매듭 천 개를 지은 것. 출정 군인의 무운을 비는 부적으로 청일전쟁 때 만들어졌다)를 한 땀 떠 달라고 부탁한다. 이 광경을 보고 춘호는 지원병이 되고 싶어도 될 수 없는 자신의 형편을 고민한다.

고향으로 돌아오니 동네 꼬마들은 일장기 흔들며 "반자이(만세)"를 외치면서 사뭇 진지하게 전쟁놀이를 하고, 여동생은 자기가 만든 위문대(慰問袋: 위문품을 넣어 전선의 군인에게 보내는 주머니)를 받았다는 군인에게서 편지가 왔다고 좋아한다. 이런 모습을 흐뭇하게 바라보며 춘호는 한편으로 젊은 자신이 국가를 위해 아무것도 할 수 없다는 것을 안타까워한다.

얼마 뒤, 지주의 여동생 박영희가 시골로 내려와 춘호의 집에 머무른다. 양장 차림의 신여성인 그녀는 춘호를 변호했다가 오빠에게 "너는 핸드백이나 들고 다니면 그만 아니야?"라고 묵살 당했다. 신체제운동에서 부녀자의 양장과 지나친 치장은 척결해야 할 행위로 비판받았다. 양장 차림의 여성이 영화에 등장하는 것도 이 시기가 마지막으로, 이후 남자는 국민복, 여자는 한복이나 몸뻬(もんぺ) 차림이 일상화되었다. 한편 영희와 대조되는 분옥은 군국처녀답게 수수한 검정 치마와 흰 저고리 차림으로 등장한다.

분옥은 영희의 출현을 의심스럽게 여기고, 이야기를 나누려 한적한 곳을 찾는 춘호와 영희의 뒤를 밟는다. 분옥의 느낌대로 영희는 오빠의 잘못을 사과하고 자신이 춘호를 돕겠다고 말한다. 애정을 담은 그 제안에, 춘호는 젊은이에게는 생계보다 황국신민으로서 목숨을 바치는 것이 더 중요하다고 대답한다. 두 사람은 춘호의 집으로 돌아오고, 뒤따라온 분옥은 말없이 눈빛으로 춘호를 책망하고 돌아간다. 영희가 호기심을 보이며 누구냐고 묻자 춘호어머니가 "우리 아들하고 혼인할 색시요"라고 대답한다.

한편, 이전부터 분옥에게 관심 있던 창식은 영희와 춘호의 소문을 주워섬기며 분옥에게 수작을 걸어 온다. 들은 척 않고 뿌리치고 가려는 분옥을 잡으려 할 때 춘호가 등장하고, 각자의 생각이 담긴 세 사람의 얼굴이 차례로 클로즈업된다. 그리고 춘호는 변명을 시작하려는 창식을 뒤로하고 말없이 가 버린다. 이처럼 〈지원병〉도 앞에서 고찰한 선전영화들처럼 멜로드라마의 구조를 취한다. 그러나 '분옥-춘호-영희'와 '춘호-분옥-창식'의 이중적 삼각관계는 복잡한 전개를 보이거나 극적인 긴장감을 조성하지는 않고, 다음과 같이 국책에 가장 어울리는 형태로 간단히 정리되어 버리고 만다.

춘호가 서울로 돌아가는 영희를 역에 바래다주고 오는 길에, 동네의 일본인이 그에게 일본어로 "좋은 일이 있어요. 지원병제도가 실시되었습니다"라며 신문을 보여 준다. 이어지는 뉴스 릴에는 육군특별지원병제도에 대한 기사가 게재되어 있다. 갑자기 나팔 소리〔비(非)디제시스적인 음향〕가 들리며 춘호는 마음이 벅차올라 부르짖는다. "내 희망은 이것이었습니다!" 춘호는 분옥에게 지원병 시험을 치르고 직업군인이 되겠다고 포부를 밝히고, 군국처녀 분옥은 "나라를 위해서 훌륭한 군인이 되세요"라고 응원한다. 당당히, 아니 당연히(!) 지원병 시험에 합격한 춘호에게 남은 것은 해피엔딩이다. 창식은 훌륭한 친구에게 누를 끼친 것을 사과하고, 자신도 자동차 운전을 배워 중국으로 가겠다고 하며 경성으로 떠난다. 한편, 지원병 합격자 발표가 난 신문에서 춘호의 이름을 발견한 영희는 오빠에게 보여 주며 이렇게 말한다. "그거 보세요. 그 똑똑한 사람을 덕삼이(김 첨지—인용자)의 말만 듣고 푸대접을 하지 않았어요?" 그리고 남매는 춘호가 훈련소로 들어간 뒤 그의 가족을 돌보아 주기로 의기투합

〈지원병〉의 라스트 신

한다. 이렇게 춘호가 지원병에 합격함으로써 그를 둘러싸고 있던 모든 갈등이 한꺼번에 해소되며 영화는 결말을 맞이한다.

드디어 춘호가 지원병 훈련소에 입소하는 날, 오프닝 신과 수미쌍관을 이루는 엔딩 신에는 만세를 외치며 일장기를 흔드는 군중 속에 "축 입소 임춘호군(祝入所 林春浩君)"이라고 쓰인 깃발이 나부낀다. 오프닝에서처럼 애국부인회에 섞여, 분옥은 수(壽) 자를 자수로 넣은〔춘호의 상경 신에 나온 센닌바리의 조선판(版)이라고나 할까〕 향주머니를 춘호에게 건네며 뒷일은 조금도 염려 말라고 총후부인다운 말을 한다. 절도 있게 경례를 올려붙이는 춘호의 얼굴이 화면 가득 비치고, 그를 실은 열차가 떠나간 뒤 선로에 떨어진 일장기를 소중히 주워 들고 웃음 짓는 분옥의 얼굴이 클로즈업된다.

〈지원병〉과 현실의 괴리

조선에서 지원병제도가 실시된 것은 1938년 2월부터이다. 이해에 2964명에 지나지 않았던 지원자 수는 5년 뒤인 1943년에는 30만 3294명에 달했다.[188] 이런 비약적인 변화의 배경에는 선전과 강제가 있었다. 총독부는 지원율을 높이려고 라디오, 신문, 영화 등 대중매체를 끌어들여 전면적인 선전을 펼쳤다. 귀환 지원병이 스스로의 체험을 말하며 지원을 권유하는 강연회가 전국에서 열렸고, 세 아들을 국가에 바친 군국의 어머니, 혈서로 탄원서를 쓴 지원자, 여자로 태어나서 지원할 수 없는 것이 한이라는 소녀의 작문, 전선과 총후의 편지 등 선전인지 사실인지 구분이 안 되는 뉴스가 이상한 열기를 띠며 연일 보도되었다. 그러나 1941년의 통계에 따르면 자발적으로 지원한 자는 35퍼센트, 관청의 권유로 지원한 자는 55퍼센트였다.[189] 즉 지원한 자보다 지원하도록 강제된 자가 더 많았던 것이다.

지원병을 선전한 영화로는 〈국기 아래 나는 죽으리〉(조선문화영화협회, 1939), 〈승리(勝利)의 뜰〉(고려영화협회, 1940), 〈지원병〉, 〈그대와 나〉(조선군 보도부, 1941), 〈우리들 지금이야말로 싸우러 간다(我ら今ぞ征く)〉(조영, 1942), 〈조선해협(朝鮮海峽)〉(조영, 1943), 〈병정님(兵隊さん)〉(조영, 1944) 등이 있다.[190] 이들 영화에서 지원의 동기는 오로지 애국심이며, 조

---

188. 「조선육군특별지원병의 지원자 · 입소자 통계」는 곤도 겐이치(近藤釰一) 편, 『太平洋戰下の朝鮮及び台灣』(朝鮮近代史料 1, 1961), 33쪽. 최유리, 『일제말기 식민지 지배 정책 연구』(국학자료원, 1997), 188~189쪽에서 재인용.

189. 「육군특별지원병 지원자 연령별 동기 조사(1941년)」, 「제79회 帝國會議 說明資料」, 『大野文書』, 1941년 12월, 1236쪽. 위 책, 189쪽에서 재인용.

190. 〈그대와 나〉, 〈조선해협〉, 〈병정님〉의 시나리오는 이재명 외 엮음, 『근대 희곡 · 시나리오 선집 ⑧―해방전(1940-1945) 상영 시나리오집』(평민사, 2004) 참조.

선인이 자발적으로 지원병제도를 원한 것으로 묘사된다. 또한 지원 여부는 주인공에게 도덕적 선택의 문제로 제시되기 때문에, 그가 이기심을 버리고 지원을 결정한 뒤에는 그에 따른 보상이 이루어진다는 것도 공통점이다. 표상 양식으로 볼 때 이들 영화는 청년 남자를 주인공으로 한 멜로드라마인데, 그 상대역이 되는 여주인공은 〈지원병〉의 분옥과 같이 총후보국에 열심인 군국처녀이거나 이른바 '성전(聖戰)'에 출정한 남성 대신 가계를 떠맡은 총후부인이다.

〈지원병〉에서는 지주와 분옥의 보살핌으로 춘호가 집안 생계에 대한 걱정 없이 출정하지만 현실에서는 가계에 지장이 없는 자보다는 가계의 부담을 덜고자 지원하는 경우가 많았다. 지원병의 조건은 '만 17세 이상, 신장 1미터 60센티미터 이상, 소학교 졸업 이상, 보통 이상의 가계, 그리고 지원에 의해 가계에 지장이 없는 자'였지만 되도록 많은 이를 모집하기 위해 이런 조건들은 실제로는 상당히 느슨하게 적용된 편이었다. 그런 형편이었으니 〈병정님〉에서는 하루에 세 번 쌀밥에 쇠고기 통조림을 반찬으로 먹을 수 있다, 병영 안에는 군의가 있어 건강이 오히려 좋아졌다, 휴일에는 교대로 쉴 수도 있다는 등 병영생활이 일반 가정에 비해 얼마나 윤택한가가 선전되었다.

그러나 아무리 조건을 낮추더라도 일본군이 필요로 하는 병력에 비해 지원자는 태부족이었기에 일본은 1942년부터 타이완에서도 육군특별지원병제도를 실시했다. 또한 조선인의 민족의식을 우려해 조선인 지원병을 받지 않았던 해군도 1943년부터는 조선인 지원병을 모집하기 시작했다. 그럼에도 대규모 병력을 장기적으로 확보하는 것이 불가능했기 때문에 일제는 마지막 수단을 취하게 된다. 그것이 바로 징병제였다. 조선에서는 1942년 5월 8일 징병제가 발표되었고 이는 1944년부터 실시되었다. 즉, 지원병제도는 징병제로 가는 디딤돌이었던 것이다. 따라서 〈지원병〉 이후에는 징병이 국민의 의무라는 논리를 주입하고자 내선일체와 병역을 함께 엮어서 선전하는 영화가 만들어진다. 1943년부터 조영에서 제작된 일본어 선전영화가 이에 해당된다.

3. 〈집 없는 천사〉들의 전쟁

국민학교령과 아동용 선전영화

조선에서 아동을 대상으로 선전영화가 제작된 것은 태평양전쟁의 전운이 감돌기 시작한 1940년부터였다. 1940년 6월 미국은 영국에 무기를 원조하는 형태로 사실상 참전했고 일본은 같은 해 9월 27일 독일, 이탈리아와 동맹을 체결했다. 일본이 국가를 걸고 총력전에 돌입함에 따라 학령아동까지 전쟁에 동원되는 시기가 왔다. 중일전쟁 직후 고노에 내각이 신설한 교육심의회는 전시체제에 부응하는 교육개혁을 진행해 왔고, 1941년 3월 1일 칙령 148호로 '국민학교령'이 공포되었다. 이에 따라 같은 해 4월 1일부터 기존의 6년제 소학교는 초등과 6년, 고등과 2년의 8년제 국민학교로 개편되었다.

국민학교령의 시행 세칙 제1조는 "국민학교(國民學校)는 황국(皇國)의 도(道)에 칙(則)하야 초등교육(初等敎育)을 시(施)하고 국민(國民)의 기초적(基礎的) 연성(鍊成)을 목적(目的)으로 함"[191]이었다. 뜻이 와 닿지 않는 이 문어체 한자어들의 진짜 의미는 결국 전쟁 준비를 위해 학교를 군대의 연장으로 만들겠다는 것에 지나지 않았다.

조선에서는 어린이를 '국민'으로 육성한다는 전시의 교육 목표 외에도 '황민화'라는 특수한 교육 목표가 있었다. 이에 따라 조선에서는 그동안 선택과목으로 겨우 명맥을 이어 오던 조선어 과목이 국민학교령에 의해 완전히 폐지되었고, 신설된 국민과[192]의 교육이 강화되었다.

1942년 5월 8일, 총독부는 1944년부터 조선에서도 징병제를 실시한다고 공포했다. 그리고 같은 해 12월, 총독부는 1946년부터 국민학교를 의무교육화한다고 발표했다. 목표는 학령 아동 중 남아 9할, 여아 5할 정도가 국민학교 교육을 받는 것이었다. 그러나 이 같은 의무교육 확대는 교육 본래의 숭고한 목적과는 관계없이, 조선의 아동을 총력전에 동원하는 토대를 마련하려는 작업에 불과했다. 그 계획대로 1943년 3월에는 학도(學徒)에 대한 전쟁 동원을 골자로 하는 '제4차 조선교육령'이 공포되었고, 4월 26일에는 '전시 학도 체육훈련 실시 요강(戰時學徒體育訓練實施要綱)'이 실시되었다. 숨 돌릴 틈도 없이 6월 25일에 '학도 전시 동원체제 확립 요강(學徒戰時動員體制確立要綱)'이 공포되더니 결국 10월 12일부터 '학원 전시 비상조치 방책(學園戰時非常措置方策)'이 실시되어 조선의 학원교육은 사실상 해체되고 말았다. 이후 일본이 패전할 때까지 학교는 군인양성소 겸 군수공장 역할을 떠맡게 되었다.

중일전쟁 초기 병역에 관한 일제의 선전영화는 주로 지원 입대가 가능한 연령층인 청년을 대상으로 했지만, 신체제운동이 등장한 1940년 이후에는 장래의 병력을 확보하고자 아동 대상 선전영화도 만들어졌다. 국

---

191. 「국민학교령시행세칙」, 『동아일보』 1940년 2월 21일자.

192. 국민과(國民科). 국어 국사 지리 수신, 이들 네 과목을 합쳐 일렀던 말이다. 국어는 일본어, 국사는 일본사, 지리는 일본지리를 의미했고 수신(修身)은 도덕 교과에 해당하나 실제로는 황민화 교육을 위해 만들어진 과목이었다.

민학교령이 실시되고 나서 2개월 후 일본에서는 문부성 추천 영화 〈잠수함 1호(潛水艦1号)〉(닛카츠, 1941)가 개봉되었다. 이 영화는 1941년 6월 18일 경성보총극장(京城宝塚劇場: 당시의 약칭대로 이하 '성보'로 줄임)[193]에서 상영되었고, 7월 총독부 학무국 제1회 추천 영화로 지정되었다.[194]

〈잠수함 1호〉는 국민학생이 새로 개정된 『수신(修身)』교과서를 낭독하는 장면으로 시작한다. 어린아이의 낭랑한 목소리가 읽어 내려가는 것은 「사쿠마 함장의 유서(佐久間艦長の遺書)」이다. 해군대위 사쿠마 츠토무(佐久間勉)는 1910년 일본형 잠수함 개발 당시 생체 실험을 자원해 잠항 훈련을 하던 중, 부하 13명과 함께 잠수함에서 질식사했다. 사쿠마는 죽기 직전까지 냉정하고 침착하게 유서를 써 내려갔는데, 영화 〈잠수함 1호〉에서 낭독된 것이 바로 그것이다. 「사쿠마 함장의 유서」는 일본의 문호 나츠메 소세키(夏目漱石)가 명문으로 격찬하기도 했지만, 개정된 『수신』교과서에 그것이 실린 이유는 문장이 훌륭해서라기보다 학령 아동층을 대상으로 국가주의를 앙양하기 위해서였다. 해군성이 위탁하여 제작한 〈잠수함 1호〉는 사쿠마의 고향인 후쿠이현(福井県)의 두 소년이 사쿠마 함장의 유서를 읽고 감동하여, 그의 유지를 이어받아 뒤에 일본형 잠수함 1호의 설계사와 함장이 되어서 미국에 대한 전쟁을 준비한다는 내용이다. 흥미로운 것은 두 소년 중 대학에 진학해 설계사가 된 소년보다 해군사관학교를 졸업해 군인이 된 소년의 선택이 더 도덕적이며 정당한 것으로 미화된다는 점이다. 즉, 해군성이 만든 교육영화의 궁극적 의도는

---

193. 1912년 4월 1일 오사카에 설립된 일본 최대 연예인 소속사인 요시모토흥업주식회사(吉本興業株式会社)는 1940년 황금좌를 인수해, 경성보총극장(京城宝塚劇場)으로 이름을 바꾸어 5월 1일부터 흥행을 시작했다. 소속 극단인 경성가극단의 레뷰 쇼가 중심 프로그램이었으나 닛카츠와 도호의 영화도 상영했다.
194. 「潜水艦1号" 総督府で推奨」, 『경성일보』 1941년 7월 2일자.

미래의 병력 확보였다고 할 수 있다.[195]

또 한 가지 흥미로운 것은 〈잠수함 1호〉가 공개된 시기이다. 이 영화는 1941년 5월 23일에 개봉되었고 이화학연구소(理化学研究所)[196]에서 만든 과학영화 〈잠수함(潛水艦)〉(1941)도 거의 같은 시기에 공개되어 교육영화로서 상영되었다. 두 영화가 개봉된 지 반년 후인 1941년 12월 7일 일본이 진주만을 기습하여 태평양전쟁이 발발했고, 개전하고 열흘 후 세계 최대 군함 야마토(大和)가 비밀리에 준공되었다. 놀랍게도 영화 속의 이야기가 현실이 된 것이다. 당시 일본 국민은 극비였던 진주만 기습 공격에 대해서도 야마토에 대해서도 전혀 몰랐지만, 영화는 이미 대(對) 미국 전쟁을 예고했던 것이다. 좀 더 정확히 말하자면 국민이 전쟁에 대해 심리적으로 대비하도록 정부가 영화를 이용했다고 할 수 있다.

비릴리오(Paul Virilio)가 지적한 대로 양차 세계대전 시기에 영화는 물질적 무기이자 가장 강력한 심리적 무기로 이용되었다.[197] 무기의 차원에서 더 나아가 일본과 그 식민지에서 영화를 보는 일은 국민의 의무이기도 했다. 극장에서는 문화영화, 뉴스영화가 강제로 상영되었고 국민들은 선

---

195. 마찬가지로 조선군사령부가 후원한, 조선인 중학생을 대상으로 만든 선전영화 〈젊은 모습〉에서도 대학에 진학해 의사가 되는 것보다 일본 육군에 지원 입대하는 것이 더 도덕적이며 애국적인 것으로 묘사된다. 이 책 5부 3장 참조.

196. 이화학연구소는 1917년 일본 황실과 정부의 원조, 민간의 기부금을 기초로 도쿄 분쿄쿠(東京文京区)에 설립된 재단법인 과학 연구소이다. 이 회사는 2차 세계대전 때에 자회사 리켄과학영화주식회사(理研科学映画株式会社)를 설립해 전쟁 선전용 다큐멘터리도 다수 제작했다. 전후 연합군사령부의 지시에 의해 이화학연구소는 주식회사로 바뀌었으나 1958년 정부의 출자를 받는 특수법인 이화학연구소로 재발족했고, 2003년부터 독립 행정법인으로 바뀌어 오늘에 이른다.

197. "전투의 역사는 무엇보다도 그 지각 장(場)의 형태 변환(metamorphose)의 역사이다 …… 현대의 교전자들이 이러한 장 전체를 침략하기로 결심하는 한 진정한 '전쟁영화'는 반드시 전쟁이나 전투 장면을 보여 줄 필요가 없다는 생각이 일반화되었다. 영화가 (기술적, 심리적……) 놀라움을 창조하는 데 적합한 것이 된 시점부터 영화는 사실상 무기의 범주 속으로 들어가기 때문이다." 폴 비릴리오, 권혜원 옮김, 『전쟁과 영화—지각의 병참학』(한나래, 2004), 35~36쪽.

전영화 관람에 단체로 동원되었던 것이다. 개전 직후 일본정부는 미국과 전쟁을 벌이지 않으려고 최대한 노력을 기울였으나 미국이 그 의지를 받아들이지 않아 진주만을 공격할 수밖에 없었노라고 보도하면서 국민에게 애국심과 임전 태세를 호소했다. 그러나 배후에서는 어마어마한 물자와 노동력을 들여 국민 몰래 야마토를 준공했고, 이 '극장용 무기(arme de théâtre)'[198]에 전쟁의 승부를 걸고 있었다. 태평양 건너의 적이 야마토를 능가하는 압도적인 스펙터클을 가진 원자폭탄을 개발 중인 것도 모른 채.

소년항공병 영화의 유행

태평양전쟁이 발발하기 전인, 〈잠수함 1호〉가 공개된 시기만 해도 일본의 영화평론가들은 아직 해군성 위탁 영화의 빈약한 드라마투르기와 노골적인 선전을 비난할 수 있는 여지가 있었다. 그러나 개전한 그날로 상황은 급변했다. 진주만 습격 이튿날 아침 일본의 모든 신문에는 대미 선전 포고문이 공습 사진과 함께 실렸다(조선의 민간신문은 벌써 강제 폐간 되었다). 이제 '국방색 군복으로 몸을 감싸고 자살 공격을 감행하는 앳된 소년병'은 기분 나쁜 농담이 아니라 육박해 오는 현실이 되었다. 국민들에게 총력전에 협력할 것을 요청하는 선전 기사가 연일 지면을 점령한 가운데 해가 바뀌었고, 1942년 정월 초하루에는 다음과 같은 기사가 전국의 신문에 실렸다.

---

198. 위 책, 35쪽. 비릴리오는 영화의 시각적 스펙터클과 닮은 히로시마의 섬광처럼 테크놀로지와 심리의 양면으로 인간의 인식에 충격을 주는 무기를 극장용 무기라 부른다. 이러한 관점에서 비릴리오는 "표상 없는 전쟁은 존재하지 않으며, 심리적 신비화를 수반하지 않는 최첨단 무기도 존재하지 않는다"고 주장한다. 위 책, 29쪽.

해군성 위탁 영화 〈해군〉(1943)의 소년병

소년소녀에게 고(告)함

내각총리대신 도조 히데키도조 히데키(東条英機)

일본 전국의 소년소녀 제군, 전승에 빛나는 신년을 맞이한 것을 축하합니다.

우리 황국 일본은 드디어 미국과 영국을 향하여 정의의 검을 뽑아 육지에서 바다에서 하늘에서 적을 호되게 무찔렀습니다. 일본은 무적이라는 목소리가 세계에 강하게 울려 퍼지고 있습니다. 이 대동아전쟁이 시작된 지약 일 개월, 황국의 국토가 아직 한 번도 적 공군의 내습을 허락하지 않고이렇게 조용한 정월을 전 국민이 거듭 필승의 신념을 가지고 경사스럽게 맞이할 수 있는 것은 오로지 천황 폐하의 위광(威光)이 행하신 바입니다. 이 대전(大戰)의 목적을 충분히 완수하기 위해서는 지금부터 여러분이 매일의 의무를 훌륭히 달성하여 훌륭한 일본인이 되지 않으면 안 됩니다. 이것이야말로 여러분이 천황 폐하의 어의를 성의를 다해 받드는 제일의 봉공(奉公)입니다.

전국의 소년소녀 제군, 부디 나라를 위해 착한 어린이가 되고, 또한 훌륭한 일본인이 되어 주십시오. 이 신년을 맞이하여 나는 축하의 말과 더불어 이상의 내용을 확실히 여러분에게 말씀드리고 싶은 것입니다.[199] (번역과 강조는 인용자)

위에서 도조 히데키는 선전 포고도 없었던 진주만 기습 공격을 정의로운 행위로, 아시아 침략 전쟁인 대동아전쟁을 그 정의를 관철하기 위한 전쟁이라고 정당화했다. 전쟁 중인 국가가 적에 대해 근거 없는 흑색선전을 퍼뜨리는 것은 드문 일도 아니지만, 이 선전문이 주목을 끄는 이유는 그것이 어린이들마저 전쟁에 끌어들이며 '일상'에 종말을 고하기 때문이다. 일본 파시즘은 나치스의 청소년 정책을 본떠, 학령 아동과 청소년에게 철두철미한 이데올로기 교육과 군사 교육을 실시했다. 장차 그들은 소년특공대 내지는 현역병으로 이용될 예정이었다. 그러려면 그들을 국가가 원하는 '착한' 어린이로, '훌륭한' 일본인으로 길들일 필요가 있었다. 전쟁이 일상이 된 마당이라, 국가가 어린이와 청소년을 미래의 군인으로 접수(接收)하겠다는 도조의 선언도 국민들에게 그리 충격을 주지 못했다. 오히려 그해는 '소국민(小國民)'이라는 용어가 유행하기까지 했다.

---

199. 『오사카마이니치신문(大阪每日新聞)』 1942년 1월 1일자.

『소년구락부』 1945년 1월호 표지   『일본소년』 1927년 8월호 표지

전쟁이 막바지에 이르렀을 때 일제의 아동교육은 미래의 국민을 양육하는 것에서 실전에 투입할 소년병을 훈련하는 것으로 변모했다. 도조의 신년하례가 나온 지 3년 뒤 1945년 정월에 발매된 『소년구락부(少年俱樂部)』의 표지를 보자. 국방색 톤으로 채색된 표지에는 살의마저 느껴지는 표정을 지은 소년이 목검을 겨누고 있다. 군인의 미니어처라고밖에 할 수 없는 이 소국민을 중일전쟁 이전에 유행했던 소년 아이콘과 비교해 보자. 1927년 8월의 『일본소년(日本少年)』 표지에서는 펜싱 검을 든 소년이 페가수스를 타고 창공을 날고 있다.

그림에는 각각 그 시기 교육의 특징이 드러난다. 후자에서처럼 서구 지향적인 교육이 실시되었던 시기에는 이상적인 소년은 펜싱 검을 치켜든 스포츠 선수로 묘사되었다. 이에 비해 서양문화에 대한 안티테제로서 '일본정신'이 강조된 대동아전쟁기의 이상적 소년은 전자에서처럼 소년무사

〈하늘의 소년병〉

(若武者)로 표현되었다. 총력전 시대의 교육은 『소년구락부』의 국방색 톤이 전달하는 분위기처럼 군국적이고 기계적이었다. 이 시대의 소년에게 하늘을 날고 싶다는 어린이다운 꿈은 페가수스와 같은 상상적 차원이 아니라 소년항공병에 지원함으로써 이루어질 수 있는 것으로 선전되었다.

　미국과 개전한 뒤 해군성은 항공병 부족을 해결하려고 지원병의 연령을 소년층까지 끌어내리기로 결정했고, 이를 선전하고자 소년항공병을 주인공으로 한 영화를 위탁 제작했다. 이 무렵 만들어진 영화 중 소년항공병 영화의 전범이 되었던 것은 가스미가우라(霞ヶ浦)에서 해군 예과 연습생의 일상을 담은 다큐멘터리 〈하늘의 소년병(空の少年兵)〉(예술영화사, 1941)[200]이었다.

---

200. 이노우에 칸(井上莞)이라는 일본명으로 활동한 조선인 촬영감독 이병우(李炳宇)가 이 영화를 연출했다. 이병우는 프로키노(プロキノ: 일본 프롤레타리아영화연맹)의 맹원이었으나 전향하여, 주로 관청의 위탁으로 단편영화를 제작하던 예술영화사에 입사했다. 그는 〈하늘의 소년병〉 이후에도 비슷한 기획으로 중국

이 영화가 크게 호응을 얻은 직후, 대일본비행협회와 고단샤(講談社) 주최로 육군성, 해군성, 체신성, 정보국이 후원하는 항공영화소설 현상 공모가 실시되었다. 이 현상 공모는 "청소년 남녀가 비행기에 친숙해지도록 하늘에 대한 관심과 감격을 앙양하고 우리 항공계의 발전에 이바지할 목적을 가진 항공영화소설"[201]일 것이라는 조건을 내걸었다. 이후 〈승리의 기초(勝利の基礎)〉(리켄과학영화주식회사, 1942), 〈하와이 말레이 해전(ハワイ・マレー沖海戰)〉(도호, 1942), 〈결전의 창공에(決戰の大空へ)〉(도호, 1943) 등 소년층 관객을 대상으로 하는 항공병 선전영화가 양산되었다. 이들 영화는 소년을 주인공으로 했고 흥미 본위로 편집된, 스펙터클 넘치는 공중 전투 신을 반드시 포함했다. 소년항공병 영화의 영향력을 모든 청소년에게 일반화할 수는 없지만 이 시기 자원입대가 소년들 사이에서 인기가 있었던 것은 사실이고, 영화를 보고 예과련(予科練)[202]에 자원했다는 회고도 남아 있다.[203]

소년항공병을 모집하기 위한 선전영화가 어떤 것이었는지, 위의 영화들 중 가장 좋은 흥행 성적을 낸 〈하와이 말레이 해전〉을 살펴보자. 1942

주둔 항공대를 기록한 다큐멘터리 〈바다독수리(海鷲)〉(1942)를 연출했다. 참고로 〈하늘의 소년병〉은 1941년 5월 경성의 명치좌에서도 상영되었다.

201. 『경성일보』 1941년 7월 28일자.

202. 해군 비행예과 연습생(海軍飛行予科練習生)의 약칭. 구제 중학 4년 1학기 수료자나 국민학교 고등과 졸업자에게 지원할 자격이 주어졌다. 예과련 제도가 생긴 것은 1930년이지만 이때만 해도 10대 초중반의 연습생이 전투에 투입되는 경우는 없었다. 그러나 중일전쟁이 터진 뒤로 일부 예과련 연습생도 출정하게 되었고, 태평양전쟁 때문에 항공병 증원이 시급해지자 예과련 연습생을 실전에 투입하기 위해 연습항공대가 만들어졌다.

203. 예를 들어, 영화평론가 사토 다다오는 "이들은 모두 전쟁의 모양 좋은 측면만을 그리고 있다. 나는 〈하늘의 소년병〉을 소학생 때 보고 그 수년 후에 소년병을 지원하고 입대한 사람의 하나이지만, 현실의 소년병 훈련에서는 연일 극히 야만스러운 폭력으로 교육하는 데도 이런 종류의 영화는 전혀 표현하지 않았음을 원망한 적이 있다"고 회고했다. 사토 다다오, 『일본영화 이야기』(다보문화, 1993), 228쪽.

년 해군성은 도호영화사에 '대동아전쟁 개전 1주년 기념 영화'를 제작해 줄 것을 요청했다. 이렇게 해서 이후 아동용 선전영화들의 전범(典範)이 된 〈하와이 말레이 해전〉이 제작되었다. 이 영화는 일본의 국책영화 중 가장 성공했던 작품으로 패전할 때까지 약 1억에 이르는 사람들이 이 영화를 보았다고 한다.[204] 내용은 해군항공대의 조종사가 되기를 꿈꾸는 국민학생이 졸업 후 예과련에 입대하여 엄격한 훈련을 마치고 하사관이 되어, 진주만 기습 공격에 참전한다는 성장물이다.

　이 영화가 대성공을 거둔 요인의 하나는 아직도 인구에 회자되는, 진주만 공습 장면의 획기적인 스펙터클이었다. 그것은 전후 〈고질라〉(도호, 1954)를 만들어 '특수촬영의 신(特撮の神)'으로 불린 츠부라야 에이지(円谷英二)[205]의 솜씨였다. 미니어처와 한천을 이용해 군함과 바다를 표현한 특수촬영은 실물에 못지않은 효과를 내어 참신한 수법으로 절찬받았다. 이 영화를 보고 예과련 입대 희망자가 쇄도했다고 전해지지만 〈하와이 말레이 해전〉이 그와 같은 사회 현상을 불러일으킨 것은 지속적인 선전의 효과였다. 해군성 위탁 영화인 만큼 이 영화는 개봉 전에 벌써 신문과 잡지에 대대적으로 광고되었다. 영화잡지뿐만 아니라 아동잡지 『주간소국민』 등에도 〈하와이 말레이 해전〉이 공개되기 한 달 전에 특수촬영에 관한 상세한 특집기사가 게재되었다.[206]

---

204. 1943년 4월 조선영화배급사가 조사한 바에 따르면 이 영화는 조선에서 100만 관객을 동원했다. 「朝鮮映畵特報」, 『映画旬報』, 1943년 7월 11일, 2쪽.

205. 도호의 촬영기사였던 츠부라야 에이지는 도호의 선전영화 〈불타는 창공(燃ゆる大空)〉(1940), 〈남해의 꽃다발(南海の花束)〉(1942), 〈저 깃발을 쏴라(あの旗を撃って)〉(1944)에서도 특수촬영을 담당했다. 특히 〈하와이 말레이 해전〉과 함께 '도호 항공전 삼부작'으로 불리는 〈가토 하야부사 전투대(加藤隼戦闘隊)〉(1944), 〈뇌격대 출동(雷撃隊出動)〉(1944)의 특수촬영도 전부 도맡아 했다.

206. 『週刊小国民』 1942년 11월 8일자 참조.

개봉 후에도 화제는 단연 공습 장면이었지만 이 영화가 성공할 수 있었던 또 한 가지 요인은 연출력이었다. 정신주의적인 설교로 가득 찬 〈잠수함 1호〉에 비해 이 영화는 주인공의 병영 생활을 소년의 눈높이에 맞춰 다큐멘터리 식으로 그린 것이 적중했다. 그러나 사실적으로 보인다 할지라도 이 영화에는 전쟁과 군대에 필연적으로 따르는 죽음과 폭력은 완전히 배제되어 있다. 이 명랑한 선전영화는 군사훈련을 마치 스포츠처럼, 비행기를 놀이기구처럼, 전투를 박력 있는 모험처럼 묘사했다. 사토 다다오의 회고(주 203)처럼 영화관에서 초롱초롱 눈을 빛내며 〈하늘의 소년병〉이나 〈하와이 말레이 해전〉을 보았던 '착한 어린이'들은 예과련에 입대한 뒤에야 군대에는 모험과 재미 대신 폭력과 살인이 있다는 것을 깨달았다.

고려영화주식회사의 이동영화

국민학교령에 앞서 조선에서는 1940년 8월부터 영화령이 실시되었다. 영화령은 한마디로 "영화를 국가의 의지에 예속시키는 것"이었고 제작자들에게 이 명령은 "무익한 자유 경쟁을 배척하고 국책의 노선을 따르는 것"[207]을 의미했다. 특히 당국이 영화 국책의 근간이며 본류로서 가장 중요한 역할을 하리라고 기대한 영화의 종류는 무엇보다 '교육영화'였다. 장르명이 아니라 국책상의 필요에 따라 만들어진, 이 폭넓은 의미를 지닌 용어는 학생뿐만 아니라 일반인을 대상으로 한 영화까지 포함했으며 국민에게 국가 시책을 교육하기 위한 영화로 이해되었다.[208]

---

207. 하즈미 츠네오(筈見恒夫), 『映画五十年史』(鱒書房, 1942), 426쪽.
208. 야마다 에이키치(山田英吉), 『映画国策の進展』(厚生閣, 1940), 219~222쪽 참조.

이렇게 국가가 영화의 생산, 배급, 관람까지 규제함으로써 일개 오락
장이었던 영화관은 '국가의 학교'로 변모했다. 일상의 구석구석을 점령한
억압과 감시는 이제 어두컴컴한 환영의 세계까지 지배하게 되었다. 이 새
로운 학교의 소임은 바로 일제가 창조해 낸 새로운 인간 유형인 '충량한
황국신민'을 스크린에 투사하는 것이었다. 관객들은 동포 배우들이 어색
한 일본어로 천황에게 충성을 맹세하고 대동아전쟁에 지원한다는, 판에
박힌 선전영화의 내용에 위화감을 느끼지 않을 수 없었다. 얼마 전까지만
해도 그들은 조선옷을 입고 조선어로 말하고 노래하지 않았던가. 그러나
영화 속 황국신민의 인격과 관객 자신의 정체성이 일치하지 않는다고 해
도 스크린을 향해 야유를 보낼 수 있는 시절은 이미 지나갔다.

한편, 학교의 단체 관람과 교내 영사에 동원된 어린이들에게 선전영화
는 어른들과는 다른 의미로 다가왔다. 날 때부터 식민지였던 조선에서 국
민학교를 다니며 전 교과를 일본어로 교육받은 황민화 세대에게 '국민'
과 '민족'의 괴리는 윗세대의 경우만큼 크지 않았기 때문이다. 또한 성인
관객들의 틈바구니에서 성인을 대상으로 한 영화를 보았던 어린이들은
아이러니하게도 이때부터 자신들의 눈높이로 조율된 아동영화를 볼 수
있게 되었다. 판단력과 인식이 부족하여 프로파간다의 영향을 더 크게 받
기 쉬운 어린이들에게 아동영화의 선전 효과는 강력하고도 집요했다. 이
미지로 직접 호소하는 이 매체는 어떤 교과서보다 좋은 수단이었던 것이
다. 따라서 1942년 발족한 조영은 일본이 패전할 때까지 〈우러르라 창공
(仰げ大空)〉(1943), 〈태양의 아이들(太陽の子供達)〉(1944), 〈가미카제의
아이들(神風の子供達)〉(1945), 〈사랑과 맹세(愛と誓ひ)〉(1945) 등 소년병
지원제도를 선전하는 아동영화를 지속적으로 제작했다.

조영보다 앞서 선전 목적으로 아동영화를 만든 것은 친일적 민간영화

김영화 감독의 〈우러르라 창공〉

사인 고려영화협회였다. 이 회사는 조선의 첫 아동영화 〈수업료〉(1940)를
제작했다. 1941년 6월 고려영화주식회사(이후, '고영'으로 줄임)로 이름을
바꾼 뒤에는 두 번째 아동영화 〈집 없는 천사〉(1941)를 제작했다.

각각 영화령과 국민학교령의 실시와 맞물려[209]에 공개된 이들 영화 두
편은 그동안 필름과 시나리오가 발견되지 않은 채 "1930년대의 리얼리즘
경향을 대표할 수 있는…… 차분하고 리얼한 영상과 함께 동심의 세계
를 아름답게 묘사한"[210] 영화나 "불우한 고아들을 사랑하고 선도하여 밝
은 내일로 이끄는"[211] 계몽영화로 추측되어 왔다. 그러다가 2005년 중국

209. 〈수업료〉는 1940년 4월 30일, 〈집 없는 천사〉는 1941년 2월에 개봉되었다.
210. 〈수업료〉에 대한 평가. 이영일, 앞의 책, 202쪽.
211. 〈집 없는 천사〉에 대한 평가. 김종원 · 정중헌, 앞의 책, 206쪽.

전영자료관에서 〈집 없는 천사〉의 필름이 발견되어, 이 영화의 라스트 신에 황국신민서사를 낭독하는 장면이 포함되어 있다는 것이 드러났다. 필름이 공개된 직후 〈집 없는 천사〉에 대한 영화학계의 평가는 대동아공영권론과 황국신민화를 정면으로 거론하는 '확실한' 친일영화라는 것[212]과 주제만을 놓고 보면 친일성과는 무관하니 계몽적 사실주의 영화로 보는 것이 타당하다는 것[213]으로 대립되었다. 두 가지 평가는 일견 상반된 것처럼 보이지만 라스트 신을 근거로 내려졌다는 공통점이 있다. 즉, 플롯과 상관없어 보이는, 사족과 같은 라스트 신을 어떻게 해석하느냐에 따라 〈집 없는 천사〉에 대한 평가도 달라진 것이다. 〈집 없는 천사〉는 2005년에 발굴된 조선영화 중 가장 높은 수준을 보인 영화이기도 했다. 따라서 이 영화의 위상을 결정하는 데 영화학자들은 친일성과 작품성 사이에서 망설이지 않을 수 없었던 것이다. 한편, 다음의 인터뷰에서처럼 중도적인 견해를 택한 논자도 있었다.

> 1938년에 만들어진 〈군용열차〉 같은 경우에는 일본이 직접적으로 노골적으로 이런 친일적인 영화를 만들라고 강요를 하지 않을 때였습니다. 그 감독은 서광제라는 사람인데 사실은 좌익계로서 굉장히 반대했던 사람인데 자기가 아마 앞서서 만든 작품이죠. 미리.
> 그렇다면 동시에 41년도에 만들어진 이 〈집 없는 천사〉 같은 경우는 영화 내용은 완전히 그 뭐, 친일하고 상관이 없을 수도 있는데 마지막 부분을 보면 그런 걸로 되어있으니까 이건 아마 직접적인 어떤 요구나 강요

---

212. 강성률, 「일장기 휘날리며 동양평화를 위해! : 최근 발굴된 친일영화의 내적 논리」, 제6회 전주국제영화제 심포지엄 발표문, 2005년 4월.
213. 김종원, 「일제말기 군국주의 어용영화」, 제6회 전주국제영화제 심포지엄 발표문, 2005년 4월.

가 있었을 거라고 짐작을 할 수가 있습니다. 그런 점에서 자발적으로 한 거 하고 강제로 한 거, 이런 차이를 볼 수는 있구요. 저는 그것보다도 해방 이전의 한국영화들이 그 영화 만드는 실력이 어느 정도 되는가를 가장 표준적으로 보여주는 작품이 〈집 없는 천사〉이기 때문에 사실 의미가 있다고 봅니다. 여기서 친일적인 요소가 있다 없다는 그다지 중요하지 않다고 봅니다.[214] (강조는 인용자)

나는 이 중도의 문제점이, 언뜻 〈집 없는 천사〉의 친일성과 작품성을 동시에 인정하는 것 같지만 자발적이 아니라 강제 때문에 친일할 수밖에 없었다는 이유를 대며 '애석한 우리 영화'에 면죄부를 준 것에 있다고 생각한다. 일제 시기에 만들어진 조선영화 한 편을 두고 왜 이런 심리적 면죄부가 필요한 것일까? 왜 〈집 없는 천사〉는 그저 웰메이드 친일영화로 평가될 수 없는가? 친일영화의 작품성을 논하는 것이 금기라도 된단 말인가?

물론 나의 의문들은 〈집 없는 천사〉에만 국한된 것이 아니라 친일영화를 보는 현재의 패러다임 자체에 대한 것이기도 하다. 우선은 〈집 없는 천사〉를 둘러싼 문제에 집중해 보기로 한다. 과연 〈집 없는 천사〉의 라스트 신이 "직접적인 어떤 요구나 강요"에 의해 들어갔는지, 이 영화가 강제에 의해 어쩔 수 없이 만들어진 친일영화인지를 살펴보자. 그러려면 같은 영화사의 같은 감독이 연출한 〈수업료〉와 연속적으로 분석할 필요가 있다. 〈수업료〉는 필름이 남아 있지 않지만 당시 이 영화를 수입하여 일본에 배급했던 동화상사의 후신인 가와키타기념영화문화재단(川喜多記念映画文

---

214. 당시 한국영상자료원 원장이었던 이효인 씨 인터뷰에서. 다나카 후미히토(田中文人) 감독의 다큐멘터리 〈두 개의 이름을 가진 남자: 카메라맨 김학성 · 가나이 세이치의 족적(2つの名前を持つ男: キャメラマン 金学成 · 金井成一の足跡)〉(2005) 중에서.

고영 직원들. 앞에 앉은 사람의 왼쪽이 이창용

化財団)에서 원작과 시나리오를 발견할 수 있었다. 한편, 〈집 없는 천사〉
의 경우 시나리오를 쓴 니시키 모토사다(西亀元貞)의 유족과 연락이 닿아
원본 시나리오를 제공받을 수 있었다.

먼저 고영이 황민화 정책에 부응하는 아동영화를 제작한 배경을 알기
위해서 고영의 경영자 이창용(李創用)이라는 인물에 대해 살펴보자.
1935년에 설립된 고영은 종로에서 동일상회를 경영하던 상인 오덕섭이
출자하여 만든 회사로, 실질적인 경영은 이사인 이창용이 맡았다.

함북 회령 출신으로 회령상업학교를 졸업한 이창용은 1926년 나운규
감독의 〈풍운아〉(조선키네마프로덕션, 1926)에서 촬영감독으로 데뷔해 〈잘
있거라〉(나운규프로덕션, 1927), 〈약혼〉(중앙키네마, 1929), 〈젊은이의 노
래〉(중앙키네마, 1930), 〈남편은 경비대로〉(도야마미츠루프로덕션, 1931) 등

을 촬영했다. 1931년 이창용은 데이코쿠키네마의 스튜디오가 있었던 교토로 유학을 가, 스즈키 주키치 감독에게 사사했다.[215] 이창용은 1년 후 다시 조선으로 돌아와, 파라마운트영화사의 배급소였던 기신양행에서 배급·제작 업무에 종사하다가 고영을 창립했다.

조선의 첫 토키영화 〈춘향전〉을 전국에 배급하여 자금을 축적한 고영은 1936년 첫 작품으로 심훈의 『상록수』를 영화화하려고 했으나 무산되었다.[216] 1938년 고영은 만주영화협회와 합작하여 전창근 감독의 〈복지만리〉 촬영을 개시했으나 이 영화는 1941년에 개봉했으므로 첫 번째 영화는 〈수업료〉가 되었다. 〈수업료〉에 뒤이어 고영은 〈승리의 뜰〉(1940), 〈집 없는 천사〉, 〈복지만리〉, 〈풍년가〉(1942)를 제작했다. 고영 영화의 특징은 총독부의 시책을 적극적으로 반영한 준(準) 국책영화라는 것이다. 또한 배급과 제휴에서도 일본 영화계와 긴밀한 관계를 유지했으므로 고영 영화는 일본과 만주로 용이하게 수출될 수 있었다.[217]

고영의 로비 활동에 중요한 역할을 수행한 인물은 고영 문학부 소속 시나리오 작가인 니시키 모토사다였다. 1939년부터 총독부 경무국 도서과의 촉탁을 겸했던 그는 〈수업료〉를 기획했고 〈승리의 뜰〉, 〈집 없는 천사〉, 〈풍년가〉의 각본을 썼다. 선전영화를 위해 집필된 것이지만 조선에서 자라 조선의 풍속에 익숙했던 만큼 니시키가 집필한 각본의 향토색과 세부 묘사의 정확성은 조선인이 쓴 것 못지않았다. 이 '재조(在朝) 일본인'이 추

---

215. 沈熏, 「朝鮮映畵人언파레드」, 『동광』 23, 1931년 7월, 59쪽 참조.
216. 「高麗映畵社超特作 李創用提供 〈常綠樹〉 音響版 全十卷」, 『조선중앙일보』 1936년 3월 18일자와 「本報 記念採擇小說 『常綠樹』의 映畵化」, 『동아일보』 1936년 3월 18일자 참조.
217. 〈수업료〉의 원작은 조선총독상을 받은 작문이었고 〈승리의 뜰〉은 '총독부 인정 영화' (총독부인정영화제도에 의해 총독부에서 권장하는 영화)였으며 〈집 없는 천사〉는 일본 문부성 추천 조선영화였다.

왼쪽에서 첫 번째가 왕평, 세 번째가 김신재, 네 번째가 니시키 모토사다

구했던 조선영화가 어떠한 것이었나는 다음과 같은 글에서 드러난다.

조선은 내지와 다른 에스프리를 가지고 있다고 생각합니다. 나는 민족
의 역사, 고전의 걸작이 나오지 않으면 안 된다고 생각합니다. 조선영화
가 내지로 진출하는 동시에 대륙에 진출할 영화를 만들어 가지 않으면
안 돼요. 흥아(興亞)의 기지가 되어 성업(聖業) 달성을 위해 일익을 담
당하는 일이 가능하다면 전도는 양양할 것이라고 생각됩니다.[218] (번역
은 인용자)

---

218. 「半島の映画界を背負う人々の座談会」, 『モダン日本』 1940년 8월. 조영의 총무 다카지마 긴지(高島金
次)가 집필한 『朝鮮映畫統制史』(朝鮮映畫文化研究所, 1943)의 복각판에 실린 마키노 마모루(牧野守)의
해제 「『朝鮮映畫統制史』関連史料解題」, 『戦時下映画統制期 ⑨―朝鮮映画統制史』(ゆまに書房, 2003),
368쪽에서 재인용.

조선의 향토색이 진하게 배어나면서 국책을 담은 합작영화가 쉽게 수출되리라는 점은 고영의 경쟁자들도 예상하던 바였다. 1938년 10월 조선영화주식회사의 최남주는 극작가이자 시나리오 작가인 무라야마 도모요시(村山知義)를 초빙해 〈대춘향전〉의 준비에 들어갔다. 또한 그동안 도호와 신코의 조선 진출에 자극받은 쇼치쿠도 1940년 7월 문예봉을 주연으로 〈아리랑〉을 리메이크할 준비를 했다.[219] 그러나 이 기획들은 영화로 실현되지는 못했다.

한편, 니시키는 인용문에서 말한 바대로 〈집 없는 천사〉의 후속 작품으로 전부 일본인 배우가 연기하는 내선일체 〈춘향전〉의 시나리오를 준비하고 있었다. 1941년 2월 각본을 완성해 일본의 영화사들을 상대로 교섭한 결과 신코의 도쿄촬영소가 이 영화를 제작하기로 했으나[220] 결국 이 기획도 무산되고 말았다. 조선의 대표적인 고전과 민족영화를 영화화하려는 기획이 무산된 것이 물질적 조건 때문인지 관계 당국의 간섭 때문인지는 알려진 바 없으나, 이 부분에 대해 좀 더 면밀한 접

경성에 도착한 무라야마(오른쪽)

---

219. 『조선일보』, 1940년 7월 16일자.
220. 「今度は"春香傳"—新興東京で製作決定」, 『京城日報』 1941년 2월 16일자.

근이 필요한 것만은 분명하다.

〈수업료〉이후 고영은 조선영화주식회사와 어깨를 겨룰 양대 영화사로 급성장했다. 고영의 경영 전략은 총독부의 정책에 순응함으로써 관의 후원을 받아 배급과 수출을 확대하는 것이었고 실제로 이를 통해 고영은 상당한 이익을 볼 수 있었다. 단순한 상인이 아니라 무성영화기부터 촬영감독으로 현장에서 일했고 일본 유학을 통해 스튜디오 시스템을 경험한 이창용은 기술적, 물질적 토대가 부족한 조선영화를 기업화하기를 꿈꾸었다. 유감스럽게도 그가 절호의 동반자로서 손잡은 것은 총독부였다. 처음에는 승승장구하는 듯이 보였지만 총독부가 조선영화 배급과 제작을 일원화하여 스스로 관할하기로 결정함으로써, 결과적으로 이창용의 전략은 고영을 몰락으로 이끌고 말았다. 조영이 창립될 즈음 이 통합회사의 주도권을 놓고 일본인 업자들과 조선영화주식회사, 고영이 각축을 벌였고, 이창용은 도서과 검열실을 통한 로비 활동에 매진했다.[221] 그러나 결국 그의 노력은 수포로 돌아갔다. 1941년 11월 26일 총독부가 기구를 개편하면서 신설된 정보과가 영화를 선전에 이용하게 되었고, 검열은 보안과가 맡아 보게 되었던 것이다. 이후 고영은 일체의 기재를 조영에 넘기고, 총독부가 산정한 보상금을 받고 자진 해산했다.

〈수업료〉의 경우

조선의 첫 동시녹음 영화로 화제를 불러일으킨 〈수업료〉는 조선의 첫 아동영화이면서 총독부의 검열 수수료가 면제된 첫 조선영화이기도 하

---

221. 안종화, 앞의 책, 282쪽 참조.

다. 검열 수수료가 면제된 사정은 이 영화의 원작이 총독부 기관지인『경성일보』의 부록「경일소학생신문(京日小学生新聞)」이 주최한 소학생 작문 공모에서 조선총독상을 수상했기 때문이다.

식민지 조선의 교육에서 가장 중요시된 과목은 '국어(일본어를 말함)'였고, 조선인 학생들이 일본어를 모국어와 같이 자유자재로 구사하도록 국어 과목 중에서도 '작문(綴方: 소학교의 교과목의 하나)'의 중요성이 강조되었다. 특히 중일전쟁 이후 일본이 식민지를 확대해 감에 따라 조선과 만주에서는 일본어 교육에 시국 교육을 겸한 작문 붐이 조성되었다. 학교뿐만 아니라 신문과 잡지가 적극적으로 소학생 작문 현상 공모를 실시했고 출판계에서는 아동 작문집 간행이 유행이었다. 이 붐의 일환으로 실시된 것이『경성일보』의 소학생 작문 현상 공모였다. 거기서 최우수상인 조선총독상을 수상한 작문이 바로 광주 북정공립심상소학교(光州北町公立尋常小學校) 4년생인 우수영이 쓴「수업료(授業料)」이다. 그 내용은 양친이 행상을 나가 조모와 같이 사는 가난한 조선인 소학생 우수영 소년 자신의 이야기로, 그가 수업료를 내지 못해 고민하는 것을 알게 된 일본인 교사가 교실에 우정함(友情函)을 설치해 친구들로부터 모금을 받아 도와주었다는 미담이었다.

이 미담에 총독부의 시책에 대한 선전을 가미해 영화로 만들자는 착상을 했던 것은 니시키였다. 그는 고영에 제작을 맡겼고, 각색은 닛카츠와 도쿄발성(東京発声) 등에서 작업했던 시나리오 작가 야기 야스타로(八木保太郎)가, 일본인 선생 역할은 일본 배우 우스다 겐지(薄田研二)가 맡았다. 조선어 대사(번역을 말함)는 극작가 유치진(柳致眞)이 담당했다(유치진은 1941년 현대극장을 조직해 친일극을 만들기 시작한다). 감독은 〈국경〉(천일영화사, 1939)이 성공한 뒤 고영으로 옮겨 왔던 최인규였으나, 그의

〈수업료〉에서. 우 소년과 일본인 선생

병가로 인해 3분의 1은 방한준이 연출했고 촬영은 이명우가 담당했다.

　이렇게 해서 완성된 〈수업료〉는 평론가들의 은근하고 에두르는 비판이 의미하는 것처럼 내선일체 이데올로기와 총독부 시책이라는 양념이 지나치게 들어가 원작의 맛을 손상한 작품이었다. 원작 「수업료」가 내선일체 미담으로 이용하기에 적합한 소재였음은 부정할 수 없지만, 거기에 표현된 황민화 교육의 효과란, 숙모의 집으로 월사금을 얻으러 나선 소년이 "점점 다리가 아파서 걸을 수가 없습니다. 그러나 나는 이것이 선생님이 언제나 말씀하시는 인고단련(忍苦鍛鍊)이라고 생각하고 계속 걸었습니다" 하는 정도에 지나지 않았다. 또한 묘하게도 이 작문에는 다음과 같이, 가난 때문에 상처 입은 어린이의 심정도 솔직하게 표현되어 있다.

　"드디어 납입일이 되어 선생님이 「수업료 안 가지고 온 사람 일어나 보자」라고 말씀하시면 나는 갑자기 머리가 멍해져서 면목 없이 일어나는 것이었습니다 …… 때로는 「너만 내면 우리 반은 완납인데」라는 말을 들은 적도 있는데 그럴 때는 교실에서 도망치고 싶을 정도였습니다."

반면 야기가 집필한 시나리오에는, 무신경한 교사에 대한 일종의 비판으로 읽힐 수도 있는 위 에피소드는 완전히 삭제되었다. 그가 묘사한 일본인 선생은 동심에 상처를 입히는 말은 전혀 입에 담지 않는, 아버지와 같이 자애로운 인물이고, 동심을 멍들인 수업료라는 무거운 현실은 완전히 탈각되었다. 그리고 그 빈자리에는 다음과 같이 내선일체 선전이 주입되었다.

○ 4년 교실, 국어 시간이다. 칠판에 '제6 우리 나라'라고 씌어 있고 일본 전국의 흰 지도가 그려져 있다. 다시로 선생, 그 지도를 다 그리고 학생들을 돌아본다.

남학생과 여학생, 양쪽으로 나뉘어 자리에 앉아 있다.

다시로 선생: 여러분은 5년생이 되면 지리라는 과목을 배우고 그때 자세한 것을 배우지만 지금 우리들이 살고 있는 광주는 이 지도의 어디에 해당할까 알고 있는 사람 있습니까?

학생들: 침묵하고 있다.

다시로 선생: (조선반도 중앙에 ○를 하나 그리고) 여기가 총독부가 있는 마을입니다. 뭐라고 하는 마을일까요?

우영달, 안정희 그리고 한 사람이 더 손을 든다.

선생: 우 군, 말해 보세요.

영달: 경성입니다.

선생: 자, 우리 광주는 경성의 어떤 방향일까요?

영달: 내지에 가까운 쪽입니다.[222] (번역은 인용자)

〈수업료〉의 '우리 나라'

　　이 장면에 해당하는 영화의 스틸 사진이 오늘날까지 남아 있다. 이 사
진에서 칠판에 그려진 '우리 나라'라는 지도에는 일본열도와 조선반도,
사할린 섬 남부와 크릴 제도(諸島)가 포함되어 있다. 그러나 일본이 식민
화한 대만, 만주국, 동남아시아 지역은 빠져 있다. 즉, 이 지도가 표상하
는 '우리 나라'라는 것은 내선일체의 영역인 것이다. 그리고 "내지에 가
까운 쪽"이라는 영달의 대사에서 내지, 즉 일본에 가까운 조선은 여타의
식민지와는 다른 위상을 가진 것처럼 표현된다.
　　이어서 다음과 같은 장면에서도 '우리 나라=내선일체의 영역'은 반복
해서 주입된다.

---

222. 여기에서 인용한 우수영 원작의 「授業料」, 영화 〈수업료〉의 시나리오(전일본영화인협회 기관지 『映畫人』
　　　1940년 4월에 수록)와 스틸 사진은 가와키타기념영화문화재단에서 제공했다.

○ 영달의 집 앞

두 칸 정도의 조악한 집이다. 조모가 돌아오니 집안에서 영달이 힘차게 낭독하는 목소리가 들려와 조모는 자기도 모르게 기쁘게 웃는다.

"제6 우리 나라, 우리 나라는 아시아 대륙의 동부에 위치해 일본열도와 조선반도를 포함한다."

○ 집안

영달: (낭독하고 있다) 그 외, 만주국으로부터 빌린 관동주(關東州), 열국으로부터 맡은 남양제도(南洋諸島)가 있다.

영달이 읽는 지리 교과서에서 주목해야 할 것은 '우리 나라'의 지도 그리기(mapping)이다. 새 식민지인 만주국과 관동주, 남양제도가 부속적인 것으로 표현되는 데 비해 오래된 식민지인 조선은 일본과 나란히 '우리 나라'로 호명되며, 조선보다 더 오래된 식민지인 타이완은 의도적으로 삭제되어 있다. 국토에 대한 이 새로운 지도 그리기는 내선일체 이데올로기가 제시하는 국가에 대한 새로운 구상과 일치한다.

내선일체 교육이 조선 아동들에게 주입하려 한 미래상은 일본을 우두머리로 하는 동아시아 제국과 그 지배자를 가까운 데서 보필하여 함께 아시아를 지배하는 조선이다. 물론 그것은 전쟁 동원을 위한 수사에 지나지 않았지만, 황민화 교육은 조선의 어린이가 조선인이라는 정체성(identity)을 일본국의 조선 지방 사람이라는 지방성(locality)으로 이해하도록 기획되었다.

〈수업료〉가 개봉되었을 때 동요 작가 김수향(金水鄕)은 "내지영화계(內地映畵界)에 아동(兒童)을 취급(取扱)한 영화(映畵), 아동문제(兒童問題)와 그 생활(生活)을 주제(主題)로 한 영화(映畵)가 유행(流行)된다고 이

방면(方面)에아모련준비(準備)와공부(工夫)도없이 엄벙덩하고 덤벼든"
영화로 혹평했다. 영화평론가 서광제도 "수업료를 못내는 어린학생이한
둘이아니고 빈한한 농촌이조선에여기저기 잇다면 이『수업료』라는 영화
는 너무나 광명을 일흔영화이다"라고 혹평했다.[223] 아마 〈수업료〉에 가장
후한 평가를 내린 것은 총독부 학무국이었겠지만 민간신문이 이렇게 싸
늘한 반응을 보인 가장 큰 이유는 당시 조선의 교육 현실 때문이었다.

> 충량한제二국민을 훈육시키는 소학교에 선생과학동간의 정의문제를 억그
> 려노코 학과교수에앞서 남모를 고통을참어가며 사제간 참아입이떠러지지
> 안는 수업료문제를 먼저ㄲ내게 된다하면 그것처럼 곤난은없을것이다.
> 그런중 강화도내에는 각소학교 교원층을 울리고잇는 문제가 즉 그것이
> 니 학동들이 수업료를납기에바치지못하면 담임교원이 책임을지고 당국
> 에대납하는 제도가잇기때문에 교원과학동간의 사히가 사제간이라기 보
> 다 채권채무자의 풍경을 종종연출하야 종전에모모학교에서는 수업료를
> 지참치안흔 학동을 교수시간임에도 불구하고 교실의축방 혹은 집으로
> 돌려보내여 돈을 가저오지안으면 교실출입을 허치안어 이문제로인하야
> 一시 사회문제를 이르킨적도잇엇던것은 우리네의 기억에 아직도 새로
> 운문제인바……(이하, 중략)[224]

위와 같이 〈수업료〉가 개봉되었을 당시는 소학교 수업료를 당국이 아
니라 교사에게 징수하게 하고 대납하게 하는 제도가 사회문제로 취급되

---

223. 각각 金水鄕, 「童心의誤謬」, 『동아일보』 1940년 5월 10일자와 徐光霽, 「童心世界의沒理解」, 『조선일보』
    1940년 5월 1일자.
224. 「師弟間情誼를좀먹게하는 授業料代納制—敎員層의남모를苦痛」, 『동아일보』 1940년 3월 6일자.

었다. 우수영의 원작을 이런 맥락에 놓고 보면 다시로 선생이 만든 우정함이란 당국이 징수 책임을 교사에게 전가하고, 교사가 그 책임을 다시 학생들에게 전가한 것이라 할 수 있다. 이런 문제에 대해서는 눈을 감아버리고 일본인 교사와 조선인 학생 간의 미담으로 포장한 〈수업료〉에 대해 평론가들이 비판한 것은 당연했다.

그럼에도 고영은 패턴이 같은 영화를 연달아 기획했다. 〈수업료〉가 공개된 직후인 1940년 5월 25일, 일본 문부성에서는 영화제작회의가 열렸고, 거기서 우수한 아동영화 생산과 보급을 지원하겠다는 '아동영화지정제도'가 결정되었다. 이에 응하려고 했는지 1940년 7월 고영은 조선아동작문사절단 6명을 선발해서 내지 여행을 보내고 그들이 내지 아동과 교류하는 모습을 담음으로써 내선일체의 실적을 올릴 관광영화를 제작하겠다고 발표했다.[225] 이 계획은 결국 무산되고 말았지만 고영은 〈수업료〉에 이어 또 한 편 시국 미담을 담은 내선일체 아동영화를 기획했다. 그것이 바로 일본 문부성의 추천을 받아 일본으로 수입된 아동영화 〈집 없는 천사〉였다.

〈집 없는 천사〉의 경우

2005년 이 영화가 발굴, 공개되었을 때 많은 영화 연구가들이 라스트 신만 없었더라면 하고 애석해했다. 그만큼 〈집 없는 천사〉는 사회문제를 실감 나게 다룬 수작이고 당시 조선영화의 수준을 한 단계 높인 영화였다. 그러나 동시에 이 영화는 라스트 신에서 어린이들이 일장기를 게양하

---

225. 「作文使節團을 高映에서映畵化決定」, 『조선일보』 1940년 7월 4일자.

〈집 없는 천사〉에서. 방 목사와 향린원생들

고 '황국신민서사'를 암송하는, 명백한 친일영화이기도 했다.

〈집 없는 천사〉는 〈수업료〉와 마찬가지로 실화에서 소재를 얻은 작품이다. 1940년 방수원 목사는 종로의 부랑아들을 모아 향린원이라는 고아원을 설립했는데, 그해 여름 『경성일보』의 가정란을 통해 처음으로 그의 선도 활동이 알려지면서 저명인사들과 자산가들의 후원이 뒤따랐다.[226] 이에 고영이 방 목사의 실화를 영화화하겠다는 의도를 전달했고, 니시키가 향린원을 취재해 일본어로 시나리오를 집필했다.[227] 임화가 이 영화의 대사를 조선어로 번역했고,[228] 최인규가 연출을, 일본에서 가나이 세이치(金

226. 「『家なき天使』と社会問題(一)—香隣園の生活と映畵に出演した子供」, 『京城日報』 1941년 2월 11일자.
227. 〈집 없는 천사〉의 줄거리와 에피소드는 방수원의 수기를 참조한 것이다. 방수원의 수기는 崔貞姬, 「孤兒의 樂園 香隣園을 찾어—서울 市外에 六十三名의 孤兒들 모인」, 『삼천리』 제12권 제10호, 1940년 12월, 134쪽, 154~158쪽과 方洙源, 「『집 없는 天使』의 樂園 香隣園生活記」, 『삼천리』 제13권 제6호, 1941년 6월 참조.

井成一)라는 이름으로 촬영기사 경력을 쌓은 김학성(金學成)이 촬영을 맡았다. 영화의 많은 부분이 실제로 방 목사가 부랑아들을 발견한 종로 거리에서 촬영되었고, 향린원 원생 중 일부가 엑스트라로 출연하기도 했다.

완성된 영화는 자본과 기술이 부족한 조선 영화계에서 나오기 힘든 수작이라는 절찬을 받았다. 스튜디오 시설도 제대로 없고 전문 아역배우도 따로 없었기에 향린원 원생들을 동원해 거리에서 찍은 영화였지만, 오히려 그 때문에 고아들의 생활이 미화되지 않고 생동감 있게 묘사될 수 있었다. 카메라의 현장성은 물질적 부족을 메웠고, 신파적 연기가 일반적이었던 기존의 조선영화와 달리 어린이들의 과장되지 않은 연기가 소박한 감동을 불러일으켰다. 오늘날의 평론가들이 지적하듯 이 영화에는 과연 네오리얼리즘[229]이라고 할 만한 분위기가 풍긴다. 그러니 몇 군데에서 보이는 프로파간다[230]와 라스트 신의 황국신민서사가 더할 나위 없이 애석하게 느껴지는 것이다. 문제되는 황국신민서사의 내용이 어떤 것인지 한 글로 옮겨 보면 다음과 같다.

---

228. 카프가 해산된 후 임화는 1940년에 고영 문학부의 촉탁을 받아, 니시키가 쓴 〈집 없는 천사〉를 조선어로 번역했다. 또한 조선군과 총독부가 후원해 제작된 내선일체 선전영화 〈그대와 나〉(1941)의 대사도 담당했다. 그리고 1943년부터는 이창용이 설립한 관변단체인 조선영화문화연구소의 촉탁으로 『조선영화연감』을 작성하고 「조선영화발달사」를 저술했다.

229. 신사실주의(neorealismo). 제2차 세계대전이 끝난 뒤 이탈리아에서 유행한 문학과 영화의 사조. 그러나 이 용어가 처음 쓰인 것은 파시스트 정권하의 1942년이었다. 파시스트당이 권장하던 밝고 건전한 중류 계급 멜로드라마에 불만을 느낀 감독들이 비직업 배우를 고용해 야외에서 촬영한 다큐멘터리 같은 영화를 만들기 시작했다. 전후 이 사조는 본격적인 영화운동으로 전개되었고 전쟁의 상처와 이탈리아 사회의 구조적 모순, 반파시즘을 정면으로 파헤친 작품들이 만들어졌다. 그러나 1950년대 초 냉전체제에 들어간 이탈리아 정부가 네오리얼리즘 영화들에 대한 지원을 금지함으로써 이 운동은 소멸하게 되었다.

230. 〈집 없는 천사〉에서 프로파간다는 디제시스 속에서 자연스럽고 유기적으로 표현되어 있다. 예를 들어 고아들이 향린원을 건설하는 장면이 그러하다. 불모지와 같은 경성 외곽의 농장에 도착한 고아들은 자급자족을 위해 건축부, 위생부, 취사부 등으로 나누어 향린원을 건설하기 시작한다. 어린이들의 역할 분담과 생활규율은 군대 조직과 유사하며, 따라서 향린원 건설은 일제의 식민지 건설과 유비 관계를 이룬다고 해석할 수 있다.

一. 우리들은 일본제국의 신민입니다.

一. 우리들은 마음을 합하여 천황 폐하에 충의를 다합니다.

一. 우리들은 인고단련하여 훌륭한 강한 국민이 되겠습니다.

1937년 10월에 제정된 황국신민서사는 중일전쟁 발발 직후 미나미 지로 조선총독이 내세운 '국체명징(國體明徵), 내선일체, 인고단련'이라는 새로운 교육 방침에 따라 조선인을 황국신민으로 연성하기 위해, 그러나 본질적으로는 조선인의 민족의식을 약화하여 일본의 전쟁에 동원하기 위해 만들어진 것이다. 황국신민서사에는 유소년용 서사(誓詞其一)와 중등학교 이상의 일반용 서사(誓詞其二)가 있었는데, 〈집 없는 천사〉에서 제창된 것은 전자였다.

황국신민서사를 보급하려고 총독부는 모든 공식 비공식 행사에서 서사를 암송하도록 관공서와 학교, 모든 단체에 통지했다. 그리고 그것을 일상생활에 침투시킬 방편으로 서사를 인쇄한 카드를 배포하여 휴대하도록 했고, 라디오 방송에서도 프로그램 사이에 서사를 낭독하도록 지시했다. 특히 학교에서는 학무국의 지시에 따라 칠판 상단에 서사를 적은 액자를 걸도록 했고, 학생들은 되풀이하여 그것을 암송하도록 강제되었다. 당시 조선인들은 공식, 비공식 행사에서 황국신민서사를 일본어로 제창해야 했으므로 〈집 없는 천사〉의 라스트 신은 오늘날에는 사족이지만 친일파와 총독부 관리들에게는 대미를 장식한 것으로 여겨졌을 것이다.

2005년 〈집 없는 천사〉가 공개되었을 때 이 장면이 강제로 포함되었을 것이라고 추측하면서 면죄부를 준 논자들이 있었지만, 실은 시나리오 단계부터 라스트 신에는 어린이들이 황국신민서사를 제창하는 장면이 포함되어 있었다. 또한 이창용에 따르면 〈집 없는 천사〉를 제작한 이유 자체가

"거리의 불량아들을 소재로 한 것은 그들을 잘 교육하면 훌륭한 인간이 되어 국기를 향해 경례를 하는 충량한 일본신민이 될 수 있다"[231]는 것을 보이려는 것이었으니, 그로서는 황국신민서사 암송 장면을 삽입한 것은 당연한 일이었다.

여기에 더해 원본 시나리오에는 라스트 신에 고아들이 라디오 체조를 선보이는 숏, 방 목사의 아들이 기미가요(君ガ代: 일본의 국가)를 나팔로 연주하는 숏 등이 포함되어 있었다. 그러나 현재의 필름에는 일절 생략되었는데 연출상의 변경인지 검열에서 삭제되었는지는 알 수 없다.

〈집 없는 천사〉는 잘 만들어진 아동영화이기도 했지만 그보다 내선일체 이데올로기에 충실한 작품이라는 면이 중요하게 평가되어 일본 문부성 추천 조선영화 1호로 일본에 수입되었다. 이 영화를 수입한 동화상사는 1941년 7월 17일 내무성의 검열을 통과하자 9월 20일 시사회를 열었고, 첫 번째 문부성 추천 조선영화라는 문구로 대대적인 광고를 펼쳤다. 그러던 중 갑자기 내무성이 재검열을 명령했다. 이미 개봉이 광고된 상황에서 내려진 이 같은 처분에 동화상사는 개정판(일본어 더빙)을 급조하여 검열을 받았다. 10월 1일의 재검열에서 2326미터였던 필름은 219미터가 잘려 나갔고, 원판에 대한 문부성 추천은 개정판에서 자동 취소되었다. 재검열을 통과한 개정판은 10월 2일부터 6일까지 겨우 닷새 동안 도쿄의 5개 극장에서 공개되었다. 그러나 이런 소동에 대해 내무성과 문부성은 어떤 공식적 견해도 표하지 않기 때문에 관계자들도 추측만 할 뿐이었다. 다음과 같이 『영화순보(映画旬報)』 주최로 좌담회가 열렸고, 이 사태 때문에 긴급 도일한 이창용과 개정판의 감수를 맡은 이지마 다다시(飯島

---

231. 「朝鮮映画新體制樹立のために(座談会)」, 『映画旬報』 1941년 11월 1일, 16쪽.

正), 영화평론가 하즈미 츠네오(筈見恒夫)가 참석했다.

하즈미: 문부성이 추천을 취소한 것이 아니어도 이번에 개정된 영화는 추천할 수 없다, 상영되는 것은 개정판이니 추천된 것이 아니지만, 그래도 문부성 추천이라는 사실은 엄연하게 남아 있다, 라는 딜레마에 빠진 거군. 재검열의 이유는 보안상의 입장부터 여러 가지가 있겠지만 결국 문부성이 추천한 영화니 내용적으로 나쁠 리가 없어요. 그러나 근본적인 이유는 조선영화니까 역시 안 된다는 것 같은데.

기자: 조선영화니까라는 것은 어떤 의미입니까? 기술이 졸렬하기 때문이라는 겁니까?

하즈미: 그런 게 아닙니다. 아마 일부에서는 조선어로 말하는 영화가 나오는 것은 환영하지 않을 것이라는 겁니다. 조선영화라도 국어라면 괜찮을 것 같습니다. 여러 가지 이유가 있지만 근본적으로는 그렇습니다 ……. 들리는 바에 의하면 이것은 조선에서 상영하는 것은 상관없다, 내지에 들고 오는 것에 의문이 있다라는 겁니다.

이지마: 그 진짜 의미는 어떤 겁니까? 조선어라든지 복장 때문입니까?

히로카와(廣川創用: 이창용의 일본명 —인용자): 내무성이 재검열한 이유 말입니까? 그건 확실치 않습니다. 이유야 어찌되었든 우리가 그 영화를 만든 이유는 내지에 와 있는 조선인 노동자에게 보이려고 한 것이 아니라 경성의 풍경을 현상(現狀)대로 그려 거리의 부랑아라도 그들을 차차 착한 어린이로 교육한다면 훌륭한 일본신민이 된다는 것이 그 영화의 궁극적인 목적입니다. 그것이 재검열, 삭제된다면 이건 조선영화 전체의 문제가 됩니다.[232] (번역·강조는 인용자)

〈집 없는 천사〉에서. 종로의 부랑아들

   세 사람이 〈집 없는 천사〉가 검열에 저촉된 이유라고 추측한 것은 조선어 영화라는 점, 복장이 문제시된다는 점, 일본과 조선에 다른 검열 기준이 있다는 점, 그리고 일본에 거주하는 조선인 노동자들을 자극할 우려가 있다는 점이었다. 먼저 조선어 영화이기 때문이라는 의견은, 내선일체의 실상이 조선인의 일본인화를 의미하는데 이른바 내선일체를 표방한 영화가 조선어로 일관한다는 것은 모순이기 때문에 당국이 일본어 개정판은 허용하되 조선어판을 일본에서 상영하는 것은 금지했다고 파악한 것이었다. 또한 복장 문제가 거론된 것은 이 영화에 등장한 고아들의 지나치게 비루한 옷차림(위의 사진)이 조선 통치의 문제점을 드러낸다는 점에서 검열에 저촉되었다고 추측한 것이다.

   조선영화는 총독부 검열을 받았을지라도 일본에 수입될 때 다시 검열

232. 윗글.

을 거쳐야 했다. 그럼에도 〈집 없는 천사〉처럼 일단 검열이 끝난 영화를 내무성이 재검열한 것은 상당히 이례적이었다.[233] 그만큼 이 영화에는 내무성이 일본 내의 정치와 관련하여 경계한 부분이 있었다는 말이 된다. 그것이 어떤 부분인지는 추측의 영역을 벗어나지 못하지만 내지에 와 있는 조선인 노동자에게 보이려고 만든 것이 아니라는 이창용의 변명을 또 다른 이유로서 주목할 필요가 있다.

조선영화는 발성영화기에 들어서 일본에 본격적으로 수입되었다. 이는 조선영화의 질적 향상 때문이라기보다는 정책적인 이유와 경제적인 이유 때문이었다. 중일전쟁이 일어난 뒤 총독부의 후원으로 조선과 일본이 합작한 영화가 제작되어 일본과 만주로 수출되었다. 또한 1930년 대 후반에 이르면 일본으로 이주한 조선인이 상당한 수를 이루었기 때문에 향토색 진한 조선영화를 배급하는 것은 수지맞는 장사이기도 했다. 국외에서 조선영화는 일본인 관객을 대상으로 하기보다는 대개 조선인 노동자가 많은 지역의 삼류극장에서 공개되었다.

일본에서는 〈집 없는 천사〉에 앞서 〈홍길동전 후편〉(경성촬영소, 1936)이 상영을 금지당한 적이 있다. 1936년 7월 15일 오사카 경찰이 이 영화의 상영을 금지했는데, 그 이유는 내용이 조선인 동화에 장애가 되고 조선인 노동자들이 모여들기 때문에 위생상 문제가 있다는 것이었다. 이 사건이 앞으로 조선영화의 수출에 지장을 초래할지도 모른다고 판단한 경성촬영소의 이기세, 동화상사 영화부 경성지사의 고인문(高仁問), 고영의

---

233. 〈집 없는 천사〉의 필름 길이는 2326미터였으나 일본어 개정판은 219미터가 잘려나간 2107미터였다. 이 영화의 검열 정보에 대해서는 內務省警保局編, 『映画検閲時報昭和16年度―査閲フィルム／部』, 334쪽과 490쪽 참조. 한편 2005년에 중국에서 발견된 프린트는 총 길이가 2026미터로 일본어 개정판보다 81 미터가 짧다. 이는 단순히 필름이 손상된 탓일 수도 있지만, 일본과 조선에서 당국의 검열 기준이 달랐듯 만주에서도 검열로 인해 더 잘려 나갔을 가능성도 있다.

이창용, 조선흥행주식회사 영화배급소의 정은규(鄭殷圭) 등은 즉각 경성부 부민관에 모여 총독부와 내무성에 항의할 것을 결의했다. 결국 오사카부(大阪府)가 〈홍길동전 후편〉의 상영 금지는 단순한 임시 조치였다고 회신함으로써 사건은 마무리 지어졌다.

즉, 위의 좌담회에서 이창용은 〈홍길동전 후편〉의 사례와 연관지어 〈집 없는 천사〉가 조선인을 집결하고 동화를 방해한다는 이유에서 금지되었다고 추측하고, 이 영화가 전적으로 황민화를 위해 만든 영화임을 강조했다고 할 수 있다. 이창용으로서는 기독교의 박애정신을 천황주의와 억지로 연결하고 황국신민서사를 암송하는 장면까지 일부러 끼워 넣은 영화가 왜 공안을 위협한다는 건지 이해되지 않았지만, 총독부가 아닌 내무성의 처지에서는 바로 그 억지스러움이 문제시되었을 것이다. 일본에서 일본인들은 황국신민서사를 암송할 의무를 지지 않았으므로, 조선인이 황국신민서사를 암송하는 영화는 "조선에서 상영하는 것은 상관없"지만 "내지에 들고 오는 것"은 부담스러운 일일 수밖에 없었다. 또한 일본인 관객으로서는 영화 속에서 "우리들은 대일본제국의 신민입니다"라고 외치는 사람들이 실은 조선인이라는 것을 알기 때문에 위화감 내지는 불안을 느낄 수밖에 없다. 위화감이란 '타자'의 언어와 복장이 '나'와 다르다는 차이에서, 불안은 그럼에도 이 열등한 (것으로 간주되는) 타자가 나와 한없이 가깝다는 유사성에서 오는 것이다. 즉, "조선어라든지 복장"이라는 모호한 검열 기준은 유사성에 대한 식민 주체의 불안을 은폐하려 한 것에 불과하다.

〈집 없는 천사〉를 수입한 동화상사의 내부 평가 자료에 의하면 이 영화는 충분히 채산이 맞을 만한 수작이었다. 그러나 재검열 소동으로 인해 급조된, 조악한 일본어 더빙판은 저조한 흥행 성적을 남겼을 뿐이다. 이 결과에 대해 이창용은 "앞으로의 제작방침도 어지간히 고려하지 않으면 안 되니 〈집 없는 천사〉 문제에 대해 내무성의 견해를 여러 가지 각도에서 확실히 명시해 주었으면 합니다. 그것이 앞으로 우리들이 방침을 정할 때 큰 참고가 되겠지요"[234]라고 불만을 섞어 의견을 개진했다.

아이러니하게도 그의 희망대로 〈집 없는 천사〉 이후 조선영화가 같은 소동을 겪는 일은 두 번 다시 없었다. 결코 그가 바란 대로는 아니었지만 그 이듬해부터 조선 내의 모든 영화사가 통폐합되어 1942년 9월에 조영이 설립되었고, 1943년부터 일본어로 된 군국주의 선전영화만 제작되었기 때문이다.

---

234. 앞의 글 「朝鮮映画新體制樹立のために(座談会)」.

4. 조선영화와 만주

　　1938년 5월에 크랭크인한 후로 거의 3년 만인 1941년 3월 22일 성보에서 〈복지만리〉가 일반에 개봉되었다. 조선인의 만주 이민을 장려하고 민족협화를 선전하려는 목적으로 제작된 이 영화는 약 1년 반 동안 조선, 일본, 만주에서 촬영되었고 연인원 3000명이나 동원된 대작이었다. 제작비도 조선영화의 통상적인 제작비(〈어화〉가 1만 2000원, 〈수업료〉가 2만 원, 〈집 없는 천사〉가 3만 원)의 3배 이상인 10만 원이 투자되었다.

　　〈복지만리〉는 필름이 현존하지 않기 때문에 과거 〈집 없는 천사〉가 그랬던 것처럼 친일영화인가 리얼리즘 영화인가 평가가 엇갈리는 작품이다.[235] 이 장에서는 조선영화에 묘사된 만주의 이미지가 시대에 따라 어

---

235. 안종화는 이 영화가 일본의 만주 이민 정책에 영합하기는 했지만 그것이 수난시대의 소산이라는 것도 이해하지 않으면 안 된다고 말했다. 앞의 책 『한국영화측면비사』, 276~277쪽 참조. 그러나 유현목은 "만주의 초원을 무대로 그곳에 추방된 한민족의 비참한 생활을 묘파하면서 민족의 단결과 사랑에의 회구를 호소했다"고 높이 평가했다. 유현목, 『한국영화발달사』(책누리, 1997), 255쪽. 이효인은 오족협화 정책에 영합한 작품에 지나지 않는다고 평가한 바 있다. 이효인, 『한국영화역사 강의 1』(이론과실천, 1992), 277~278쪽. 김수남은 영화의 내용은 국책에 영합했지만 만주에서 촬영된 사실적인 영상이 국책과 다른 맥락에서 수용되었을 가능성을 시사했다. 김수남, 「전창근의 서사적 작품세계론」, 『영화연구』 15호, 한국영화학회, 2000년 2월, 270쪽 참조. 최근의 연구에서는 강성률이 〈복지만리〉의 동명 주제가가 친일가요임을 들어 이 영화가 친일영화였을 가능성을 지적했다. 강성률, 「친일영화의 재고와 자발성」, 김재용 외,

떻게 변해 갔는가를 먼저 다루고, 마지막에 〈복지만리〉의 정체에 대해 논하려고 한다. 필름을 보지 못한 상태에서 영화의 내용을 단정할 수 없지만 기존의 자료와 새로 발굴한 몇 가지 자료를 통해 〈복지만리〉를 재구성해 보았다.

만주 이민의 역사

근대 국경이 확정되기 전, 조선인은 만주 지역이 과거 고구려의 영토였기 때문에 선조의 토지라는 인식을 갖고 있었다. 왕조국가의 국경은 상호 침투적(interpenetrative)으로 상상되었는데, 조선과 청 사이의 지역은 간도(間島)라 불렸다. 이앙법이 전국적으로 확대된 18세기 중반부터 조선에서 가까운 간도에는 논농사를 생업으로 하는 조선인의 이주와 개척이 활발해졌다. 청은 간도가 왕조의 발상지라는 이유로 타민족의 거주를 허용하지 않는 봉금령(封禁令)을 내렸다. 그러나 봉금령은 지켜지지 않았고, 청은 1883년 조선과 국경 문제를 마무리 짓기 위해 간도를 개발한다는 명목으로 조선인을 간도에서 철수시킬 것을 조선 조정에 요구했다.

간도를 둘러싸고 조선과 청국 사이에서 본격적인 국경 분쟁이 일어난 것은 일제의 통감부가 설치되면서부터였다. 한일의정서를 강요하여 조선을 반식민지 상태로 만들고 통감부를 설치한 일제는 1907년 8월 조선인이 많이 이주해 있던 간도 지방에 통감부 간도파출소를 설치했다. 1909

『재일본 및 재만주의 친일문학의 이론』(역락, 2004) 246~251쪽. 한편, 이화진은 앞의 책 『조선 영화—소리의 도입에서 친일 영화까지』에서 당시 신문 잡지의 기사를 통해 〈복지만리〉가 국책에 협력한 친일영화였음을 밝힌 바 있다. 필자 역시 졸고 「日本植民地時代の朝鮮映画に描かれた滿州」(『比較文化研究』 67 號, 日本比較文化学会, 2005年 3月)에서 〈복지만리〉가 오족협화의 프로파간다를 담은 합작 선전영화였다고 밝힌 바 있다.

년 일본과 청 사이에는 간도 지방의 영유권을 청이 가지는 대신 일본이 남만주철도 부설권과 푸순(撫順) 탄광 개발권을 얻는다는 '간도협약'이 맺어졌다. 이 협약에 의해 조선과 청의 국경이 확정되었고 그것이 현재 중국과 북한의 국경이 되었다. 1910년 한일병합으로 조선이 식민지가 된 뒤 간도에는 일제의 지배에 저항하는 독립운동가와 일제의 토지조사사업으로 농토를 수탈당한 농민의 이주가 급증했다. 서간도와 북간도에는 무장독립군이 대두한 까닭에 이 시기 조선인에게 만주는 망명지이자 독립군의 기지라는 인식이 강했다.

그러나 1931년 만주사변으로 일본의 중국 침략이 시작되고, 1932년 괴뢰(傀儡) 국가 만주국이 수립된 무렵부터 이런 인식도 변하게 되었다. 1933년 조선독립군의 일부는 만주에서 활동을 중지하고 그 기반을 중국 내륙으로 옮기지 않을 수 없었다. 또한 이 시기에는 20년 이상 계속된 식민 지배로 인해 독립을 향한 조선인의 희망도 차차 엷어져 갔다. 일제는 만주국의 인적 토대를 확보하고자 이주를 장려했고, 만주에서는 쉽게 성공의 기회를 잡을 수 있다는 이주 프로파간다를 유포했다. 일본에서는 물론 식민지 조선에서도 만주 붐이라고 할 만한 분위기가 형성되었고, 매년 10만 명이 넘는 조선인이 기회의 땅이라 선전된 만주로 이주했다. 그러나 재만 조선인은 일본인과 한족의 틈바구니에서 경제적으로 하층을 형성했으며, 만주 특수의 호경기를 맛본 조선인은 극히 소수였다. 1937년 중일전쟁이 터진 뒤 일제가 만주 지역 식민지화에 더욱 박차를 가하자, 자발적인 이민 말고도 집단농장으로 동원되는 등 강제적인 이주도 이루어졌다. 1945년 일제가 패전할 때 재만 조선인의 총인구는 약 230만에 달했다. 그중 100만이 해방 후 귀환했고 나머지 130만은 그대로 만주에 남았다. 현재 그들의 후손인 조선족 130만이 중국의 조선족자치주에서 생활하고 있다.

조선영화에 그려진 만주

조선인의 만주 이민은 조선 후기, 한일병합, 만주사변, 중일전쟁과 같은 역사적 고비에 따라 그 성격이 변천했다. 그만큼 만주는 조선인에게 복잡한 의미를 띤 지역이었고, 조선영화에 그려진 만주의 이미지도 시대의 변화를 반영하며 변해 갔다. 대부분 필름이 소실되었지만 만주를 언급한 것이 확인된 조선영화로 〈풍운아〉(1926), 〈사랑을 찾아서〉(1928), 〈지나가의 비밀〉(1928), 〈유랑〉(1928), 〈약혼〉(1929), 〈큰 무덤〉(1931), 〈남편은 경비대로〉(1931), 〈지원병〉(1940), 〈복지만리〉(1941)가 있다. 2차 자료를 통해 이들 영화에서 만주가 어떤 의미를 띠었나를 살펴보면 다음과 같다.

나운규가 각본, 감독, 주연을 맡은 〈풍운아〉에는 검열을 고려하느라 확실히 표현되지는 않았지만 독립운동가로 암시된 주인공 박 니콜라이가 등장한다. 3·1독립만세운동 때 학생 주모자였던 나운규는 검거를 피해 중국 내륙으로 피신했다가 러시아 백군에 가담한 경력이 있는데, 니콜라이는 그때의 경험을 살린 캐릭터라고 할 수 있다. 니콜라이는 러시아, 독일, 상하이를 표류하다가 '모종의 임무'를 달성하고자 조선으로 돌아온다. 그 임무가 어떤 것인지는 중국에서 온 밀사와 접촉하는 신이 암시한다. 〈풍운아〉의 내용은 니콜라이가 여성을 유린한 악당을 처단하는 통속 활극이지만, 〈아리랑〉의 후속 작품이었으므로 항일정신이 의도적으로 모호하게 표현된 영화로 수용되었을 가능성은 높다. 결말에서 니콜라이는 다시 기차를 타고 봉천(奉天)[236]으로 방랑의 길을 떠나는 것으로

---

236. 봉천(오늘날의 선양(瀋陽))은 신경(新京, 오늘날의 창춘(長春)), 하얼빈과 함께 당시 만주의 3대 도시 중 하나로 1917년에 부산부터 봉천까지 직행하는 열차 '대륙'이 개통되었다. 만주사변 이전에 봉천에 가려면 경의선(경성과 신의주를 연결하는 철도)-안봉철도(안동(安東, 오늘날의 단둥丹東)과 봉천을 연결하는 철도) 루트를 이용해야 했다. 만주사변 이후에는 일본-조선-만주를 묶는 철도망 '북선(北鮮)'이 구축되었다. 정재정, 『일제침략과 한국철도: 1892-1945』(서울대학교 출판부, 1999), 158~159쪽 참조.

처리되었다.

『시대일보』에 연재된 김기진의 소설을 영화화한 〈약혼〉에서도 〈풍운아〉처럼 마지막에 주인공이 봉천으로 떠난다. 이 영화들에서 열차의 종착점인 봉천은 만주의 시니피앙으로서, 식민지의 암울한 현실에서 벗어나 새로운 희망을 안고 향하는 '먼 곳'으로 설정되었다. 〈약혼〉은 좌익운동가가 조직이 붕괴하자 운동의 새로운 길을 개척하고자 만주로 떠난다는 내용이다. 그리고 카프영화인 〈유랑〉은 〈약혼〉과 마찬가지로 고향으로 돌아온 운동가가 본 농촌의 피폐한 현실을 그린다. 재만 조선인 사이에서 유행했던 민요 〈북간도〉[237]에 묘사된 대로, 이 영화에서 고향 사람들은 생활고에 시달리다 못해 만주로 떠나 버린다.

그러나 위의 세 영화에 만주는 언급만 되었을 뿐 그곳의 이민 생활이 묘사되지는 않았다. 식민지 시기에 많은 조선 농민이 더 나은 삶을 위해 간도로 이주했지만, 당초의 희망과 달리 이국에서 생활의 기반을 잡기는 힘들었고 유랑 농민으로 떠도는 경우도 많았다. 그런 현실을 주제로 하여 만주 로케로 완성된 작품이 〈사랑을 찾아서〉였다. 회령과 만주 용정(龍井)에서 촬영한 이 영화는 생활고로 인해 조선을 떠난 대한제국의 나팔수 노인〔이금룡(李錦龍) 분〕과 그 처가 북간도로 들어가려다 포수(윤봉춘 분)와 방랑아(나운규 분), 애인을 찾아가는 한 여자〔전옥(全玉) 분〕, 고아소년을 만나서 함께 두만강을 건넌다는 로드무비 형식의 영화이다.

원래 제목이 '두만강을 건너서'였던 이 영화는 암시적인 제목과 조선

---

237. 문전옥답(門前沃畓) 다 빼앗기고 거지생활 웬 말이냐
밭 잃고 집 잃은 벗님네야 어디로 가야만 좋을까
아버님 어머님 어서 오세요 북간도 벌판이 좋답니다.

〈북간도〉의 첫 소절은 영화 〈아리랑〉의 주제가 5절과 내용이 같다.

인 이민에 대한 묘사가 문제되어, 검열 당시 감독 나운규가 경찰부 고등과에 호출되었다. 이때 문제된 장면이 삭제되고 제목도 강제로 '저 강을 건너서'로 바뀌어 개봉되었다. 그러나 이 영화는 사후 검열에서 또 문제가 되어 제목이 '사랑을 찾아서'로 다시 한 번 변경되었다. 검열에서 잘린 부분 때문에 이야기의 흐름에 결락이 많았고 무성영화였다는 점에서 〈사랑을 찾아서〉의 내용이 정확히 어떠했는지는 분명치 않으나, 당시의 신문과 잡지 기사를 비교해 본 결과 대략 다음과 같은 세 가지 버전이 있었던 것 같다.

① 대한제국의 나팔수였던 주인공이 한일병합 후 만주로 건너가 독립군의 나팔수로 활약하다가 전사한다.
② (전사가 아니라) 주인공은 마적과 싸우던 도중 두만강의 일본경찰에 사살되어 죽는다.
③ (일본경찰이 아니라) 만주 도박단과 조선인의 싸움에 휘말려 마적단에 사살되어 죽는다.

그런데 이 영화에 출연했던 윤봉춘의 회고에 따르면 나팔수가 맞은 것은 마적의 총이었다. 마적이라는 것은 일제의 상징으로 검열을 피하고자 설정되었고, 나팔수가 얼어붙은 두만강 한가운데서 죽는 것은 이쪽에서도 저쪽에서도 살 수 없는 유랑민의 운명을 그린 것이라고 한다.[238] 윤봉춘은 '사랑을 찾아서'라는 제목이 경찰 쪽에서 정한 것이라고 했으나, 검열 때에 이 영화를 해설했던 변사 성동호에 따르면 검열 경관이 두만강을

---

238. 한국예술연구소 편, 『이영일의 한국영화사를 위한 증언록―윤봉춘 편』(도서출판 소도, 2004), 133쪽 참조.

빼고 제목을 바꾸라고 강요한 것은 사실이나 '사랑을 찾아서'로 제목을 정한 것은 나운규였다. 성동호가 검열관을 설득하여 서울에서는 '두만강을 건너서'로 일주일간 예고대로 흥행했고, 지방에서만 제목을 바꿔 흥행했다고 한다.[239]

한편, 〈사랑을 찾아서〉와 같은 해에 유장안(柳長安)이 연출한 〈지나가의 비밀〉(일명 〈흑진주〉)이 공개되었다. 이 영화를 만든 대륙키네마는 위에서 언급한 〈약혼〉과 〈지나가의 비밀〉을 동시에 촬영하려고 1928년 3월 23일 만주 로케이션을 떠났다.[240] 그러나 북경, 다롄(大連), 안동〔安東, 오늘날의 단둥(丹東)〕, 봉천에서 촬영한 신이 담길 예정이었던 〈약혼〉은 무산되었고, 결국 얼마 뒤 조선키네마프로덕션이 다시 영화화해 1929년 2월에 개봉했다. 〈지나가의 비밀〉은 검열을 문제없이 통과하여 1928년 5월 25일 개봉했다. 이 영화는 방랑하는 조선청년〔나웅(羅雄) 분〕이 만주의 사창굴에 팔려간 조선처녀(이월화 분)를 구출해 무사히 조선으로 돌아온다는 내용을 담은 액션영화였다.

만주사변 무렵부터 조선영화에 묘사된 만주는 망명지에서 점차 일본의 새로운 식민지로 변모해 갔다. 1931년 5월 19일 총독부 경무국의 의뢰로 만들어진 선전영화 〈남편은 경비대로〉가 개봉되었다. 조만 국경 경비대의 이야기를 담은 이 영화는 전국에 무료 상영되었다. 경무국이 나운규, 김정숙 등 조선 스타들을 캐스팅해 이 영화를 제작한 목적은 만주의 치안을 위해 군민이 협동해야 한다는 프로파간다를 주입하려는 목적이었다고 추측된다.

---

239. 앞의 책 『이영일의 한국영화사를 위한 증언록—성동호·이규환·최금동 편』, 53쪽.
240. 「八峰原作의「약혼」大陸키네마에서 映畵化, 三回作品은 黑眞珠」, 『동아일보』 1928년 3월 21일자.

만주사변이 발발하기 직전인 이 무렵, 재만 조선인들은 중국 관헌과 관동군의 세력 다툼 속에서 만주의 정세를 상당히 불안하게 여기고 있었다. 그 불안을 고조한 것은 1931년 4월부터 시작된 중국농민과 조선인 사이의 대립이 화교 박해로 이어진 만보산 사건이었다. 이 사건은 지린성(吉林省) 만보산(萬寶山) 부근의 토지를 둘러싼 양측 농민들의 다툼에 일본영사관이 무장 경관대를 출동시킴으로써 민족 간의 충돌로 전개되었다. 만보산 사건 소식은 곧 조선에도 전해졌는데, 이때 민족지라 자부하던 『동아일보』가 정확한 현지 취재 없이 중국 폭민의 박해로 만보산의 동포가 학살당했다는 등 무책임한 보도를 함으로써 조선인의 배중주의에 불을 질렀다. 연일 보도되는 추측 과장 기사와 유언비어에 흥분한 조선인들은 화교를 대상으로 보복적인 박해를 가했다. 7월 3일 인천과 경성에서 시작된 조선인의 지나정(支那町: 차이나타운) 습격은 폭동이 되었고, 이후 닷새 동안 전국의 400여 곳에서 화교 박해가 이어졌다.

조선에서 화교 박해 사건은 만주사변 이전에도 발생했는데, 항상 중국 내의 조선인 문제와 연동해서 일어났다. 1927년 중국 동북 지역의 조선인 이민이 중국 당국과 중국인에게 박해당했다는 보도에 흥분한 조선인들이 화교에게 보복하기 시작했고, 지나정과 화교의 농원 등이 습격을 당했다. 화교의 조선 이주에 대한 총독부의 정책은 일본의 경우와 달랐기 때문에 1930년 11월 「지나인 노동자의 취체에 관한 건(支那人勞動者ノ取締ニ関する件)」(경보국 보안과장, 朝保秘 1662호)이 논의되기 전까지 조선에서 중국인 노동자의 입국과 취업은 비교적 자유로운 편이었다.[241] 화교들이 중국 국적을 유지한 채 조선에서 경제 활동을 했던 것에 비해 일본

241. 야스이 산키치(安井三吉), 『帝国日本と華僑—日本・台湾・朝鮮』(青木書店, 2005), 150쪽.

국적이었던 재만 조선인들은 중국정부로부터 귀화와 조세를 강요당했다. 한편 조선 국내에서는 조선인의 실업 문제가 심각해진 1920년대 후반부터, 조선인에 비해 임금이 싼 중국인을 고용하는 기업에 대한 불만과 함께 중국인 노동자의 입국을 제한하자는 목소리가 높아졌다.

조선인의 이 같은 심경은 1931년 2월 26일 단성사에서 개봉된 〈큰 무덤〉에도 투영되어 있다. 윤봉춘이 연출한 〈큰 무덤〉의 무대는 인천으로, 이곳은 1884년부터 화교가 들어와 살기 시작했고 당시 중국총영사관도 있었으며 만보산 사건 당시 화교의 피해가 상당히 심했던 지역이기도 했다.

이 영화는 중국인 공장주가 조선인 노동자를 착취하는 인천의 한 공장에서 전개된다. 주인공 필순은 어렸을 때 가족과 함께 만주로 이주했다가 마적의 약탈로 인해 가족과 재산을 잃은 고아 청년이다. 노동자의 편에서 일하던 그는 공장주와 대립하게 되고 그 때문에 해고당한다. 친구를 만나러 만주로 간 필순은 우연히 죽은 아버지의 지인과 만나, 가족을 죽인 마적에 대한 이야기를 듣는다. 신파적인 우연이 여러 번 겹쳐 필순은 부모의 원수가 공장주이며, 공장주의 딸이 실은 자신의 여동생이라는 것을 알게 된다. 결국 여동생이 의부를 죽이고 필순은 다시 만주로 떠난다는 것이 이 영화의 결말이다.

당시 〈큰 무덤〉은 카프 계열 평론가 이규설(李圭卨)에게서 "반동적배외주의(反動的排外主義)와상업주의(商業主義)로일관(一貫)된것으로공장(工場), 만주(滿洲), 노동(勞動)등의시국(時局)(?)의 관계(關係)되는 요소(要素)를사용(使用)하야 군중(群衆)을환호(歡呼)식히랴는 것이다"[242]라고 비판받았다. 이 비판대로 〈큰 무덤〉에서 화교는 마적과 같은 취급을 받

---

242. 이규설, 「엑쓰 키네마 二回作『큰무덤』을 보고(4)」, 『조선일보』 1931년 3월 19일자.

을 뿐만 아니라 부모의 원수로 설정되어 있다. 만주에서 살해된 부모는 혈연이라는 점에서 재만 동포의 알레고리가 되고, 공장주를 살해하는 일은 부모의 원수를 갚는 것으로 정당화된다. 즉, 이 영화에는 민족을 피를 나눈 공동체로 보는 상상력이 투영되어 있다. 이런 상상력에 의해 재만 조선인 동포가 당한 피해에 대한 복수를 조선에 있는 화교에게 전가하는 배중적인 내셔널리즘이 생겨난 것이다.

일제에 대한 반감과 불만이 억눌린 조선에서 화교는 조선인들이 식민 지배에 대한 분노를 투사하는 대상이었다. 또한 만보산 사건으로 드러났듯 당시 민족언론은 일제의 만주 식민정책에 동조하여 조선 내 이민족인 화교를 배타적인 민족주의의 희생양으로 삼았다.

만주영화협회의 선전영화

만주국이 수립된 이후 일제는 '민족협화'와 '왕도낙토(王道樂土)'라는 만주국의 건국이념을 선전하고, 자신들의 지배에 불안을 느끼는 주민들을 선무하고자 다양한 매체를 이용했다. 영화는 그 중요한 수단으로, 만주국의 각 현(縣)에는 특별 선무공작 조직이 있어 연극·가극 공연과 함께 비정기적으로 영화회(映畵會)를 개최해 선전영화를 상영했다. 예를 들어 1936년 5월 흑하성(黑河省)의 각 현에서 개최된 영화회에서는 〈결성협화(結成協和)〉, 〈낙토신만주(樂土新滿洲)〉, 〈일본(日本)〉, 〈만화(漫畵)〉, 〈일심일덕(一心一德)〉 같은 영화가 상영되었다.[243] 이처럼 영화회는 건국

243. 「各省宣撫小委員會狀況報告」, 『宣撫月報』 제1권 제3호, 1936년 9월, 122~133쪽. 윤휘탁, 『일제하 「만주국」연구』(일조각, 1996), 342쪽에서 재인용.

이념과 정치 슬로건 선전은 물론, 일본을 소개하는 영화와 관객을 동원하기에 좋은 오락물도 프로그램에 포함했다. 상영된 영화는 일본에서 가져온 것과 만철 영화부가 만주에서 제작한 것들이었다.

중일전쟁을 계기로 일본이 중국 내륙을 침략하면서 더 적극적인 선무활동이 필요해지자 1937년 만주국의 수도 신경(新京)에 만주영화협회가 설립되었다. 이른바 만영은 만주국의 "건국정신을 국민에게 보급한다"는 목적으로 만주국 정부와 만주철도가 출자해 만든 회사인데, 영화 제작뿐만 아니라 배급, 상영 업무도 맡았고, 만주 각지에 영화관을 설립하고 순회 상영도 했다. 1938년, 닛카츠 다마가와(多摩川) 촬영소의 소장이었던 네기시 간이치(根岸寬一)가 이사로 취임했고, 닛카츠의 마키노 미츠오(マキノ光雄)[244]가 제작부 차장이 되었다. 만영은 리코란을 발탁하고 중국인 신인 배우를 모집하여 1939년부터 제작을 개시했다.

애초에 이 회사에는 군과 정부에 협조적이었던 도호의 인맥이 강했으나, 1939년 일본육군 헌병 대위였던 아마카스 마사히코(甘粕正彦)가 2대 이사장에 취임하면서 스즈키 주키치, 우치다 도무(內田吐夢) 등 전향한 좌익 영화인들이 초청되었다. 그리고 영화법에 반대하여 형을 살았던 프로키노(プロキノ: 일본 프롤레타리아영화연맹)의 위원장 이와사키 아키라도 도쿄지사의 촉탁(임시 직원)으로 근무했다. 이처럼 만영의 성격은 단순히 국책회사로 규정할 수 없을 정도로 중층적이었다. 따라서 좌익 영화인들에게 관용적이었다는 점을 들어 "만영이 제작한 작품 전부가 일본의 제국주의를 긍정한 프로파간다 영화라고 처음부터 단정하는 것은 신중하지 않으면 안 된다"[245]라는 견해도 있다. 그러나 만영은 좌익에게 관용적이

---

244. 일본영화의 아버지라 불리는 마키노 쇼조(牧野省三)의 셋째아들. 전후에 도에이(東映)를 창립하게 된다.

었다기보다는 요모타 이누히코(四方田犬彦)의 표현대로 "일본에서 활동하기 부자유스러워진 좌익, 우익, 군인 출신들이 신천지를 찾아와 마치 백귀야행(百鬼夜行: 정체를 알 수 없는 이들이 멋대로 행동한다는 의미ー인용자)과도 같은 상황"[246]이었다.

만영은 크게 나누어, 국책을 선전하는 다큐멘터리 영화인 '계민(啓民)영화'와 극영화에 국책을 주입한 '오민(娛民)영화' 두 종류를 제작했다. 특히 후자는 중국인 배우들을 동원하여, 일본인의 관점에서 중국과 만주를 이국적으로 묘사한 영화들이었다. 당시 일본에도 공개되어 인기를 누린 그 영화들은 오락영화나 연애 멜로물을 금지한 총력전 체제하에서도 제작이 허락되었다. 1938년 7월 30일 내무성의 영화 검열 당국은 각 영화사의 시나리오 작가 대표를 모아 국책에 협력할 것을 당부했는데, 그때 결정된 규정은 다음과 같다.

一. 구미영화의 영향에 의한 개인주의적 경향의 침윤을 배제할 것.

一. 일본정신의 앙양을 기(期)하고, 특히 우리나라 특유의 가족제도의 미풍을 현양(顯揚)하며, 국가와 사회를 위해서는 앞서서 희생하는 국민정신을 일층 고양할 것.

一. 청년 남녀, 특히 근대 여성이 구미(歐美)화하여 일본 고유의 정서를 잃어버리고 있는 경향에 비추어 영화를 통해 국민 대중의 재교육을 행할 것.

一. 경조부박(輕佻浮薄)한 언동 동작을 은막에서 절멸하는 방침을 취해, 부형(父兄)에 관한 존경의 염(念)을 깊이 표하는 데 노력할 것.[247] (번역

245. 무라야마 교이치로(村山匡一朗) 편, 『映画史を学ぶクリティカル・ワーズ』(フィルムアート社, 2003), 148쪽.
246. 요모타 이누히코 지음, 박전열 옮김, 『일본 영화의 이해』(현암사, 2001), 133쪽.

은 인용자)

위와 같은 방침에 따르면 오락영화는 배제되지 않을 수 없으니, 영화 사로서는 그대로 따르자니 수지가 안 맞을 것이 뻔했다. 이때 일본의 영 화사들이 돌파구로 취한 방책은 만영과 합작하는 것이었다. 이국적인 만 주에서 차이나 드레스 차림의 리코란과 같은 이국적 매력을 갖춘 여배우 를 등장시킨 멜로드라마는 당국의 뜻을 거스르지 않으면서 흥행 수입도 올릴 수 있는 묘책이었다. 그중에서도 특히 합작 선전영화로 이윤을 취한 회사는 도호였다. 지나 삼부작을 비롯해 리코란을 주연으로 하여 러시아 어로 제작된 〈나의 휘파람새〉(1943) 등 도호는 민간회사가 단독으로는 실 현하기 어려운 거대 기획을 국책의 비호로 현실화할 수 있었다.

이처럼 일본 영화사와 만영의 합작은 제국주의 선전이라는 국책을 벗 어나려는 방편인지, 이익 증대를 노려 국책에 협력한 거대 영화사들의 기 업 전략인지 판단하기 쉽지 않다. 그러나 일본인들에게 환영받았던 만영 의 오락영화가 중국 인민에게는 모욕이었다는 점만은 분명하다. 이에 대 해서는 만영의 오락영화가 만든 스타 리코란도 증언한 바 있다.

전후, 본명인 야마구치 요시코로 영화계에 복귀한 그녀는 미국인의 관 점으로 일본을 묘사한 할리우드 영화 〈대나무집(House of Bamboo)〉 (1955)에 출연했다. 일본의 매스컴이 일본에 대한 왜곡에 분개해 이 영화 를 '국욕영화(國辱映畵)'라고 비난했을 때 셜리 야마구치(Shirley Yama-guchi: 야마구치는 이 영어 이름으로 그 영화에 출연했다)는 과거 일본제국주 의에 대한 일본인들의 기억을 다음과 같이 환기했다.

---

247. 다나카 준이치로(田中純一郎), 『日本映画発達史 II』(中央公論社, 1968), 234쪽.

"예전에 〈지나의 밤〉 같은 영화는 일본인에게 환영받았지만 중국인은 '중국을 모욕했다'고 항의했습니다. 그때 한 일본인 감독은 '일본에서 환영받으면 그걸로 된 거다'라고 독선적인 말을 뱉었습니다. 미국도 일본도 서로 반성하지 않으면 안 됩니다."[248]

전후 반세기가 지난 지금 일본에서는 오랫동안 금기시되었던 만영 영화와 전시의 선전영화를 새로운 시각으로 연구하려는 움직임이 일어나고 있다.[249] 그러나 그 또한 과거의 제국주의에 대한 반성과 아시아 각국의 연구 성과에 대한 참조 없이는 일본인에게만 환영받는 탈정치적 연구가 될 위험을 벗어나지 못할 것이다.

〈복지만리〉의 재구성

친일기업 고영이 만든 〈복지만리〉에서도 도호의 합작 오락영화와 같은 발상을 엿볼 수 있다. 13년간 상하이에 체류하면서 영화감독으로 활약한 전창근(全昌根)이 이 영화의 각본, 연출을 맡았다. 그는 대중화백합전영공사(大中華百合電影公司)가 제작한 〈아내의 마음(婦人心)〉(1929)을 비롯해 중국영화 몇 편에 출연했고, 그곳의 조선인 동포들을 모아 〈양자강(揚子江)〉(1931)이라는 영화를 만들기도 했다. 전창근은 1935년 상하이에서 이와사키 아키라를 만나 친분을 쌓았다.

상하이에서는 조선 출생의 상하이 영화감독 전창근이 나를 각처에 데려

---

248. 야마구치 요시코(山口淑子), 『戰爭と平和と歌—李香蘭心の道』(東京新聞出版局, 1993), 106쪽.
249. 이와모토 겐지(岩本憲児) 편, 『日本映画とナショナリズム(1931-1945)』(森話社, 2004)와 『映画と「大東亜共栄圏」』(森話社, 2004) 참조.

예화 촬영소에서. 오른쪽에서 여섯째가 전창근, 일곱째가 이와사키
(사진은 岩崎昶, 『日本映画私史』, 朝日新聞社, 1977에서)

가 주었는데 그가 없었다면 나는 아마 아무것도 할 수 없었을 것이다.
'예화(藝花)'를 안내해 준 것도 전 군이었다. 예화 스튜디오 전원이 우리
를 환영해 주었다. 그곳에서 찍은 기념촬영이 아직 남아 있다.[250] (번역
은 인용자)

1929년 프로키노에 가담한 이와사키는 1934년 프로키노가 당국의 압력
으로 해산된 뒤 상하이로 건너간다. 이때 그는 전창근의 안내를 받아 상하이
에 있던 중국 영화사들의 촬영소를 탐방했다. 이와사키는 귀국한 뒤 1939년
12월 말 치안유지법에 의해 체포되었는데, 그 까닭은 영화법에 반대했기
때문이었다. 1940년 1월 구금된 이와사키는 이후 보석으로 풀려난 뒤 전향
하여 만영 도쿄지사에서 촉탁으로 일했다.

---

250. 岩崎昶, 『日本映画私史』(朝日新聞社, 1977), 83쪽.

한편, 1938년 귀국한 전창근은 고영에 입사해 그해 5월부터 〈복지만리〉에 착수했다. 당시의 신문, 잡지의 보도를 검토해 보면 고영과 만영의 제휴가 확인되는 시점은 1939년 4월이다.[251] 『만선일보(滿鮮日報)』의 기자였던 이태우(李台雨)는, 전창근과 친분이 있던 이와사키가 네기시에게 책임을 지고 보증을 서서 〈복지만리〉가 만영과 제휴하게 되었으며 이와사키는 전창근이 집필한 시나리오에 많은 '이니셔티브'를 제공했다고 썼다.[252] 〈복지만리〉가 완성된 것은 이와사키가 출옥한 지 얼마 되지 않았던 1940년 봄이니,[253] 시간상 이와사키가 보증을 서고 시나리오 구상에 관여한 것은 그가 만영에 가담하기 전이라는 것을 알 수 있다. 이 영화는 조선보다 먼저 1941년 1월 7일 만주국의 대봉(大奉)극장에서 개봉되었다. 1941년 1월 21일자 『만선일보』에 실린 시사평에 따르면 〈복지만리〉는 처음과 맨 끝이 민족협화와 국책상의 이유로 커트되었다. 『삼천리』에도 개봉 시기와 자체 검열을 둘러싼 문제가 있었음을 암시하는 기사가 다음과 같이 실렸다.

> 「福地萬里」의 後報
> 北鮮과 滿洲 등지를 배경 삼어, 1년有餘의 긴 시일을 디려 촬영을 끝낸 「福地萬里」는 그 제작본부인 高麗映畵社에서 버젓이 내여 놓을 수 없는 작품이라 해서 일반 공개를 중지하고 있다고 한다.[254]

251. 「福地萬里」, 『삼천리』 제11권 제4호, 1939년 4월, 170쪽 참조.
252. 이태우, 「朝滿映畵의첫握手로製作된『福地萬里』遂完成」, 『조광』 1940년 5월, 217쪽 참조.
253. 전창근, 「나의 手記」, 『조광』 제7권 제5호, 1941년 5월, 240쪽.
254. 「機密室, 우리 社會의 諸內幕」, 『삼천리』 제12권 9호, 1940년 10월, 20쪽.

고영이 스스로 공개를 중지했다는 문맥으로 볼 때 1941년 3월 22일 성보에서 개봉된 〈복지만리〉는 시국상 문제시될 장면을 빼고 새로 편집한 프린트일 가능성이 높다. 개봉 후 『경성일보』에는 "이 영화가 취급한 제재는 특별히 새로운 것은 아니고 줄거리도 매우 단조롭고 흥미적으로도 기복이 부족하다. 무엇보다 최초의 예정과 상당히 다르게 종종 어쩔 수 없이 단축한 결과라는 것 같다"는 시사평이 실렸다.[255] 더 자세한 내막은 알 수 없지만 이 작품이 처음 편집과 달리 부분적으로 삭제되었을 가능성을 높여 주는 자료이다. 이 시사평에서 또 한 가지 참조할 만한 대목은 "극영화로서는 완결성이 없는 미완성의 것이지만 이것을 극성(劇性) 있는 기록영화로 본다면 일면 특이한 영화시(映畵詩)적 맛을 갖추었고, 전창근 감독의 수법에서는 외국의 농민문학에서 볼 수 있는 매우 강인한 묘사력이 느껴진다"[256] (강조는 인용자)는 부분이다.

국책에 영합한 영화이기는 하지만 〈복지만리〉도 가메이 후미오(龜井文夫)의 다큐멘터리 〈상하이(上海)〉(도호, 1938)처럼 재만 조선인의 현실이 영화에 투영되어 역설적으로 문제시되었을지도 모른다. 〈상하이〉는 전의 앙양을 위해 기획된 다큐멘터리였으나 일본군의 고통스러운 행군과 중국 피난민의 비참함을 고스란히 비춤으로써 오히려 카메라의 냉혹성과 전쟁 이데올로기의 허위성이 환기되었다. 가메이는 이런 결과를 의도했다고 하나 전창근이 같은 발상으로 〈복지만리〉를 연출했는지는 필름을 보지 않는 한 알 수 없다.

영화령이 시행되기 전에 공개된 〈복지만리〉의 시놉시스에는 "정주할

---

255. 「"福地萬里" 劃期的規模を誇る」, 『京城日報』 1941년 3월 25일자.
256. 윗글.

곳이 없이 유리 표랑하는 창맹(蒼氓)들의 생활행장을 읊어 서술한 것이 복지만리의 주제이다"[257] 라고 영화의 내용이 밝혀져 있다. 그러나 영화령 이후 조선 영화계는 영화신체제로 급격히 재편되었기 때문에 이 같은 주제가 애초의 의도대로 관철되었을 가능성은 희박하다. 완성된 영화가 어떠했는지 세부적인 기록은 알려진 바 없고, 동화상사가 이 영화의 수입을 검토했기 때문에 현재 가와키타기념영화문화재단에 그 개요가 남아 있을 뿐이다.

조만(朝滿) 제휴 제1회 영화 〈복지만리〉(고려영화사, 만주영화협회 공동 제작)
아리랑과 금강산과 기생의 나라 조선, 대륙의 '병참기지' 대륙으로의 '교두보' 조선―이 꿈과 현실이 교차하는 가운데 스피디하게 약진하는 반도 영화가 만주와 악수하여 만든 기념할 제1회 작품이다. 감독은 상하이에서 귀국한 전창근, 카메라는 조선 제(第) 일류의 이명우, 출연은 진훈(秦薰), 심영, 주인규, 박창환(朴昌煥), 전옥, 유계선(柳桂仙), 노재신(盧裁信), 송추련(宋秋蓮), 만주 측 천쩐쭝(陣鎭中), 리잉(李映), 동보(董波), 왕인보(王銀波) 등으로 내용은 조선 창맹(蒼氓)의 운명적 유랑이 마침내 민족협화의 왕도낙토 만주에 희망의 약속을 알린다는 신대륙 건설의 기록이다.
경개(梗慨) 조선의 품팔이 노동자 강(姜), 주(朱), 심(沈), 박(朴) 등은 내지에서 철수하여 북조선의 무산에 가 벌목 일을 하고 있었으나 봄이 되자 불경기로 다시 만주로 이주하지 않으면 안 되었다. 내지보다, 조선보

---

257. 「福地萬里」, 『삼천리』 제11권 제4호, 1939년 4월, 170쪽.

〈복지만리〉

다도 더 좋은 민족협화의 낙토 만주에는 집도 토지도 있고 그들의 생활은 지금보다 훨씬 밝았다. 단지 사소한 동기 때문에 선인(鮮人) 부락과 만인 (滿人) 부락의 사이에는 의외의 불화가 생겨 만인 측의 촌장 등과 선인 측의 강 등의 애달픈 마음으로부터의 화의도 소용없이 양측의 젊은이들 의 불화는 점점 격앙되어 마침내 험악한 충돌을 피할 수 없는 위기에 처해, 강은 마음으로부터 우려하고 난감해하는 것이었다. 그는 이 불화로부터 초래될 것은 단지 수백만 조선 이민의 재앙일 뿐만 아니라 두 민족의 협화야말로 동양 평화를 위해 어디까지나 지켜 내야 할 사명이라고 깊이 느끼고 젊은이들의 기세를 제압할 방책으로 스스로 건설해 온 자기 부락 에 눈물을 머금고 방화를 하고 말았다. 그의 평화책(策)은 놀랍게 효과를 발휘하여 선인 부락을 습격하려 했던 만인 군중은 촌장의 조언도 있었기에 즉시 총을 버리고 옆 마을을 재화에서 건진 것이다. 완전히 타 버린 부락의 한 구석에서 강의 시체가 발견된 것은 그 다음날 아침이었다. 스스로 앞장서 희생한 강의 죽음은 명기해야 할 교훈이 되었고 두 민족에게 강경한 친화력을 가져왔다. 타 버린 부락은 새롭게 부흥되었고 이리하여 만주 농촌은 평화의 낮과 밤을 계속하는 것이었다. (번역은 인용자)

개요만 보면 〈복지만리〉는 노골적인 선전으로 가득 찬 영화로 보인다. 조선민족의 이산이 일본의 식민지배 때문이 아니라 '운명'적인 것으로, 만주는 내지나 조선보다 살기 좋은 '낙토'로 선전된다. 더욱이 조선인과 만주인의 불화가 일제의 중국 침략에 원인이 있다는 사실은 감추고, 두 민족 사이의 감정적 마찰인 것으로 묘사한다. 또한 주인공의 방화와 자살이라는 극단적인 선택이 민족 갈등의 해결책으로 제시되는 것도 평화와는 아무런 관계 없이 단지 조선인의 충성을 선전하고 국가주의를 앙양하려 한 것에 지나지 않는다.

주인공이 황군의 무운을 기원하며 철로에 몸을 던져 자살하는 〈군용열차〉의 라스트 신처럼, 식민지인의 자기희생적인 죽음은 친일 선전영화의 중요한 모티프였다. 타이완에서 만든 〈사용의 종(サヨンの鐘)〉(쇼치쿠·만영·타이완총독부, 1943)에서는 타카사고족(高砂族) 소녀 사용(리코란 분)이 출정군인을 배웅하다가 익사하고 만다. 또한 〈망루의 결사대〉(조영·도호, 1943)에서 조선인과 중국인들은 일본 경찰관과 집단 자살을 기도한다. 식민지인이 일본을 위해 스스로 목숨을 끊는다는 설정은 완전한 동화와 국가에 대한 충성을 표상하기 위해서였지만 그런 무사도(武士道)식 자살을 보고 납득한 것은 일본인 관객뿐이고, 지배당하는 식민지인에게 이들 영화는 이중의 굴욕에 지나지 않았다.

그러나 국책영화였던 만큼 〈복지만리〉의 노골적인 선전을 비판하는 일은 불가능했다. 『경성일보』의 이중적인 평가처럼 작품의 완성도를 비평

〈복지만리〉에서. 오른쪽이 심영, 왼쪽이 진훈(본명 강홍식)

할 수는 있어도 이 영화의 제작 의도와 사실적인 수법에는 절찬을 보내야 하는 분위기가 형성되어 있었다. 국책을 걸고 장기간 현지에서 촬영된 이 영화에서 배우들은 이민 노동자를 연기하는 데 그치지 않고, 현지의 노동 자들과 섞여 생활하고 노동함으로써 체험에서 우러난 연기를 하도록 지시받았다. 장기간의 촬영과 몸에 익지 않은 노동에 배우들은 쓰러지고, 촬영감독은 크레인에서 떨어져 부상을 입었지만 촬영은 계속되었다. 현장에서는 이것이야말로 '인고단련'이니 불만을 이야기해서는 안 된다는 분위기가 팽배했다. '로케 대원'으로 표현되었던 〈복지만리〉 촬영팀 2000여 명은 "전지(戰地)에 나온 장병들과 같이 전감독(全監督)의 지휘 아래"[258] 기상, 취침, 외출, 금주, 영양 문제에 이르기까지 통제받았다.

258. 심영, 「映藝特輯 國境撮影記―〈福地萬里로〉 茂山書信」, 『삼천리』 제10권 제12호, 1938년 12월호, 171쪽.

완성된 영화의 개요와 로케이션의 상황으로 볼 때 〈복지만리〉는 만주국의 슬로건을 표상한 친일영화임이 틀림없다. 그러나 동시에 다큐멘터리 터치로 연출된 리얼리즘 영화이기도 했다. 즉, 기존의 연구는 '친일'과 '리얼리즘'이 반드시 상반되는 가치가 아니었다는 점을 놓치고 있다. 친일영화 발굴을 통해 수면 위로 떠오른 문제는 친일 대 리얼리즘의 패러다임에 맞아떨어지는 영화가 그다지 없다는 것이다. 앞에서 살핀 〈집 없는 천사〉처럼 내선일체 영화는 총독부의 정책에 영합하여 제작되었으면서도 종종 예기치 못한 방식으로 조선의 현실을 드러내고 말아 위정자들을 불편하게 했다. 이는 제작자와 감독이 의도했다기보다는 내선일체 자체의 모순 때문이며 카메라의 현장성 때문이다.

현재로서는 정확한 사정을 알 수 없지만 〈복지만리〉의 일반 공개가 돌연 취소되고 1년 뒤 완성도가 떨어진 형태로 개봉된 것도 같은 이유에서일 가능성이 높다. 원래 의도가 무엇이었든, 관객들로서는 유포된 프로파간다보다 스크린에 펼쳐진 만주와 동포의 생활에 주목하지 않을 수 없었기 때문이다.

5. 영화 속의 영화신체제

극장체인의 형성

　　1935년 도호는 약초정(若草町: 현 중구 초동)에 약초극장을 설립해 도호 영화를 직영하기 시작했다. 대지 300평에 건평 658평으로 세워진 지하 1층, 지상 2층짜리 철근 콘크리트 건물인 이 극장은 조선 최대, 최신식 극장으로 화제가 되었다. 그러나 약초극장은 불과 1년 후 명치정(明治町: 현 명동)에 세워진 명치좌(明治座)에 그 칭호를 내어 주어야 했다.

　　일본의 건축가 다마다 교지(玉田橋治)가 설계한 명치좌는 지하 2층, 지상 4층, 건평 856평인 서양식 철근 콘크리트 건물로 최대 1500명을 동시에 수용할 수 있는 대형극장이었다. 도호의 경쟁사인 쇼치쿠의 개봉관으로 계약을 맺은 명치좌는 영화뿐만 아니라 레뷰와

명치좌

가부키까지 구비한, 명실상부 종합 극장이었다. 일찍이 조선으로 이주해 실업계에서 성공한 극장주 이시바시 요스케(石橋良介)는 명치좌가 완성될 무렵 『삼천리』와 한 인터뷰에서 이 극장이 "재경(在京) 일본(日本) 내지인(內地人)만을 상대(相對)로 한이 아니고 한거름 나아가서 대경성(大京城)60만부민(萬府民) 전부(全部)를 상대(相對)로 할 것"[259]이라며 개업 축하 공연에 '반도의 무희'로 이름 높던 최승희를 초빙하겠다고 했다.

이렇게 번화가를 중심으로 신식 대형 극장이 생기고 일본의 양대 영화사가 선만(鮮滿) 블록을 확립하여 자기네 영화를 직영함으로써, 조선인 영화관은 점차 동포 관객을 빼앗기게 되었다. 1938년 당시 경성에 있던 주요 극장의 조선인과 일본인 관객 비율, 1940년도 전국 주요 극장의 최대 정원은 다음과 같았다.

표5. 경성 극장가의 관객층 비율(1938년)[260]

극장명	조선인	일본인
동양극장	거의 전부	
단성사	8할	2할
우미관	9할	1할
황금좌	6할	4할
명치좌	5할	5할
약초극장	5할	5할
희락관	5할	5할

1939년의 통계에 따르면 조선 내 영화상설관 수는 108관이었다. 부읍면(府邑面) 단위로 볼 때 부에는 상설관이 전부 설치되어 있었고 읍 중에

---

259. 『삼천리』 제8권 제6호, 1936년 6월, 103쪽.
260. 『삼천리』 제10권 제5호, 1938년 5월, 25쪽 참조.

표6. 전국 주요 극장과 최대 정원(1940년)[261]

극장명		소재지	정원(명)
경성부	명치좌(明治座)	명치정(明治町)	1500
	약초영화극장(若草映画劇場)	약초정(若草町)	1200
	황금좌(黃金座)	황금정(黃金町)	1236
	대륙극장(大陸劇場)	수은정(授恩町)	850
	낭화관(浪花舘)	명치정(明治町)	650
	경룡관(京龍舘)	한강통(漢江通)	750
	동양극장(東洋劇場)	죽첨정(竹添町)	800
대구부	신흥관(新興舘)	전정(田町)	1000
	만경관(萬鏡舘)	경정(京町)	850
	영락관(永樂舘)	전정(田町)	800
인천부	표관(瓢舘)	신정(新町)	670
	애관(愛舘)	경정(京町)	800
평양부	대중영화극장(大衆映畵劇場)	앵정(櫻町)	
	해락관(偕樂舘)	수정(壽町)	1200
	평양키네마(平壤키네마)	앵정(櫻町)	538
부산부	상생관(相生舘)	본정(本町)	900
	보래관(寶來舘)	행정(幸町)	800
	소화관(昭和舘)	행정(幸町)	1100

는 상설관이 있는 곳이 45읍, 없는 곳이 28읍이었으며 면 중에는 상설관이 있는 곳이 7면, 없는 곳이 2271면이었다.[262] 조선 전체의 상설관 수는 홋카이도보다 적었고, 영화관의 1관당 관객 수 평균은 일본 영화관의 절반에 못 미쳤다.

〈표6〉에서처럼 대형 극장은 대부분 경성부에 집중되어 있었는데 그 경영자는 대부분이 일본인이었다. 1938년의 통계인 〈표5〉에서 연극 전용관

---

261. 앞의 글 「朝鮮文化 及 産業博覽會, 映畵篇」, 231쪽 참조.
262. 김정혁, 「朝鮮映畵振興의 目標, 眞實한 映畵精神의 樹立을 위하야」, 『삼천리』 제13권 제1호, 1941년 1월, 162~163쪽 참조.

인 동양극장을 빼고는 모든 극장에 조선인과 일본인 관객이 섞여 있다. 즉, 조선인 관객들은 점차 남촌의 일본인 극장으로 이동하는 중이었다. 그사이 북촌 극장가에는 악운이 겹쳐 3대 조선인 극장 중 하나였던 조선극장은 1936년 6월 화재로 전소되어 폐관하고 말았고, 우미관도 1939년 8월 화재로 흥행을 중지했으며, 단성사는 명치좌의 관주 이시바시에게 인수되었다. 단성사는 대륙극장으로 개칭하여 1939년 8월 9일 개관하고 쇼치쿠 체인이 되었다.

조선인 관객들이 남촌으로 몰리게 된 까닭은 우선 무성영화기와 달리 남촌에서 조선영화를 개봉하게 되었기 때문이다. 1937년 신코와 합작한 〈나그네〉가 우미관과 명치좌에서 동시에 개봉했을 때 명치좌가 개관 이래 최대 흥행 성적을 내었다는 것은 유명한 이야기였다. 이 영화가 상영되었을 때 명치좌의 관객 비율은 조선인이 8~9할 가까이 되었다고 한다. 발성영화가 정착하여 변사가 퇴출되었으므로 굳이 조선인 극장에서 조선영화를 봐야 할 필요도 없었지만, 조선영화가 일본 영화사와 합작하는 대가로 배급권을 넘김으로써 이런 현상은 더 심해졌다.

1940년 무렵에는 합작을 하지 않은 경우에도 새 영화는 남촌의 명치좌, 성보, 약초극장에서 개봉하는 것이 일반적이었다. 조선인 관객들도 관람 환경이 더 나은 남촌으로 이미 옮겨 갔고, 영화사 측에서도 북촌의 2류관보다는 흥행 수입을 보장하는 남촌의 대형 극장을 선호했다. 1938년 〈군용열차〉는 약초극장에서, 〈어화〉는 황금좌에서, 1940년 〈수업료〉는 명치좌와 대륙극장에서, 1941년 〈그대와 나〉는 명치좌와 성보에서, 〈집 없는 천사〉는 2월 19일 성보에서, 〈복지만리〉는 3월 22일 성보에서, 1942년 2월 15일 〈풍년가〉는 약초극장에서 개봉했다.

조영이 설립되어 전 조선의 배급을 독점한 뒤로부터는 북촌 극장가의 사정은 더욱 악화되었다. 조선영화배급사의 1943년 4월 조사에 따르면 경성에는 당시 17개 극장이 있었다. 그중 조선인이 경영하는 극장은 박흥식(朴興植)의 화신영화관뿐이었는데 이 극장은 문화영화와 뉴스영화를 상영하는 극장이었다.[263] 또한 조영의 선전영화는 남촌의 여러 극장에서 우선적으로 동시에 개봉했다. 1943년 〈망루의 결사대〉는 경성극장, 명치좌, 약초극장, 성보에서, 〈젊은 모습〉은 경성극장, 명치좌, 약초극장, 성보, 중앙극장에서 동시에 개봉했다. 1930년대 중반부터 형성되기 시작된 극장체인과 조영이 발족하기 전까지의 변화를 경성의 극장가 중심으로 정리하면 다음과 같다.

표7. 발성영화기 경성 극장가의 개편(1935~1942)

	이전	1935년 이후	비 고
기존		도화극장, 우미관, 제일극장	2류관
		희락관	닛카츠 체인
		낭화관	도호 · 신코의 2류관
		경성극장	1939년부터 신코 체인, 1940년부터 다이에이 체인
신설		광무극장(光武劇場)	1937년 왕십리정(往十理町: 현 왕십리)에 개관, 해방 후 영보극장으로 변경
		신부좌(新富座)	1937년 신당정(新堂町: 현 사당동)에 개관
		경일문화영화극장 (京日文化映畵劇場)	1939년 12월 24일 본정 미나카이(三中井) 백화점 안에 개관, 뉴스영화 · 문화영화 · 애니메이션 전문. 흥행주는 경성일보사
		경일종로문화극장 (京日鐘路文化劇場)	종로4정 목의 문화영화 전문관. 흥행주는 경성일보사
		화신영화관(和信映畵館)	1940년 5월 28일 종로 화신백화점 안에 개관, 뉴스영화 · 문화영화관

263. 「朝鮮映畵特輯」, 『映画旬報』 1943년 7월 11일, 42쪽 참조.

	이전	1935년 이후	비고
신설		동보문극(東宝文劇)	도호 체인, 문화영화 전용관
		약초극장	1935년 개관, 도호 체인. 해방 후 수도극장, 스카라극장으로 개칭
		명치좌	1936년 10월 개관, 쇼치쿠 체인
변경	단성사	대륙극장(大陸劇場)	1939년부터 쇼치쿠 체인, 해방 후 단성사로 복귀
	경룡관	성남영화극장(城南映畫劇場)	1941년부터 쇼치쿠 체인
	황금좌	성보(京城宝塚劇場)	닛카츠 체인에서 1940년 5월 성보로 바뀐 뒤 도호 체인이 됨
	중앙극장	동보중앙극장(東宝中央劇場)	1940년부터 도호 체인

위와 같이 경성의 영화관은 1940년을 전후하여 대개 일본 영화사 체인으로 흡수되었다. 도호가 약초극장, 동보문극, 성보, 중앙극장을, 쇼치쿠가 명치좌, 대륙극장, 성남영화극장을, 닛카츠가 희락관, 황금좌(후에 도호로 변경)를, 신코가 경성극장을 직영 혹은 반직영했다. 물론 일본의 영화사들은 경성뿐만 아니라 조선 전체로, 만주로 체인망을 확보하는 중이었다. 1940년 "시국하의 조선영화계는거의 전부가내지영화로서독점되다시피"했는데, 1939년 총독부 경무 조사에 의하면 수입량은 쇼치쿠 영화, 도호 영화, 닛카츠 영화 순이었다.[264]

북촌에는 조선인 극장으로 역사가 오랜 우미관과 1933년 마포에 생긴 도화극장, 동양극장의 관주 최상덕이 경영하던 제일극장이 있었지만 철 지난 영화를 염가에 상영하는 2류관으로 전락했다. 일례로 조선영화인 〈집 없는 천사〉는 성보에서 개봉하고 1년 뒤인 1942년 2월 15일에야 우미관에서 재상영되었다.

---

264. 「內地映畫의 競映」, 『조선일보』 1940년 2월 8일자.

1935년을 전후하여 조선어 민간
신문들은 남촌 극장인 중앙극장, 신
부좌, 낭화관, 명치좌, 약초극장 등
의 광고를 싣기 시작했다. 즉, 무성
영화기 영화관의 지역적 분리는 이
시기부터 사라졌다고 할 수 있다.

경일문화영화극장

한편, 영화령이 시행된 1940년부터 영화관의 수가 전국적으로 증가했
다. 문화영화를 전문으로 상영하는 문화영화 전문관이 설치되었기 때문
이다. 일반 극장에서도 문화영화가 강제 상영되었는데 더 나아가 총독부
는 문화영화만을 전문으로 상영하는 극장을 만들어 선전을 더욱 강화하
고자 한 것이었다. 이로써 경성에는 화신영화관, 경일문화영화극장, 경일
종로문화극장, 동보문극이 설치되었다.

〈반도의 봄〉의 자기 반영성

1940년 1월에 장곡천정(長谷川町: 현 소공동)에 설립된 합자회사 명보
영화(明寶映畵, 대표 芝山基進)는 첫 작품으로 〈반도의 봄〉을 제작했다.
이 영화를 감독한 이는 1938년부터 닛카츠의 도쿄촬영소 감독부에 근무
하다가 귀국한 이병일(李炳逸)이다. 〈반도의 봄〉 이후로 해방 때까지 그
의 행방은 묘연한데, 그러나 그가 이규환이나 윤봉춘처럼 조영에 협력하
지 않고 다른 길을 택했는지는 분명치 않다.[265]

---

265. 이규환과 이병일은 모두 1941년 1월까지 실시된 총독부의 제1기 영화인 등록에 연출자로 등록했다. 앞의
글 「朝鮮映畵特輯」, 26쪽 참조.

해방 직후 이병일은 과거 좌익이었던 문인들이 주도해 세운 조선문화건설중앙협의회(약칭 '문건')의 영화부협의회 의원으로 활동했다. 문건 영화부에는 이병일 외에 조영 감독부에 있던 박기채, 안석영, 최인규, 방한준과 조영의 선전과장 김정혁(金正革)도 간부로 참가했으니 친일 전력이 전혀 문제시되지 않는 분위기였다고 할 수 있다. 이후 그는 미 군정청 보도부의 위탁을 받아 해방뉴스 제작에 참가하다가, 할리우드로 가 3년간 영화감독으로 일했다고 한다. 귀국 후 첫 작품으로 연출한 〈시집가는 날〉(동아영화주식회사, 1956)은 '한국영화의 가능성'이라는 격찬을 받았고 도쿄에서 열린 제4회 아세아영화제(亞細亞映畵祭)에서 최우수희극상을 받았다.

한국영화로서는 첫 해외 영화제 수상작인 이 영화의 원작은 오영진(吳泳鎭)이 친일잡지 『국민문학』(1943년 4월호)에 일본어로 발표한 시나리오 「맹진사댁 경사(孟進士邸の慶事)」였다. 즉, 〈시집가는 날〉의 아세아영화제 수상은 대동아공영권 내에 조선영화를 수출하고자 채택된 로컬리즘 전략이 그대로 전후 한국영화의 전략으로 이어진 예라 할 수 있다. 이후 이병일은 〈자유결혼〉(1958), 〈청춘일기〉(1959) 등 흥행작을 여럿 연출했으며 1959년 한국감독자협회장을 지냈고 70년대까지 감독과 제작자를 겸했다.

이병일 감독이 희극에 재능이 있다는 것은 그의 데뷔작인 〈반도의 봄〉에서도 엿볼 수 있다. 〈반도의 봄〉은 조선의 영화인들이 토키 〈춘향전〉을 만드는 과정에서 벌어지는 갖가지 좌충우돌을 담았다. 자금주인 레코드 회사 사장의 정부(댄스 걸)가 춘향 역을 맡았다가 영화배우 지망생으로 교체되고, 제작진은 하숙비 독촉에 시달리고, 시나리오 작가는 횡령죄로 구속되지만, 영화 속의 영화 〈춘향전〉의 세계만은 인물들이 처한 악조건을 잊게 만들 만큼 해학적이기 그지없다. 영화 속의 영화라는 구도를 취한 〈반도의 봄〉이 자기 반영적(self reflexive) 영화라는 것은, 영화학적

견지에서는 낫 놓고 기역 자라고 하는 것만큼이나 당연하지만 어쩌면 진실은 그 반대일 수도 있다. 나는 영화신체제가 강요되지 않는 상황이었다면 이병일 감독이 진짜 만들고 싶었던 영화는 〈반도의 봄〉 속의 〈춘향전〉이었을지도 모를 일이라고 생각한다.

그럼에도 〈춘향전〉 촬영과 병행되는 영화 바깥의 이야기는 당시 조선 연예계의 사정을 엿볼 수 있는 중요한 자료이기도 하다. 〈반도의 봄〉의 첫 신은 춘향이 가야금을 뜯는 장면으로 시작된다. 카메라가 춘향에게서 줌 아웃(zoom out: 카메라의 위치를 고정한 채 렌즈의 초점 거리를 바꾸어 화면의 범위를 넓히는 것. 화면의 중심에서 거리가 멀어져 가는 것처럼 보임)되면 〈춘향전〉을 촬영 중인 카메라와 제작진의 모습이 들어오고, 이어서 부감 숏(높은 곳에서 내려다보는 화면)으로 촬영장의 전모가 드러난다. 이때 촬영 현장에서 감독은 일본어로 제작진과 촬영기사에게 지시를 내린다. 〈반도의 봄〉과 비슷한 시기에 개봉된 영화에는 이만큼 일본어 침투가 심각하지 않은데도 이 영화의 등장인물들은 상황에 따라 일본어를 조선어 회화 속에 섞어 쓴다. 도쿄에서 댄스 걸로 일했다던 안나뿐만 아니라 영화배우의 꿈을 안고 평양에서 갓 상경한 정희(김소영 분, 도쿄에서 돌아와 이 영화로 2년 만에 컴백했다)도 매우 자연스럽게 일본어를 섞어 쓴다. 레코드회사 사장이 타이피스트로 취직한 정희에게 "お年は(나이는?)", "とこかでご飯付き合いましょうか(어디 밥이나 먹으러 갈까요?)"라고 수작을 거는 장면처럼 일본어는 조선 연예계 모던 걸, 모던 보이들의 멋 부리기에도 필수였던 모양이다.

조선어에 섞어 쓰인 일본어뿐만 아니라 〈반도의 봄〉 곳곳에서 식민지 근대의 혼성성(hybridity)과 마주할 수 있다. 감독은 카페에서 시나리오 작가 영일(김일해 분)을 만난다. 그는 안나가 가출해 버려서 새 춘향을 찾

아야 하고 제작진의 합숙소 하숙비도 밀렸다고 걱정한다. 이 이야기를 들은 영일은 회삿돈을 횡령해서 조선영화를 구해 볼까 고민한다. 이때 심각하게 고민에 빠진 영일의 손에서는(간접 광고임이 너무나 분명하게 담뱃갑이 클로즈업되며) 미도리(みどり) 담배가 타들어 가는 식이다.

정희의 놀라운 연기력으로 〈춘향전〉이 완성되어 드디어 영화관에서 무대 인사를 하는 날을 다룬 신도 마찬가지이다. 서양식 영화관 내 분장실에는 미국영화 〈미스터 플로(Mister Flow)〉(1936)와 오스트리아 영화 〈부르크 극장(Burgtheater)〉(1936)의 대형 포스터가 걸려 있고, 영화관 밖에는 〈로빈슨 표류기(Ein Robinson)〉(1940)와 리코란 주연 〈아름다운 희생(美しき犠牲)〉(1941)의 현수막이 보이며 관객들이 길게 늘어서 있다(인서트 숏). 이 외국영화들 사이에 배치될 영화 속 영화로 우리의 고전 〈춘향전〉이 채택된 것은 문화적 전략일까? 라고 생각한 순간 객석을 메운 관객 앞에서 막이 서서히 오른다. '구라부 백분(クラブ白粉)'[266]이라는 글자가 쓰여 있다. 영화관을 무대로 한 장면은 1941년 3월 명치좌에서 촬영된 것이다.[267] 영화 속 〈춘향전〉을 보러 온 인서트 숏의 관객들은 실제로는 3월 2일에 이 극장에서 개봉한 〈아름다운 희생〉과 리코란의 개봉 기념 무대 인사를 보러 온 것이었다. 이처럼 〈반도의 봄〉은 이상한 방식으로 제국의 문화를 식민지의 것으로 바꾸어 놓는다.

위와 같이 〈반도의 봄〉은 그때까지 조선영화를 지배하던 토속성을 탈피한 모던 영화였고, 간접 광고와 타이업(tie-up: 제휴 홍보)을 이용할 줄

---

266. 구라부(クラブ)는 20년대부터 유행한 일본 화장품 브랜드. 대응 국산 브랜드로는 박흥식이 제조한 박가분(朴家粉)이 있었다.

267. 「半島の春」の全撮影終了す」, 『경성일보』 1941년 3월 11일자. 한편, 명보영화사는 이 영화에 시가 아키코(志賀曉子)를 출연시킬 예정이었다. 그러나 이 배우가 경성에 도착한 뒤 기관지염이 생겨 계획이 무산되고 말았다. 「半島の春」に志賀出演不能」, 『경성일보』 1941년 1월 12일자.

아는 현명한 영화였다. 그러나 이 자기 반영적인 영화에는 조선 영화계에 불어 닥친 영화신체제 선전도 들어 있다. 〈집 없는 천사〉의 라스트 신에서처럼 이 영화의 말미에는 일본어로 시국에 대한 선전(반도영화사 사장의 취임사)이 이루어진다. 〈집 없는 천사〉가 향린원의 성공담에 내선일체 선전을 삽입했듯 〈반도의 봄〉은 반도영화사의 성공담에 그것을 밀어 넣었다.

영일이 횡령으로 구속되고 좌초하고 말 것 같았던 〈춘향전〉은 "내선일체의 큰 깃발 아래" 국민문화 진전에 기여하고자 설립되었다는 반도영화사에 구원받는다. 그리고 이 성공담은 영화가 히트한 뒤 정희와 영일이 반도 영화인의 대표로서 도쿄로 파견되어 떠나는 것으로 끝을 맺는다. 두 사람을 배웅하면서 감독은 각 촬영소를 돌아보고 많이 배워 오고 내지인과 이해를 도모하라고 당부한다.

그런데 이 성공한 조선 영화인들의 표정이 엄숙한 동시에 침울해 보이는 이유는 무엇일까? 경성역에 모인 그들의 표정에는 남원에서 〈춘향전〉을 촬영하던 때의 익살과 친밀감은 사라지고 없다. 분명 이 라스트 신으로 〈반도의 봄〉은 영화신체제를 조선영화의 성장으로 미화했지만, 조선 영화인들의 표정으로 그것이 반드시 성공담인 것은 아니라고 말하고자 한 것이 아닐까? 그래서 더더욱 그들이 진짜 만들고 싶었던 영화는 〈반도의 봄〉 속의 희극 〈춘향전〉이었을지도 모른다는 생각이 든다.

경조부박한 오락으로 취급된 코미디는 국책에 의해 금지되었고, 〈반도의 봄〉(1941년 11월 7일 명치좌 개봉)을 마지막으로 조선영화를 보고 웃는 일은 불가능하게 되었다. 불과 10개월 뒤에 조영이 설립되어 일본어 선전영화가 스크린을 독점했고, 조선인 관객들은 〈반도의 봄〉 속 〈춘향전〉에 나오는 익살스러운 방자(전택이 분)가 순사로 등장하는 영화(〈망루의 결사대〉)를 보아야 했던 것이다.

6. 내선일체 총력 영화 〈그대와 나〉

조선영화 초유의 대작

〈그대와 나(君と僕)〉의 감독에 따르면 "「きみ」, 즉 「그대」라는 것은 일반 내지(內地)인의 총칭이오, 「ぼく」, 즉 「나」는 일반 조선인의 총칭으로서 그대와 나는 굳게 손을 잡고 대동아(大東亞) 공영권(共榮圈)의 초석(礎石)이 되자는 것을 의미한 것"[268]이었다. 즉, 이 영화는 내선일체라는 전쟁 동원 이데올로기를 선전하는 영화였다.

이 영화의 감독은 16년간 일본에 살면서 히나츠 에이타로(日夏英太郎)로 이름을 바꾼 조선청년 허영(許泳)이었다. 그는 조선인임을 숨긴 채 마키노프로덕션(マキノプロダクション)[269]을 거쳐 쇼치쿠 교토 스튜디오의 연출각본부(演出脚本部)에서 각본을 쓰면서 조감독 생활을 했다. 그러던 중 허영은 이인석(李仁錫) 일등병이 전사했다는 기사를 신문에서 읽고, 〈그대와 나〉를 착안했다.

---

268. 「君と僕」를 말하는 座談會」, 『삼천리』 제13권 제9호, 1941년 9월, 113쪽.

269. 일본영화의 아버지이자 독립 프로덕션의 선구자로 불리는 마키노 쇼조가 1925년 교토 고무로(御室)에 설립한 촬영소.

〈그대와 나〉 관계자가 모인 연회.
중간의 짙은 색 한복이 문예봉, 그녀의 오른쪽에 순서대로 리코란, 김신재

　　조선인 지원병 제1호로 1939년 6월 22일 중국 전선에서 전사한 이인
석은 당시 조선인 지원병의 꽃이자 군신(軍神)으로 미화되었다. 같은 해 7
월 고인은 상등병으로 승진되고, 다음해 2월에는 그에게 금치(金鵄) 훈장
이 수여되었다. 시국이 시국이니만큼 이인석을 소재로 조선인 지원병의
지원·훈련·출정 과정을 영화화한다면 총독부나 조선군의 지원을 받을
수 있으리라 기대하고서, 허영은 1941년 2월에 귀국했다. 그가 초벌 시
나리오를 들고 찾은 곳은 총독부 학무국이었고, 예상대로 총독부는 반색
을 표했다.

　　학무국장 시오바라(塩原)의 주선으로 지원병훈련소에서 열흘간 지원
병들과 숙식을 같이한 뒤 허영은 일본의 영화평론가 이지마 다다시(飯島
正)와 함께 시나리오를 완성했다. 조선군사령부가 이 영화를 제작하겠다
고 나섰고, 조선총독부와 일본 육군성 보도부가 후원을 결정했다. 〈오인

의 척후병(五人の斥候兵)〉(닛카츠, 1938), 〈흙과 병정(土と兵隊)〉(닛카츠, 1939) 등 국책에 부응하는 전쟁영화를 만든 다사카 도모타카(田坂具隆)가 이 영화의 '감독지도(監督指導)'를 맡았던 만큼 허영에게 감독으로서 전권이 주어지지는 않았을 것으로 생각된다. 그럼에도 허영을 감독으로 내세운 것은, 조선인이 앞장서서 내선일체 영화를 기획하고 감독한다는 사실이 선전에 효과적이리라고 판단했기 때문일 것이다.

군대와 국가가 제작을 주도함으로써 무명 조감독의 데뷔작인 〈그대와 나〉에 조선과 일본의 대스타들이 총동원되었다. 쇼치쿠의 교토 스튜디오에서 고스기 이사무(小杉勇), 쇼치쿠의 도쿄 오후나(大船) 스튜디오에서 미야케 쿠니코(三宅邦子)·츠보우치 요시코(坪內美子)·아사기리 교코(朝霧鏡子), 도호에서 가와즈 세이자부로(河津淸三郎)·오비나타 덴(大日向傳)·마루야마 사다오(丸山定夫), 만영에서 리코란 등이 단지 이 영화에 출연하려고 경성으로 모였다. 덧붙여 주역 구보 미츠에(久保美津枝) 역은 구라지마 하나코(倉島華子), 가네코 에이스케(金子英助) 역은 나가타 겐지로(永田絃次郎)라는 이름으로 일본에서 활동했던 배우 겸 오페라 가수 김영길(金永吉)이 맡았다. 조선 측에서는 문예봉, 김신재, 김소영, 심영, 서월영(徐月影), 최운봉, 이금룡 등이 출연했다. 한편, 이 영화에는 조선 총독 미나미 지로(南次郎)와 조선군사령관 이타가키 세이시로(板垣征四郎)도 특별 출연했다.

그러나 일본 배우와 제작진의 솔직한 심정은, 국가의 부름을 거절할 수 없었을 뿐 군인이나 관리들 같은 신념은 없었던 것으로 보인다. 이 영화의 전 출연진과 제작진은 군속(軍屬)으로 취급되어, 크랭크인에 앞서 조선군사령부에서 선서를 해야 했다. 게다가 지원병으로 분한 배우들은 지원병훈련소에 2주간 입소하여 총검 훈련을 받았고, 한여름 충청남도

부여에서 진행된 촬영은 칼과 총만 안 들었다 뿐이지 군대식으로 강행되었다.[270]

> 연인원이 배우까지 합처서(원문 그대로—인용자) 매일 일천인 이상인데 배우들이 전부 시외 楊洲郡 에 있는 지원병 훈련소에서 합숙하기 때문에 시내 로케 때에는 인원과 諸道具 운반에 京春철도를 임시증차, 혹은 발차회수를 증가하는 등, 실로 如干 편의를 보아주는 것이 아닙니다. 영화 제작을 위해서 기차가 임시증차 되는 예는 內地 에서도 이때까지 없는 일이며 더욱이 京電會社 에서도 시외 로케시 전등을 加設하여 주는 등, 그리고 의상에 있어서도, 和信, 三越, 두 백화점에서 분에 넘는 後援 을 하여 주는데는 감격하여 마지않는 바입니다. 이상에 말씀드린 것은 민간단체의 後援 이지만 군에 있어서도 前無後無한 원조를 아끼지 않는데는 실로 感泣 을 不禁하는 바입니다. 특히 병정들이 필요한 장면이 있어서 軍司令部 에 가서 交涉했더니 安井中尉 는 「멀(원문 그대로—인용자) 그렇게 어려워 하는가. 60명만이 아니라 더 필요하면 더래도 보내주마」하시고, 또 앞으로 戰場 장면의 촬영이 있는데, 그때는 전차, 기관총, 기타 제 무기까지 빌려주겠다하여 그 편의에 대해선 이로 말할 길이 없습니다.[271]

〈그대와 나〉는 화려한 캐스팅뿐만 아니라 조선영화 초유의 대작이라는 점에서 주목받았다. 위와 같은 편의는 조선과 일본의 영화계를 통틀어서도 그때까지 볼 수 없던 것이었다. 군과 민의 총동원으로 〈그대와 나〉는

270. 「出演者を中心に「君と僕」を聴く—完成近き国策映画(一)」, 『京城日報』 1941년 9월 10일자와 심영, 「俳優手帖—志願兵映畵「君と僕」에 出演한 나의感想」, 『삼천리』 제13권 제11호, 1941년 11월 참조.
271. 앞의 글 「「君と僕」를 말하는 座談會」, 114~115쪽.

〈그대와 나〉 개봉 광고(『경성일보』 1941년 11월 23일자)

경성, 부여, 일본에서 촬영되었다. 촬영, 녹음, 조명, 음악 등 기술 부문은 전부 일본인이 주관하고 조선인이 보조하는 시스템이었고 지원병, 애국부인회, 국방부인회, 부여 노동수련소의 생도들이 엑스트라로 동원되었다. 〈집 없는 천사〉를 만든 고려영화사가 촬영소를 제공하여 7월 11일부터 경성에서 촬영을 개시했는데 기자재는 대부분 일본에서 공수되었다. 7월 말 부여 로케이션이 끝나고 후반부의 세트 촬영과 녹음은 9월 말부터 도쿄 오후나 촬영소에서 이루어졌다. 이때 일본 육군성에서, 조선에서 촬영한 전반부를 시사했다.[272]

촬영 때뿐만 아니라 배급에서도 〈그대와 나〉에는 이루 말할 수 없는 편의가 제공되었다. 개봉에 앞서 8월 4일부터, 오후 7시 40분부터 20분간 영화 속의 등장인물들이 출연하는 라디오 드라마 〈그대와 나〉가 방영되

---

272. 일본 촬영에 관해서는 이 영화에 출연한 김소영의 일기를 참조. 김소영, 「朝鮮軍製作 志願兵映畵 「그대와 나」의 內地撮影日記」, 『삼천리』 제13권 제12호, 1941년 12월.

어 영화를 광고했다.[273] 그리고 총독부의 기관지인 『경성일보』와 『매일신보』, 당시 경성에서 발행 부수가 가장 많았던 일어 신문 『조선신문』에서는 9월 10일부터 17일에 걸쳐 총독부 관리와 관계자, 출연자들이 참가한 좌담회를 기사로 게재했다(한글 민간신문은 1940년 8월 10일에 이미 폐간되었다). 개봉을 앞두고 킹 레코드(キングレコード)에서는 테너 가수이기도 했던 주연 배우 나가타(김영길)가 취입한 주제가를 발매했다.

〈그대와 나〉는 일본에서는 11월 16일에 개봉하고 조선에서는 11월 24일에 개봉했다. 조선에서는 일반 공개에 앞서 11월 19일 명치좌, 20일 성보에서 군관민 관계자를 초청한 특별 시사회가 열렸다. 개봉 당일 명치좌에서는 이 영화에도 출연한 조선악극단이 '그대 춤추고, 나는 노래해' 라는 레뷰 쇼를, 성보에서는 경성악극단과 전(前) 쇼치쿠 전속 배우 리료우카(李綾花)가 특별 출연해 〈그대와 나〉 개봉 기념 협찬 공연을 벌여 붐 조성에 나섰다.[274]

대대적인 선전의 결과라고 할지, 흥행 성적만 놓고 생각한다면 〈그대와 나〉는 대단히 성공한 영화였다. 물론 그 성공은 지배 권력이 적극적으로 개입한 결과였다. 학무국은 이 영화를 '아동 생도용 영화'로, 총독부는 '총독부 추천 영화'로, 국민총력조선연맹(國民總力朝鮮聯盟)[275]은 '총력연맹 문화 추천 영화'로 선정했고 전국 관공서와 학교, 조직에는 단체 관람이 의무화되었다.

---

273. 『朝鮮新聞』 1941년 8월 3일자.

274. 『京城日報』 1941년 11월 23일자.

275. 1940년 10월 16일 신체제 확립을 위해 총독부가 만든 전 국민적 조직. 지도조직, 중앙조직, 지방조직에 총독부 관리들을 비롯하여 전 국민이 포함되어 전시의 총력운동이 전개되었다. 애국반과 반상회 등 하부 조직이 국민의 일상생활을 강제적으로 전시체제로 재편했고, 기관지 『국민총력』 발행, 라디오 프로그램 〈국민총력의 시간〉, 총력연맹 지정 영화 제도, 국민총력앙양대회 등을 통해 대중매체와 문화를 이용한 선전도 끊임없이 펼쳤다.

국책영화인 만큼 일본과 조선의 각 신문은 〈그대와 나〉에 대해 적당히 호평을 했다. 그러나 일본에서는 국책에는 충실했으나 "너무나 조잡하고", "영화의 형식조차 갖추고 있지 않아서" "관객에 호소하는 감명은 정말로 산만하고 또 희박한 것이 되었다"[276]고 지적한 평론가들도 없지 않았다. 반면, 조선에서는 대중잡지 『삼천리』의 편집인 겸 발행인 김동환(金東煥)이 "과감(果敢)한 군국정신(軍國精神)이 전면(全面)에 흘러간다"[277]고 썼고 안석영은 "내선일체(內鮮一體)의 큰 정신 밑에서 움직이며 이 영화는 우리들에게 큰 감격을 준 바이다"[278]라고 격찬하는 등 칭찬 일색이었다. 이런 칭찬은 액면 그대로 받아들일 것이 아니라, 같은 파시즘 체제 내에서도 그만큼 조선 문화계의 입지가 일본에 비해 제한적이었고 개인에 대한 국가의 감시 체제가 훨씬 위협적이었다는 의미로 이해할 필요가 있다.

허영이 꿈꾼 일선통혼

〈그대와 나〉의 필름은 소실되었지만 일본어로 집필된 시나리오가 남아 있어서 그 실체를 어느 정도 파악할 수 있다. 이 영화는 전쟁 동원과 무관한 내용을 찾기 어려울 정도로 조선인 지원병제도·내선일체 선전으로 점철되어 있다. 내러티브의 개연성을 희생해서라도 선전을 우선시한 것은 비단 〈그대와 나〉뿐만 아니라 친일 선전영화 대부분의 특징이기도 하니 새삼스러울 것은 없다. 아마 〈그대와 나〉의 고유한 특징은 아이러니하게

---

276. 우츠미 아이코 · 무라이 요시노리(內海愛子 · 村井吉敬), 『シネアストの許泳の「昭和」』(凱風社, 1987), 108쪽에서 재인용.

277. 『매일신보(每日申報)』 1941년 11월 22일자. 총독부 기관지인 한글 신문 『每日申報』가 1938년 『每日新報』로 바뀌었다.

278. 민족정경문화연구소, 『親日派群像』(삼성문화사, 1948), 93쪽 참조.

〈그대와 나〉 촬영 중에.
오른쪽에서부터 시계 방향으로 구라지마 하나코, 고스기 이사무, 허영, 문예봉, 츠보우치 요시코

도 이 영화야말로 유일한, 글자 그대로 내선일체 영화라는 점일 것이다.

내선일체의 표상이라는 점에서 이 영화처럼 두 민족의 경계를 흐리게 만들고 애매하게 표현한 영화는 없었다. 내선일체 영화는 늘 조선인을, 아직 일본인이라는 경지에 도달하지 못한 열등한 타자로 그렸다. 그러기 위해서 외형적으로 차이가 없는 두 민족을 의상 코드를 통해 확연히 분리해야 했다. 따라서 내선일체 영화에서는 조선 배우들의 조선복 차림과 어눌한 일본어, 일상생활에서 우발적으로 튀어나오는 조선어가 관객으로 하여금 조선인을 구별하게 하는 중요한 지표가 되었다. 그러나 〈그대와 나〉에서는 조선인과 일본인이 옷을 바꿔 입으며, 내선결혼이 장려되고,

조선을 사랑한 나머지 호적을 조선으로 옮기겠다는 일본인이 등장한다. 이 영화를 주도한 것은 총독부였기 때문에 허영의 의도가 얼마만큼 영화에 반영되었을지는 알 수 없지만, 적어도 그가 쓴 시나리오를 보면 그는 내선일체가 글자 그대로 실현될 것을 믿었던 것처럼 보인다.

56. 원래의 장소

료헤이: 미츠에로부터 편지(출정한 처남 겐조에게서 온 것—인용자)를 받아 읽기 시작한다.

"지금 ○○에 도착했다. 너도 부여의 언니한테 가 있을 테지. 부여는 다들 건강하니? 박물관장인 매형은 변함없이 내선일체를 논하고 계시겠지. 사실 이번 출정으로 나도 반도를 재인식했다. 현재 내지에 살고 있는 사람들은 반도에 대해서 더욱 이해하려는 눈을 가져야 해. 우리들의 선조는 이미 1300년 전, 부여를 중심으로 해서 내선일체의 실적을 올렸던 것이야. 그것은 역사상 잘 나타나 있어. 이런 것은 박물관장인 매형의 전문 분야니까 생략하고……"

59. 구보 가(家)의 툇마루

후사코: "저 가네코 씨 여기 분이죠?"

료헤이: 그래.

후사코: 그런데 이름이 다르잖아요?

료헤이: 뭐라는 거야? 지금 조선에 옛날같이 김(金) 씨나 박(朴) 씨라는 이름이 있어?

후사코: 아, 창씨를 했군요.

료헤이: 그렇지. 대체 당신은 반도에 와서 이럭저럭 5년이나 됐는데 지금

까지 그것도 몰라서 어떻게 해?

후사코: 미안해요.

료헤이: 그나저나, 좋은 청년이지?

후사코: 좋은 분이네요.

료헤이: 미츠에도 저 정도면 만족스럽지 않을까?

후사코: 원래 걔는 전혀 사람을 차별할 줄 모르는 애니까요.

료헤이: 솔직하잖아. 그래서 얼굴이 밝아.

후사코: 그래도 호적 문제나 다른 문제가 있으니 시골 숙부는 뭐라고 하실지.

료헤이: 반대가 있으면 내가 설득하지. 좀 전의 편지도 그렇지만 내지 사람이 좀 더 따뜻한 손을 내밀지 않으면 안 돼.

후사코: 조선의 정말 좋은 점을 내지 사람들은 진짜 알 기회가 적어요. 그러니까 시골일수록 호적이나 뭔가가 문제가 되죠.

료헤이: 그러니까 조선을 이해하고 있는 우리가 먼저 실천해서 그런 구폐(舊弊)를 없애 가지 않으면 아무리 시간이 가도 내선일체는 말만으로 끝나는 거야. 이것저것 따지기 이전에 일단 실행해야지. 난 호적법이 개정되면 원적을 충청남도로 옮길 작정이야. (중략) 소문으론 내선결혼은 우생학적으로도 굉장히 좋대. 후생성에서도 총력연맹에서도 특히 내선결혼을 장려하고 있다는 이야기야.[279]

---

279. 飯島正 · 日夏英太郎, 「志願兵映画シナリオ「君と僕」」, 『삼천리』 제13권 제9호, 1941년 9월, 68~70쪽. 한국어 번역본은 심원섭 역, 「너와 나」, 앞의 책 『근대 희곡 · 시나리오 선집 ⑧—해방전(1940-1945) 상영 시나리오집』 참조. 이 책에서는 오리지널 시나리오를 인용했다. 번역은 인용자.

일본인 이주자 구보 료헤이(고스기 이사무 분)와 후사코(츠보우치 요시코 분) 부부의 대화로 전달되는 허영의 주장이, 훗날 만들어지는 조영의 내선일체 영화가 표방하는 논리와 정반대라는 점이 흥미롭다. 후자에서는 조선인이 철저히 일본화하는 것이 내선일체인 것으로 그려지지만 〈그대와 나〉에서 내선일체의 전제 조건은 양 민족의 평등이다. 조영 영화가 내선결혼이라는 주제를 회피한 것에 비해 이 영화는 일선통혼(日鮮通婚)이 내선일체의 지름길이라고 선전하며, 일본인 료헤이의 입을 빌려 조선인과 일본인을 구별하는 호적법을 개정해야 한다고 주장한다. 게다가 조선인은 이미 내선일체를 달성했으니 이제 일본인이 구폐를 버릴 때이며 그렇지 않으면 내선일체는 결국 선전으로 끝나고 말 것이라는 경고까지 한다.

허영처럼 내선일체 이데올로기를 평등 원리로 전환한 예는 이광수에게서 먼저 나타났다. 그는 일본어 소설 「진정 마음이 만나서야말로(心相觸れてからこそ)」와 한글 소설 「그들의 사랑」을 통해 〈그대와 나〉와 비슷한 주장을 펼쳤다. 두 사람이 주장한 것처럼 호적법이 개정되어 내선결혼이 활발하게 이루어져서 내선일체가 글자 그대로 달성된다면 그 뒤에 오는 것은 무엇일까? 그것에 대해 이광수는 「얼굴이 변하다」[280]에서 답했다. 그는 먼저 가장 혈통이 가까운 조선인과 일본인이 내선결혼을 하고, 민족 간의 결혼을 대동아공영권 전체로 확대한다면 구미 식민지와 달리 "혈액적 기초"가 같은 단일민족 국가 일본이 완성될 것이라는 상상을 했다. 다시 말하면, 이광수와 허영이 상상한 내선일체는 민족 융화에 그치는 것이 아니라 혼혈을 통해 새로운 민족을 창조하는 것이었다고 할 수 있다.

---

280. 가야마 미츠로(香山光郎), 「顔が變わる」, 『文藝春秋』 1940년 11월.

허영이 그와 같이 주장하게 된 이유는 개인사와 관련이 있다. 허영은 일본에서 1936년 내선결혼을 했으나 일본에서 태어난 그의 아이들은 호적법에 따라 조선인이 되었다. 총독부는 창씨개명을 내선일체의 완성이라고 선전했지만, 창씨개명을 반영하여 1939년 12월 26일 부분 개정된 호적법은 원적을 옮기는 일을 금지했다. 창씨개명을 했다 하더라도 조선인의 원래 성과 본관은 호적에 그대로 남기게 되어 있었기 때문에 조선인이 일본인과 평등해지는 일은 원천적으로 봉쇄되었다. 마찬가지로 일본인 이주자들이 원적을 조선으로 옮기는 일도 원칙적으로는 불가능했다.

이 같은 법제가 증명하듯 일본이 내선일체라는 표어를 내건 목적은 어디까지나 조선인을 전쟁에 동원하려는 것이었지 평등권을 주기 위해서가 아니었다. 〈그대와 나〉를 촬영하면서 허영은 "아무리 비난하는 사람이 있다고 해도 결과는 이 작품과 진실이 설명해 줄 것이라고 생각하고 열심히 했습니다. 그것은 내가 일본인이기 때문에, 그리고 영화계 전체의 문제이기도 하므로 그 의의를 몸으로 표하지 않으면 안 된다고 생각하고 착수했기 때문에 고생을 고생으로 느끼지 않았을 뿐더러, 나는 크나큰 희망으로 일해 왔고 앞으로도 그 희망으로 일할 것입니다"[281]라고 소감을 밝힌 적이 있다. 그러나 일본이 패전한 직후 그는 자신이 결코 일본인으로 받아들여지지 않았다는 진실에 직면했다. 일본에 남을 수도, 조선으로 돌아갈 수도 없었던 허영은 인도네시아로 가, 수카르노의 비호를 받으며 인도네시아의 독립을 찬양하는 애국주의 성향의 영화를 만들면서 그곳 여성과 결혼하여 제3의 인생을 살게 된다. 이번에는 닥터 후융(Dr. Huyung)이라는 이름으로.

---

281. 「出演者を中心に『君と僕』を聴く―完成近き国策映画(二)」, 『京城日報』 1941년 9월 11일자.

영화계의 친일 청산 문제

기존의 한국영화사는, 조선인이 자발적으로 전쟁에 협력하여 제작한 첫 영화는 〈그대와 나〉라고 기술했다. 그러나 〈그대와 나〉보다 먼저 제작된 〈군용열차〉, 〈집 없는 천사〉, 〈반도의 봄〉이 발굴되어 실제로 필름을 확인할 수 있게 된 뒤, 이 같은 기술과 자발성이라는 그 기준도 불분명해지고 말았다.

기존의 친일영화 연구에서는 영화령과 영화신체제하의 조선영화인들을, 자발적인 친일파와 강제에 의해 협력할 수밖에 없었던 피해자라는 이분법적 구도로 평가해 왔다. 감독만 놓고 본다면 전자에는 조영에 입사하여 내선일체 영화를 연출한 최인규, 전창근, 신경균(申敬均), 박기채, 안석영, 방한준(方漢駿) 등이 해당할 것이다. 그들은 일반적으로 "태어날 때부터 조국은 식민지였기 때문에 민족의식이 박약했던 그들은 별 스스럼없이 친일영화를 연출할 수 있었다. 그것은 또한 자신들의 새로운 기술을 통해 출세하는 길이기도 했다"[282]라고 비난받았다. 한편, 그들을 제외한 나머지 영화인들에 대해서는 "여기에서 이들의 명단(조영에 입사한 조선 영화인들의 명단)을 생략하는 것은 자못 필자의 한낱 감상이 아니다. 이들 중의 많은 사람이 한국영화 초창기에서도 헌신 공헌했고 해방 후 조국광복 이후에도 진력한 바 컸으므로, 그 공은 크고 과는 강제된 상황에 의한 것이었기 때문에"[283]라고 면죄부가 주어진다.

그런데 내셔널리즘의 비판이라는 측면에서 이 같은 평가들을 재고해 보면 기존의 연구는 모순적이게도, 타자의 내셔널리즘을 비판하려다 내

---

282. 강성률, 「친일영화의 재고와 자발성」, 김재용 외, 『재일본 및 재만주의 친일문학의 이론』(역락, 2004), 263쪽.
283. 앞의 책 『한국영화전사』, 199쪽.

셔널리즘에 빠져 버리고 말았다. 조선 영화계의 구조적 문제점을 따지지 않고 단지 민족의식이 박약했기 때문에 친일영화를 만들었다는 비판이나, 해방 후 조국을 위해 힘썼으니 용서하자는 주장은 어느 쪽도 진정한 친일 청산과는 관계가 없다. 왜냐하면 민족주의에 입각해서 친일영화를 비판하는 것은 영화예술에 대한 국민국가의 개입과 간섭을 정당화해 버릴 위험이 있으며, 논리적으로는 일본인이 주도해서 만든 조영 영화나 국책영화를 비판할 여지도 없애 버리기 때문이다. 즉, 친일 청산이 친일파에 대한 처단이 아니라 식민지 경험의 트라우마와 일제 잔재로부터 완전히 해방되는 것을 의미한다면 이는 내셔널리즘에 대한 비판과 재고 없이는 불가능한 것이다.

기존의 연구에서 또 다른 문제점은 친일 청산 문제가 인적 청산, 특히 감독에 대한 비판에 머문 점이다. 감독이 영화의 작가라는 인식은 전후에나 성립되었으며, 무엇보다 식민지 시기 조선의 영화감독이란 회사에 고용된 장인일 뿐이었다고 할 만큼 권한이 작았다. 조선 영화계의 친일 청산과 더불어 이 책이 새롭게 조명하고자 한 부분이 바로 그 점인데, 실제로 친일영화는 감독의 박약한 민족의식의 산물이기보다는 제작자와 총독부 관료에 의한 합작품으로 보아야 한다. 따라서 만약 인적 청산을 한다손 치더라도 지금처럼 감독이나 배우만 규탄하는 것은 무의미하다. 그들보다 먼저 국가권력에 영합하여 이윤을 추구한 제작자와 그들을 지원하고 영화인들을 동원한 총독부 관리들에게 책임을 물을 일이다.

물론 무엇보다 중요한 것은 친일영화에 대한 연구가 친일파에 대한 규탄만으로는 끝나서는 안 된다는 것이다. 그것이 학문이 되려면 친일영화의 내재적 분석은 작품에 표현된 군국주의 미학에 대한 연구까지 포함해야 하고, 외재적 연구도 친일성만을 분석할 것이 아니라 식민지 정체의 변화와 테크놀로지의 변화가 친일영화가 제작되는 데 어떤 계기로 작용했는가도 조명해야 한다. 2005년과 2006년의 발굴을 통해 영화학자들은 실제로 친일영화를 볼 수 있게 되었고, 현재 그에 대한 분석도 활발하게 이루어지고 있다. 현 단계에 친일영화 연구는 실제 필름에 준거하여 기존의 연구를 재평가하는 국면은 넘어섰다. 이제부터는 앞에서 지적한 문제들에 착목한 연구가 이루어질 단계이다.

이상과 같이 이 책의 4부에서 나는 소위 친일영화라 불리어 온 영화들을 통시적으로 고찰했다. 이 같은 작업을 통해 깨달은 것은, 이들 영화에서 국가와 민족에 대한, 이제까지 볼 수 없었던 새로운 상상력이 출현했다는 것이다. 무성영화기 민족국가를 염원했던 조선영화의 상상력은 토키 도입, 일본과의 합작과 더불어 차차 '민족≠국가'를 승인하게 되었으며, 이는 영화신체제와 더불어 대동아공영권론으로 수렴되었다. 대동아공영권이라는 아시아 제국을 창조한 이 같은 상상력은 조선을 일본의 한 지방으로 간주하고, 일본을 가부장으로 하는 가족국가의 양자로 조선인을 묘사한다. 편의상, 또는 그것을 형용할 용어에 대해 고민하지 않았기에 우리가 친일영화, 국책영화, 만영 영화 등으로 부르는 대동아공영권의 선전영화들은 네이션이 언어와 문화에 의한 경계임을 드러내는, 더할 나위 없이 적절한 예이다. 그 경계를 구성하는 토대는 상상된 것에 지나지 않으나, 실체 없는 상상에 지나지 않는 것이기 때문에 그것을 무너뜨리고 실재와 마주하는 것은 지난하다.

조영 영화의 가족국가주의

1942년 5월 1일 전 조선의 영화배급사가 폐합되어 조선영화배급사가 설립되었다. 이어서 1942년 9월 29일 경성부 황금정 1정목에 자본금 200만 원과 불입금 80만 원으로 조선영화제작주식회사, 약칭 '조영'이 설립되었다. 조영은 명목상 "영화의 질적 향상을 도모하고 국민문화의 발전을 기여하기 위한 사업을 영위, 영화제작 영화사업에 투자"하는 것을 목적으로 한 주식회사였지만 실제로는 총독부의 관변단체로, 조선 내의 모든 영화사를 강제로 폐합하여 만든 국유 회사였다.

이 회사의 간부 구성은 다음의 표와 같은데 화신백화점 사장 박흥식이 이사로, 영화평론가 김정혁이 선전과장으로 들어가 있다.

표8. 조선영화제작주식회사의 간부(1942년 9월)

직위	성명
사장	다나카 사부로(田中三郎)
상무이사	中田晴康
이사	박흥식(朴興植), 방태영(方台營), 小林源六, 新井俊次, 高木定一, 김성호(金聖浩), 河本駿錫, 高居武雄, 野崎眞三
상임감사	近藤廉一
감사	大谷雲用
총무	高島金次
서무과장	服部東英
선전과장	김정혁(金正革)

조영과 조선영화배급사의 대표는 경성상공회의소 부회장 다나카 사부로(田中三郎)가 맡았다. 그러나 중요한 사항에 대해서는 조선총독의 허가를 얻도록 영화령에 규정되어 있었다. 같은 해 10월 26일 총독부는 황도문화협회(皇道文化協會) 산하에 조영을 감독할 영화기획심의회를 설치했다. 그리고 조선어 영화 상영 금지를 명하고, 그때까지 수입 제한 조치가 취해졌던 외국영화에 대해서 전면 금지를 명했다.[284]

1943년 6월 1일 조영은 조직을 개편하여 촬영소(원래 조선문화영화협회 소유)에 제1제작부(극영화), 제2제작부(문화영화), 제3제작부(시사영화)를 설치하고 본격적인 제작에 들어갔다. 조영의 연간 제작 편수는 극영화 4편(프린트 각 5편), 문화영화 4편(프린트 각 5편), 시사영화 12편(프린트 각 6편)으로 정해졌다. 이해 조영은 극영화로는 〈우러르라 창공〉, 〈망루의 결사대〉, 〈조선해협〉, 〈젊은 모습〉 4편을 제작했다. 이듬해인 1944년 4월 7일 조영은 조선영화배급사로 흡수되어 재단법인 조선영화사로 개편되었다.

현재 조영 영화로는 〈망루의 결사대〉, 〈조선해협〉, 〈젊은 모습〉, 〈사랑과 맹세〉가 남아 있으나 이것들은 모두 일본어로 제작되었고 일반인의 관람이 용이하지 않아, 그동안 구체적인 분석이 이루어지지는 못했다. 5부에서는 이들 영화의 줄거리를 되도록 상세하게 다루고, 그 속에 어떤 전쟁 이데올로기가 주입되어 있으며 어떤 맥락에서 제작되었는가를 밝히고자 한다.

---

284. 총독부가 조선어 영화 금지 명령을 하달한 것은 분명하나 그 건에 대해서 법령이 제정되지는 않았다. 1942년 1월 개봉된 〈신개지〉 이후 조선어 영화는 제작되지 않았고, 1943년부터는 전부 일본어로 영화가 제작되었다.

1. 〈망루의 결사대(望樓の決死隊)〉

경무국의 방첩영화

〈망루의 결사대〉는 조선총독부 후원, 조선총독부 경무국 지도하에 도호와 합작하여 제작한 영화로, 1943년 4월 29일 개봉했다(일본에서는 4월 15일 개봉). 조선 측에서는 최인규가 연출 보좌를 담당하고 김신재, 전옥, 김현(金賢), 전택이, 진훈, 심영, 주인규 등이 출연했다. 일본 측에서는 도호의 간판스타 다카다 미노루(高田稔)와 하라 세츠코(原節子)가 주연을 맡고 이마이 다다시(今井正)가 연출, 야마카타 유사쿠(山形雄策)와 야기 류이치로(八木隆一朗)가 각본, 스즈키 히로시(鈴木博)가 촬영을 맡았다. 그 외에도 조명, 편집, 음악, 녹음, 미술 등 기술 부분은 대부분 일본인 제작진이 담당했다.

이마이 다다시 감독은 좌익 운동에 참가한 전력이 있었으나 전향하여 도호에 입사했고, 1939년 〈누마즈군인학교(沼津兵学校)〉로 데뷔한 후 일본이 패전할 때까지 국책영화를 연출했다. 미 군정기에는 〈푸른 산맥(青い山脈)〉(1949), 〈다시 만날 때까지(また逢う日まで)〉(1950) 등 민주주의 앙양 영화를 연출했으나 공산당에 가입했으므로 도호쟁의 때 해고되어

도에이(東映)로 이적했다. 도에이에서는 〈무사도 잔혹 이야기(武士道残酷物語)〉(1963)와 〈히메유리의 탑(姫ゆりの塔)〉(1982) 등 사회 비판적인 영화를 연출했다.

다카다 미노루는 처음에는 쇼치쿠에 소속되었다가, 중소영화사인 P.C.L과 신코를 거쳐 자기가 차린 회사 다카다프로덕션의 작품에 출연했다. 그러다가 1938년 도호로 이적했다. 그는 도호에서 〈불타는 창공(燃ゆる大空)〉(1938)에서 대장 역을 하면서부터 각종 국책 선전영화에서 베테랑 군인을 연기하게 되었다.

한편, 나치스와 합작한 영화 〈새로운 땅(新しき土)〉(J. O. 스튜디오, 1937)을 통해 스타가 된 하라 세츠코는 전쟁 중 줄곧 〈지도이야기(指導物語)〉(도호, 1941), 〈하와이 말레이 해전〉 같은 국책영화에서 야마토 나데시코(大和撫子: 일본패랭이꽃. 전형적인 일본미인을 형용하는 말)나 총후부인 역을 맡았다. 국민여배우 하라는 전후에 〈내 청춘에 후회 없다(我が青春に悔いない)〉(1946), 〈푸른 산맥〉 등 민주주의 앙양 영화에 출연하여 민주주의의 여신으로, 고도성장기에 들어서는 오즈 야스지로의 히로인으로 변모한다.[285] 국책영화 속 다카다와 하라의 판에 박힌 이미지는 〈망루의 결사대〉 이후 두 사람이 공연(共演)한 〈결전의 창공에(決戦の大空へ)〉(1943)에도 이어졌다.

이마이 감독은 〈망루의 결사대〉에 대해 윌리엄 웰먼(William A. Wellman) 감독의 〈보 제스트(Beau Geste)〉에서 실마리를 얻었다고 밝힌 바 있다. 〈보 제스트〉의 시간적 배경은 프랑스가 알제리를 침략한 19세기 전

---

285. 야마토 나데시코, 총후부인다운 하라 세츠코의 이미지가 전후 민주주의의 여신으로, 사라져 가는 전통적 가치를 지켜 내는 오즈 야스지로의 히로인으로 변모하는 과정은 졸저 『일본 영화와 내셔널리즘』(책세상, 2005), 111~116쪽 참조.

일본과 나치스 독일의 합작 영화 〈새로운 땅〉.
조선의 약초극장에서도 개봉되었다. 루스 에벨러(Ruth Eweler)와 하라 세츠코.

반으로, 알제리의 사막에 주둔한 프랑스 외인부대(La Légion Étrangère)
와 그들의 망루가 등장한다. 이 영화는 1927년에 파라마운트가 제작한
동명 무성영화의 리메이크판인데, 조선에는 1927년 11월에 무성영화
〈보 제스트〉가 개봉되어 상당히 인기를 끌었던 적이 있다.

  그러나 〈보 제스트〉와 〈망루의 결사대〉는 망루와 이민족 군대가 등장
한다는 것 이외에는 거의 공통점이 없어 보인다. 〈보 제스트〉는 영국인 용
병 보〔게리 쿠퍼(Gary Cooper) 분〕와 존〔레이 밀런드(Ray Milland) 분〕 형
제와, 피도 눈물도 없이 성격이 잔혹한 중사 마크오프의 대립이 갈등의
중요한 축이다. 반면 〈망루의 결사대〉는 당시 일본에서 제작된 스파이 영
화[286]의 코드에 따라 중국 공산당을 외부의 적으로 설정하고 군민일체를
선전하는 영화였다. 〈망루의 결사대〉의 줄거리와 그 속에 얽힌 프로파간

다를 구체적으로 살피면 다음과 같다.

도호관현악단이 연주하는 장렬한 음악이 흐르면 1943년 3월 10일 육군기념일의 결전 표어인 "쏘면 멈춘다(撃ちてし止む)"와 "이 한 편을 국경 경비의 중임을 맡은 경찰관에게 바침"이라는 헌정사가 영화의 막을 연다. 이어서 한반도 지도 위로 "압록강, 두만강으로 경계 지어지는 북선(北鮮) 지방 일대는 현재 일본의 중요한 산업 지대이다. 그러나 당시에는 산속에 악당이 첩첩이 숨어 있던 이 지역에 만주국 토벌군에 쫓긴 비적(匪賊)의 무리가 최후의 폭위(暴威)를 떨치고 있었다."라는 자막이 뜬다. 이 영화의 시나리오[287]에서 비적은 중국 공산당 항일 게릴라로 설정되어 있다. 중국 측에서 볼 때는 독립군인 이들이 조선 국경을 침탈하여 양민을 괴롭히고 노략질을 일삼는 무리와 동일시된 것이다.

이윽고 카메라는 지도의 북선 국경으로 줌 인(zoom in: 카메라의 위치를 고정한 채 렌즈의 초점 거리를 바꾸어 화면의 범위를 좁히는 것. 화면의 중심으로 가까이 접근해 들어가는 것처럼 보임)하고 그 위로 "쇼와(昭和) 10년 (1935년)"이라는 자막이 나타난다. 즉, 1943년에 공개된 〈망루의 결사대〉는 중일전쟁이 발발하기 전의 조만 국경 지대를 무대로 삼았다. 그리고 다음 장면에는 만주로 향하는 열차의 숏, 일본경찰이 배를 타고 국경을

---

286. 제2차 세계대전 때 외국인 스파이의 민간 침투를 경계하는 취지에서 일본의 대중소설과 영화에서는 첩보물이 유행했다. 특히 태평양전쟁 개전과 1941년 10월 조르게 사건(『프랑크푸르트차이퉁(Frankfurt Zeitung)』의 특파원이자 독일대사의 사설 정보관이었던 조르게와 만철 촉탁 오자키 호츠미 등이 러시아의 스파이로 체포되어 1944년 사형당했다) 이래, 대중서사에 등장하는 스파이의 국적도 다양해졌다. 영화의 경우 〈망루의 결사대〉에는 중국인 스파이, 〈간첩 아직 죽지 않고(間諜まだ死せず)〉(쇼치쿠, 1942)에는 중국인, 미국인, 필리핀 스파이가 등장한다. 〈당신을 노리고 있다(あなたは狙われている)〉(다이에이, 1942)에도 미국인 스파이가 등장하고, 〈개전의 전야(開戦の前夜)〉(쇼치쿠, 1943)에서는 미국인 스파이와 일본인 스파이의 대결이 그려진다.

287. 일본어 시놉시스는 「映畵物語―望樓の決死隊」, 『조광』 1943년 2월, 한국어로 번역된 시나리오는 앞의 책 「망루의 결사대」, 『근대 희곡 · 시나리오 선집 ⑧―해방전(1940-1945) 상영 시나리오집』 참조.

흐르는 강을 감시하는 숏이 보인다.

이렇게 설정 숏이 끝나면 국경 지방의 한 마을[만포진 남산리(滿浦鎭南山里)라고 영화 중에 밝혀진다] 주민들이 경찰과 힘을 합쳐 망루를 건설하는 장면이 이어진다. 이 마을은 비옥한 땅이 있고 든든한 경찰이 있으며 일본인, 조선인, 중국인(만주복 차림)이 섞여 평화롭게 생활하는 왕도낙토이자 민족협화의 공간으로 설정되어 있다. 마을의 평화를 위협하는 유일한 것은 겨울이면 얼어붙는 강을 건너 쳐들어올지도 모를 공비(共匪) 코류 일당이다.

주민의 안전을 위해 다카즈 경보부(다카다 미노루 분)는 중국인으로 변장하여 나루터를 염탐하거나, 공비에게 피해를 당하고 친일로 돌아선 중국인 스파이를 고용하여 그들의 동정을 감시한다. 한편, 코류 일당도 마을에 스파이를 침투시켜 쳐들어갈 날짜를 가늠한다. 그 스파이[아사다 겐조(朝田健三) 분]는 중국인 반점의 주인 왕룽[스가이 이치로(菅井一朗) 분]에게 접근하여, 집 나간 아들 왕호[사야마 료(佐山亮) 분]도 자기들과 한 패이니 협력하라고 회유한다. 그러나 공비에게 집이 불타고 아내마저 살해당한 왕룽은 공산주의자 아들은 죽은 셈 치고 협화부락의 모범적인 주민으로 살고 있으니 협력할 리가 없다. 두 사람이 티격태격하는 도중 김 순사(진훈 분)가 반점으로 들어온다. 김 순사는 만주에서 왔다는 그 사나이를 미심쩍게 여기고 주재소에 데려가려 하고, 위기의 순간에 스파이는 순사를 쏘고 도망친다.

마을 전체에 비상이 걸려 순사와 주민이 함께 순찰을 하는 동안 김 순사는 친구 류동순(심영 분)에게 여동생 영숙(김신재 분)을 부탁하고 숨을 거두고 만다. 경성에서 의학 공부를 하는 영숙은 부음을 듣고 남산리로 돌아왔다. 요시코(하라 세츠코 분)를 만난 영숙은 뒷바라지해 주던 오빠가 죽었으니 의학 공부를 그만두겠다고 한다. 그 사정을 전해 들은 동순은 영숙이 자신의 호의를 거절할 것을 미리 짐작하고 다카즈의 이름으로 학자금을 원조한다.

순사들이 가가호호 방문하여 탐방 수사를 벌였지만 스파이의 행방은 결국 캐내지 못한다. 이윽고 공비들이 강을 건너 쳐들어올지도 모를 결빙기가 오고야 만다. 다카즈는 "어머니 위독"이라는 전보를 받았지만 국경을 지키는 사명을 완수하고자 아내의 눈물에도 아랑곳 않고 그 사실을 비밀에 부친다.

눈이 오면 언제 전장으로 변할지 모르는 이 엄중한 시기에 새로 온 젊은 순사 아사노[사이토 히데오(斎藤英雄) 분]는 불침번을 서다가 실수로 주재소 안에서 총을 발사하고 만다. 아사노는 이 사건으로 다카즈에게 크게 꾸중을 듣고 사직하겠다고 반항하지만, 시기가 시기이니만큼 묵살당한다. 이때부터 다카즈의 신참 길들이기가 시작되는데, 두 사람은 아버지와 사춘기 아들 같은 구도를 형성하며 대립하다가 결국 아사노가 다카즈의 인격에 감화되어 국경경비대의 임무가 얼마나 중요한가를 깨닫는다.

오랜만에 영숙도 경성에서 돌아온 정월 밤, 왕룡의 아들 왕호가 경비대를 피해 반점으로 숨어든다. 아들은 동지(공비)들이 마을을 습격하기 전에 아버지와 여동생 왕연을 피신시키려 한 것이다. 아버지와 아들이 실랑이를 벌이는 사이 공비들은 비밀을 누설한 배신자 왕호를 처단하려고 벌써 반점을 둘러싸고 있다. 왕룡은 공비의 총에 맞아 죽고, 아사노와 야간 순찰을 하던 동순도 어둠 속에서 저격당해 팔을 다친다.

공비와 경찰들 간에 전투가 시작되고 전 주민은 주재소로 피난한다. 경찰들은 망루에서, 마을 남자들은 주재소에서 다카즈의 지휘하에 공비와 싸우고, 왕호도 아버지의 원수를 갚고자 한편이 되어 목숨을 걸고 싸운다. 전선과 총후의 구별 없이 경찰관과 주민이 일체가 되어 최후까지 싸우는 동안 드디어 응원군이 도착하여 공비를 무찌른다.

망루의 위계질서

〈망루의 결사대〉는 선전영화 중에서는 흥행에 성공한 편이다. 이상의 줄거리에서 알 수 있듯 이 영화에서 민족협화, 군민일체와 같은 전쟁 동원 이데올로기는 오락적인 요소를 가미하여 자연스럽게 느껴지도록 연출되었다.

한 가지 예로 아사노 순사가 부임한 날 주재소 안마당에서 벌어지는 경찰관들의 연회 장면을 보자. 처음에는 조선인과 일본인이 번갈아 가면서 일본어로 노래한다. 도중에 구마자와 순사〔도바 요노스케(鳥羽陽之助) 분〕는 아사노를 위해 김 순사에게 조선노래를 한 곡 부탁한다. 김은 〈도라지타령〉을 부르고, 동료 임(전택이 분)은 그 가락에 맞춰 어깨춤을 춘다.

일본어로 제작되고, 영화 여기저기에 '국어상용(國語常用)'이라는 표어가 등장하는 내선일체 영화에서 조선어 노래가 들리는 것은 모순이라고 생각할지도 모른다.[288] 그러나 이 신은 연출상의 실수가 아니라 의도된 것이다. 일본인들이 조선민요에 맞춰 젓가락을 두드리고 무릎장단을 치면서 흥을 돋우는 화목한 모습을 보여 준 것은, 다음과 같이 조선인의

---

288. 피터 B. 하이는 연회 장면의 조선민요와 '국어상용'이라는 표어의 모순이 단순히 연출상의 실수인 것으로 파악했으나, 이는 내선일체 프로파간다에 대한 그의 인식 부족에서 비롯된 결론이다. 피터 B. 하이(ピーター. B. ハーイ), 『帝国の銀幕──十五年戦争と日本映画』(名古屋大学出版会, 1995), 402~403쪽. 또한 그는 〈망루의 결사대〉에 나오는 공비가 조선인 공산주의자라고 썼으나 이 역시 잘못된 독해이다. 〈망루의 결사대〉의 공산주의자들은 의상 코드에 의해 중국인으로 표현되었고, 시나리오와 시놉시스에서도 중국인으로 설정되어 있다.

입을 통해 내선일체 선전을 전달하려는 뜻에서이다.

> 아사노: 춤이라도 안 보여 주셨으면 김 상 완전히 내지인이네요.
>
> 김 순사: 그럴지도 모르죠. 그렇지 임 군?
>
> 임 순사: 나야 하야시(林)로 바꿔 부르면 모르겠죠?
>
> 순사들: 하하하
>
> 임 순사: (옆에서 술시중 드는 부인〔전옥 분〕을 가리키며) 마누라도 이렇게 일본 옷에 익숙해졌고요.

　역사적으로는 중일전쟁 이후에 시행된 내선일체 정책과 일본식 성명강요(창씨개명, 1940년 2월부터 시행)에 대한 선전을, 1935년이 배경인 영화에 끌어들인 것은 위와 같이 조선인들이 스스로 원해서 이름을 바꾸고일본옷을 입은 것처럼 왜곡하기 위해서였다. 이 장면의 또 다른 목적은, 조선인에게는 일본인이 조선의 문화를 즐기며 이해한다는 것을 보여 주고, 일본인에게는 조선민요와 민속무용을 이국적인 볼거리로 제공하려는것이다. 식민지의 민속연예를 오리엔탈리즘적 시선으로 포착한 신은 〈망루의 결사대〉 외에도 〈사랑과 맹세〉, 〈남해의 꽃다발〉, 〈사용의 종〉 등 식민지에서 합작한 다른 영화들에도 들어가 있다.

　이처럼 〈망루의 결사대〉는 오락적인 외피로 프로파간다의 노골성을 가린 작품으로, 갖가지 국책 선전을 내러티브 속에 유기적으로 봉합했다. 이민족들이 공동체를 이루어 평화롭게 생활하는 마을에는 표면상 어떤차별과 편견도 존재하지 않는 것처럼 그려진다.

　그러나 〈망루의 결사대〉에 표상된 무차별이 곧 평등을 의미하지는 않는다. 구조적으로 마을 주민들은 민족별로 교묘하게 서열을 이룬다. 일본인은 모두 국경경비대원, 즉 관리나 감시를 하는 위치이며 중국인은 언제 공비에 포섭될지 모르는 신용할 수 없는 주민으로 설정되어 있다. 그 사이에 놓인 조선인은 일본인에게 협력적인 주민으로, 조선인 중 일부는 교사, 순사 등 중간 관리자로서 일본인을 보필한다. 이 같은 위계질서의 최정점에 위치하는 것이 다카즈 경보부와 요시코 부부인데, 마을 주민들은 이 부부와 공적 장소인 주재소, 공식어인 일본어의 응집력에 의해 하나가 된 집단으로 표상된다.

먼저 다카즈 부부는 혈연으로 맺어지지는 않았으나 가부장적 가족주의로 서열화된 이 공동체의 최정점에 위치한다. 마을의 안전 책임자 다카즈는 엄격한 동시에 자애로운 가부장으로서 경찰대와 주민들의 생활 전반을 관장한다. 그의 처 요시코는 마을에 유일한 일본여성으로, 다카즈를 내조할 뿐만 아니라 의학적 지식을 갖추어 부상자를 치료하고, 때로는 산파 구실도 한다. 요시코는 영숙(조선인), 왕연(중국인)과 같은 마을처녀들을 마치 자매처럼 돌보며, 아낙네들에게는 현숙한 아내의 모범이 되는 존재이다. 이 유사 가족적인 공동체에서 다카즈 부부는 부모 역할을, 경찰관 이하 마을 주민들은 자식 역할을 한다. 그중에는 황 씨처럼 다카즈 부부의 자애를 의심하는 '양아들 근성'[289]의 조선인도 있으나, 그도 항일파로 그려지지는 않고 이광수가 언급한 바 있듯, 양부모를 신용하지 않는 양자처럼 묘사된다. 황 씨는 요시코가 아내의 출산을 도와준 것을 계기로 마음을 바꾸고, 결국 다카즈 부부의 친절과 솔선수범에 감화되어 공비와

---

289. 이광수는 「동포에 씀함」에서 "위정자들이 반도인에 대해 행하는 정책은 모두 나의 의사나 이익을 안중에 두지 않은 것이라고 잘못 추측하고 있었던 것"을 '양아들 근성'이었다고 후회하고, 황은에 보답하고자 성전에 지원하는 것이 내선일체로 천황의 적자(嫡子)가 된 조선인의 사명이라고 주장했다. 김원모·이경훈 편역, 『춘원 이광수 친일문학—동포에 씀함』(철학과 현실사, 1997), 13쪽 참조.

싸우는 데 협력한다. 즉, 다카즈 부부를 중심으로 하는 가부장적 위계질 서는, 일본을 정점으로 하는 동아시아 제국에 조선과 기타 아시아 민족을 입양하는 것으로 비유되는 대동아공영권의 가족주의적 구상이 투사된 것이라 할 수 있다.

또한 일본어도 이 마을의 공식 언어로서 주민들을 서열화한다. 주재소와 학교 곳곳에 붙어 있는 '국어상용'이라는 표어는 도리어 주민들이 아직 국어를 상용하지 못한다는 사실을 드러낸다. 그리고 주재소에서 열린 주민 좌담회에서 칠판에 한글과 일어(한자)가 병기된 것이나 경찰관들이 스파이의 행방을 찾아 조선인 주민들을 탐문할 때도 통역이 필요한 것에서 알 수 있듯, 역설적으로 이 마을의 일본인 경관에게 조선어와 한글은 의사소통을 하는 데 필수적인 언어이다.

〈집 없는 천사〉의 경우 비공식 언어인 조선어로 만들어졌기 때문에 문부성 추천이 취소되었다는 소문이 있었으나, 〈망루의 결사대〉는 조선어가 부분적으로 사용되었는데도 문제없이 공개되었다. 그 이유는 〈망루의 결사대〉의 시간적 배경이 내선일체와 일본식 성명 강요 정책이 실시되기 전인 1935년으로 설정되었기 때문이라고 생각할 수 있다. 이런 설정은 논리적으로 영화가 제작된 현 시점(1943년)에는 동화가 더욱 진전되었다는 가정을 가능하게 한다. 원래 시나리오에는 1937년으로 설정되었던 시간적 배경을 1935년으로 앞당긴 것도, 중일전쟁 이전이라면 이중 언어 상황이 용납될 수 있다는 제작자나 검열관의 계산 때문이 아닐까 싶다. 그리고 〈집 없는 천사〉에서는 황국신민서사를 제창하는 라스트 신에만 일본어가 두드러진 데 비해, 〈망루의 결사대〉에서는 일본어가 다른 모든 언어를 제압하고 서열 제1위를 확고히 장악하고 있다. 조선어와 중국어는 단지 등장인물들의 신분(identity)을 나타내는 코드로 이용되었을 뿐이다.

〈망루의 결사대〉에서.
왼쪽 다카즈 경보부, 오른쪽 중국인 왕연과 왕룡. 모두 일본 배우가 연기했다.

 〈망루의 결사대〉에 드러난 언어적 위계질서를 자세히 살펴보면, 공식 언어로서 권력을 가진 일본어는 일본인, 조선인 중간 관리자(순사), 엘리트(교사, 의학생)가 사용한다. 그리고 조선인 주민의 상용어인 조선어는 외국어라기보다는 대동아공영권의 향토색 넘치는 방언으로 표상된다. '총각'이니 '떡국' 같이 일본어에 섞여 쓰이는 조선어는 도라지타령과 어깨춤처럼 일본인의 이국 취향을 만족시켜 주는 선에 한정된다. 한편, 〈망루의 결사대〉에서 중국어는 가장 타자화된 언어로, 주로 스파이의 정체를 드러내는 데 사용되었다.

 그런데 흥미로운 점은 이 영화의 중국인 역을 전부 일본인 배우가 연기했다는 점이다. 당연히, 중국인에 대해 노골적인 흑색선전을 펼치는 이 영화에 출연할 중국인 배우가 없었기 때문이다. 따라서 일본인 배우가 일부러 서투른 일본어(주로 조사를 전부 뺀)를 쓰며 중국인을 연기하는데, 그

때문에 왕호가 왕룡의 반점으로 숨어든 장면에서처럼 중국인 부자가 일본어로 말다툼을 하는 개연성 없는 상황이 전개되고 만다.

이상과 같이 〈망루의 결사대〉에는 일본인을 최고위에, 일본어가 서툰 중국인을 최하위에 두고 그 사이에 일본어가 유창한 조선인 친일파를 위치시키는 언어의 위계질서가 있다. 그러나 현실에서 그 같은 서열화는 어디까지나 가정에 지나지 않았다. 이마이 감독은 제작 당시 일본 영화잡지와 인터뷰하면서, 한 유명 조선인 배우의 발음 때문에 대사 한 단어에 세 시간 가까이 걸린다고 밝힌 바 있다.[290] 이처럼 〈망루의 결사대〉가 제작된 1943년에도 조선인 대부분은 조영 영화가 선전하듯이 두 가지 언어를 자유자재로 쓰지 못하고, 억압된 모국어와 강요된 국어 사이에서 고심했다.

마지막으로 〈망루의 결사대〉의 위계질서는 주재소에 의해 공간적으로 표상된다. 지하, 지상(1층의 사무실), 망루로 나뉜 주재소는 군과 민, 남성과 여성의 위치를 공간적으로 서열화한다. 원래 주재소는 경찰서의 하부 기관으로, 경찰관이 주재하며 담당 구역 내의 사무를 보는 곳을 의미한다. 한편 이곳은 범인에 대한 신문(訊問)을 하는 장소이기도 했기 때문에, 종종 광복영화와 드라마에서 보듯 주재소의 음침한 지하는 일본인 경찰이 조선인 독립운동가를 고문하는 장소로 그려지기도 한다. 반면, 〈망루의 결사대〉에서 주재소의 지하는 주민들의 피난처가 된다. 공비가 습격해 올 때 노약자들은 주재소의 지하로 피난하고, 경찰관들은 망루에 올라가 전투에 임하며, 마을의 모든 남자들은 지상에서 싸운다. 즉, 주재소의 삼층 구조는 생사를 함께하는 이 공동체의 성원을 세 가지로 서열화한다. 공간적으

---

290. 앞의 책 『帝国の銀幕——十五年戦争と日本映画』, 403쪽 참조. 일본어로 제작된 〈그대와 나〉의 허영 감독도 마찬가지 문제를 지적했듯 조선인 배우의 일본어 발음 문제는 일본어 선전영화의 골칫거리이기도 했다. 앞의 글 「「君と僕」를 말하는 座談會」, 113~114쪽 참조.

로 망루는 전장을, 지상은 전선을, 지하는 총후를 각각 표상한다.

이 같은 공간적 위계질서에는 전시 국민의 서열이 투사되어 있다. 가장 밑의 지하에는 싸울 수 없는 부상자와 부녀자가 있고 가장 높은 망루에는 군인이 있다. 그리고 그 사이에는 전쟁으로 새로 국민의 범주에 포함된 계층이 위치한다. 이 영화에서 그 계층이란 구체적으로 조선인 남성, 한간(漢奸: 중국에서 친일파 중국인을 가리키는 말), 일본여성이다. 영화 속 장면을 인용하자면 지하에 남아 있던 황 씨는 아내에게 "여보! 겁쟁이는 당신뿐이야!"라고 비난받은 뒤에 우물쭈물 지상으로 올라간다. 이 장면처럼 조선인 남성은 전시에 '국민'으로 징병당했고 국가의 부름에 응하지 않는 남성은 '비국민'으로 비난받았다. 그리고 동지를 배신하고 그들에게 총구를 들이댄 왕호와 그를 도운 왕연, 위기일발의 순간 총을 들어 적을 쏜 총후부인 요시코처럼 전쟁과 더불어 친일파 중국인과 일본여성도 국민의 범주에 포함되었다.

〈망루의 결사대〉에서 가부장적 가족주의의 구심력에 의해 위계화된 공동체의 운명으로 결정되어 있는 것은 집단 자살(玉碎)[291]이다. 공비들이 주재소의 정문을 부수고 드디어 건물 안으로 침입하려 할 때 다카즈는 지하로 내려가 "각오는 되어 있겠지"라며 요시코에게 총을 건네고 자신은 일본도를 빼어 든다. 지하의 주민들은 이 부부의 각오에 어떤 위화감도 못 느끼는 듯 자연스럽게 동참한다. 집단 자살에 앞서 다카즈는 갓난아이를 업은 황 씨 부인에게 "만일의 경우 제가 대신 처리해 드리지요"라고 말

---

291. 교쿠사이(玉碎)란 구슬이 아름답게 흩어지는 모양을 의미하는 단어이지만, 메이지 시대부터 일본군인은 흩어지는 구슬처럼 죽을 때까지 싸우다 아름답게 죽는다는 군국주의 미학이 성립했다. 2차 세계대전 때에 교쿠사이는 전술의 하나로서 적의 손에 당하거나 포로로 잡히기 전에 감행하는 자살 공격 및 자결을 의미하게 되었다.

〈망루의 결사대〉의 라스트 신

한다. 영아 살해라는 비인간적인 상황에도 어머니는 한 점 흔들림 없이 "괜찮습니다. 각오는 되어 있습니다"라고 대답하며 강보에 숨겼던 총을 보여 준다. 그리고 팔에 부상을 입은 류동순은 나머지 한쪽 팔로 "만일의 경우에는 저를 먼저 쏘아 주세요"라는 애인 영숙을 겨눈다. 이 소름 끼치는 장면은 '전 국민 동반 자살(一億心中)'이라는 광기에 넘치는 총력전 구호를 선전하고자 삽입한 것이나, 이 같은 비정상적 상황을 은은한 조명과 감상적인 음악으로 멜로드라마틱하게 묘사한 것이 〈망루의 결사대〉의 진짜 소름 끼치는 면이기도 하다. 그들이 집단 자살을 감행하려는 순간, 밖에서 응원군의 나팔 소리가 들린다.

그리고 라스트 신에는 온 마을의 주민이 모인 가운데 희생자에 대한 장례식이 벌어지고, 보이스 오버로 국경 수비의 중요성에 대한 다카즈의 연설이 들린다. 마지막으로 카메라는 망루로 틸트 업(tilt up: 카메라를 고정한 채 앵글을 아래에서 위로 이동)해서 보초를 선 경찰관과 그 위로 바람에 나부끼는 일장기를 비춘다.

그러나 영화와 달리 현실에서 〈망루의 결사대〉의 결말과 같은 행운은 드물었다. 일본의 패배가 분명해졌을 때 만주국 관공서의 일본인 관리들은 갖가지 경로를 통해 패전을 미리 알아차렸다. 그러나 그들은 어떤 조치도 취하지 않고 국민을 방치한 채로 철수했고, 패전 후 중국인의 습격을 두려워한 일본인 부락들에서는 집단 자살이 이어졌다.[292]

---

292. 예를 들어 구마모토 현 가모토 군 구타미 마을(熊本県鹿本郡来民町)은 일본의 전통적인 신분제에 의해 차별을 받아 온 천민 부락인데, 일본정부의 융화정책에 의해 1941년 이 마을의 많은 주민이 '구타미개척단'이라는 이름으로 만주에 집단 이주했다. 종전을 앞두고 관리들이 철수했기 때문에 일본의 패전을 감지한 중국인들의 공격이 심해졌다. 이에 구타미개척단은 집단 자살을 결의하고 1945년 8월 17일 274명 전원이 동시에 자결했다. 『満州移民と被差別部落—融和政策の犠牲となった来民開拓団』(大阪人権歴史博物館, 1989) 참조.

2. 〈조선해협(朝鮮海峽)〉

지원병 일가의 대 잇기

쇼치쿠의 가마타(蒲田) 촬영소[293]에서 각본가로 활동했던 츠쿠다 준(佃順)이 각본을 쓰고 박기채가 연출한 〈조선해협(朝鮮海峽)〉은 조선인 징병제를 기념하고자 기획되었다. 조선에서만 공개된 이 영화는 1943년 6월 16일부터 22일까지 약초극장에서 개봉했다. 이 영화에는 정오를 알리는 사이렌이 울리자 여공들이 바쁜 일손을 놓고 일제히 기립하여 묵도를 하는 신이 들어가 있다. '정오의 묵도'는 아침의 '궁성요배'와 함께 조선에서만 의무로 부여되었기 때문에, 〈그대와 나〉에 들어간 정오의 묵도 신이 일본 개봉 때에 물의를 일으킨 적이 있다. 그럼에도 조영이 〈조선해협〉에 이 장면을 넣은 것은 선전의 대상을 조선인으로 한정했기 때문이 아닌가 추측된다.

이 영화가 개봉된 해는 1942년에 조선인 징병제를 발표한 총독부가 징

---

293. 1920년 설립된, 쇼치쿠의 도쿄 촬영소 중 하나. 오즈 야스지로가 이곳에서 30년대 중반까지 도쿄를 무대로 한 청춘영화와 홈드라마를 감독했다.

집에 앞서 본격적인 토대를 마련하던 시기였다. 1943년 10월 25일 제1회 학병 징병검사가 실시되어 대학생과 전문학교생이 징병검사를 받았다. 그리고 1944년 4월 1일에는 중학교 졸업생에 해당하는 만 18세 이상 남성에 대한 징병검사가 실시되었다. 양자를 인정하지 않고 적자(嫡子)로 대를 잇는 가부장적인 가족제도 때문에 징병에 대한 조선인의 거부감은 상당했고, 총독부는 징병 대상자의 도피를 막는 데 고심하지 않을 수 없었다. 따라서 징병제가 발표된 후 총독부는 국민총력조선연맹과 각종 어용단체를 통해 징병이 일가일족(一家一族)의 명예인 것으로 대대적인 선전과 계몽 활동을 벌였다. 바로 그 일환으로 조영이 제작한 〈조선해협〉은 조선인의 가족제도와 병역 문제를 엮어서 선전하는 특수한 목적을 띤 영화였다.

　이 영화의 오프닝 신은 규모가 상당한 기와집 담벼락을 패닝(panning: 진행 방향에 맞춰 카메라를 옆으로 이동하며 찍는 기법)하면서 시작된다. 즉, 이 영화는 당시 징병제에 대한 거부감이 가장 높았던 구(舊) 양반 부유층을 선전 대상으로 삼은 것이다. 주인공 리케 세키〔李家成基: 남승민(南承民) 분〕는 이씨 집안의 둘째아들로 부모가 허락하지 않은 여자 미하라 긴슈쿠(三原錦淑: 문예봉 분)와 살림을 차린다. 아버지는 큰아들 세케(成炅, 조선에 고유한 항렬제까지 파악해 등장인물들의 이름을 붙였다)가 지원병으로 명예롭게 전사했는데 둘째아들이 근본 없는 여자와 살림을 차려 집안에 먹칠을 했다고 부자간의 인연을 끊는다. 집안의 원조가 끊겨 생활고에 시달리던 세키는 삼촌(독은기 분)을 찾아갔다가 바르게 살라는 설교를 듣는다. 그때 마침 창밖을 지나가던 지원병의 행진 모습을 보고 세키는 깨달은 바가 있어 아내를 두고 지원해 버린다. 워낙 내선일체가 된 집안이기 때문에 아버지, 어머니, 여동생 기요코(淸子: 김신재 분)는 조선의 보통 가정처럼 대가 끊길 것은 조금도 걱정하지 않고 크게 기뻐한다.

〈조선해협〉에서. 문예봉(왼쪽)과 김신재(오른쪽)

한편 긴슈쿠는 남편이 입영하고 나서야 임신 사실을 알게 된다. 긴슈쿠는 일본인 친구 에이코〔英子: 츠바키 스미에(椿澄枝) 분〕의 도움으로 무사히 아들을 출산한다. 에이코는 기요코에게 그 사실을 알리고, 처음에는 반대하던 아버지는 부인과 딸의 설득에 손자만은 인정하기로 한다. 그러나 아직도 긴슈쿠는 며느리로 인정받지 못한 채이다.

얼마 뒤 이씨 집안의 대문에는 일장기와 '李家成基, 志願兵之家(리케 세키, 지원병의 집)'라는 띠가 장식되고, 출정을 앞둔 세키를 맞이하여 가족이 잔치를 벌인다. 그가 출정한 후 명예로운 지원병의 아내로서 공장에서 있는 힘껏 봉공(奉公)하던 긴슈쿠는 과로로 쓰러지고 만다. 한편 세키는 전투에서 부상을 입고 어떤 열대의 병원에서 치료를 받는다. 입원한 긴슈쿠에게 바다 건너의 남편으로부터 전화가 온다. 그리고 마지막에 시댁 식구들이 병실을 방문하고 시아버지가 드디어 그녀를 며느리로 인정한다.

위의 내용처럼 〈조선해협〉은 장자상속제인 조선의 가족제도가 결코 징병제와 모순되지 않음을 주장하려고 필사적이다. 세키는 형과 마찬가지로 지원했지만 형처럼 전사하지 않고, 마치 전쟁이 이씨 집안의 대를 잇는다는 과업과 타협한 듯이 부상을 입었을 뿐 살아남는다. 그리고 긴슈쿠역시 대를 이을 아들을 낳아 총후부인의 임무를 다하며, 아직 아들의 얼굴도 못 본 남편의 전화에 "아기도 훌륭한 군인이 될 거예요"라고 말한다. 이 전화 장면 뒤에 곧바로 시아버지가 나타나 그녀를 며느리로 인정하는데, 이처럼 긴슈쿠는 남편과 아들을 전쟁에 바치고서야 이씨 집안의 사람이 된다.

전선과 총후의 교차편집

〈조선해협〉은 조선인의 고유한 가족제도를 이용해 선전한 것도 교묘하거니와 영화 기법 면에서도 발굴 영화 중 가장 이음매 없이(seamlessness : 편집 과정이 드러나지 않도록 매끄럽게 연결하는 할리우드 영화의 스타일) 봉합된 작품이다. 다시 말하자면 당시의 적성국(敵性國)인 미국영화의 문법을 고스란히 이용했다. 인물들의 대화 장면을 줌 인/줌 아웃(세키와 삼촌의 대화), 숏/역숏(손자를 두고 벌어진 아버지와 어머니의 논쟁)으로 다양하게 처리한 것이나, 지원병들의 행진과 아기를 업은 채 남편을 따라잡으려는 긴슈쿠를 교차편집으로 처리한 것 등, 발굴 영화 중에서는 편집이 가장 세련된 작품이다.

출정 장면의 교차편집은 기노시타 헤이스케(木下惠介)가 감독한 〈육군(陸軍)〉(쇼치쿠, 1944)의 라스트 신에서도 볼 수 있다. 거기서는 지원병들의 행진과 행진 대열 속에서 아들을 찾으려고 어머니가 따라 뛰는 숏이 교차편집되었다. 두 영화 모두 가족의 출정 장면을 교차편집으로 처리함으로써 여성 주인공의 절박함과 극적 긴장을 고조하는데, 〈조선해협〉에서 이것을 먼저 사용했다는 점이 주목할 만하다. 또한 행진하는 군인들과 일장기가 위풍당당하게 보이도록 앙각 숏(아래에서 위를 올려다보는 시점으로 찍는 기법)으로 잡은 것이나, 재빠르게 재봉틀 돌리는 긴슈쿠의 손이 클로즈업되다가 정오의 묵도를 알리는 사이렌이 울리자 그 손이 딱 멈추고 재봉틀 돌리는 소리도 뚝 끊기는(사운드 오프) 것이라든지, 〈조선해협〉의 화면 구성은 더할 나위 없이 적절하다.

한편 〈조선해협〉의 멜로드라마적 구성은 비슷한 시기 MGM이 만든 홈 드라마를 연상케 한다. 이들 전쟁선전영화는 전쟁터로 떠난 남편을 기다리는 총후부인들의 생활을 그리고 있다. 윌리엄 와일러(Willam Wyler) 감독의 〈미니버 부인(Mrs. Miniver)〉(MGM, 1942)에서 그리어 가슨(Greer Garson)이 분한 미니버 부인은 영국의 중산층 가정주부로, 군인인 아들을 전쟁에서 잃고 남편마저 전쟁에 동원되는 상황에서 두 아이와 함께 가정을 지켜 낸다. 약간 사치를 즐기는 평범한 주부에 불과하던 그녀는 폭격으로 집이 무너지고 연일 등화관제가 이어지는 상황이 닥치자 가정의 평화를 지키고자 의연하게 대처한다. 미니버 부인은 부엌으로 침투한 독일군 패잔병에게 인도적인 태도를 취하는데, 이렇게 연합군의 정의감과 도덕성을 선전하는 것은 미국 측 선전영화의 또 다른 중요한 목적이었다.

존 크롬웰(John Cromwell) 감독의 〈당신이 떠난 후(Since You Went Away)〉(MGM, 1944)에는 남편이 출정한 뒤 두 딸을 키우며 생계를 걱정해야 하는 힐턴(Hilton) 부인이 등장한다. 클로데트 콜베르(Claudette Colbert)가 연기한 힐턴 부인은 남편의 그늘에서 흑인 하녀를 두고 편하게 살아온 중산층 가정주부이다. 남편은 전쟁터에서 실종되어 소식이 없고, 생활비를 벌려고 고군분투하던 힐턴 부인은 하녀를 내보내고, 집을 세놓고, 마지막에는 공장에 취직한다. 그 공장에는 미국으로 망명 온 유대인 여성 조피아가 있다. 조피아는 힐턴 부인에게 "너는 내가 생각했던 미국이야. 내 아이와 기도했던 바로 그 나라"라고 말한다. 그리고 힐턴 부인의 고생에 대한 보상이기라도 한 듯, 실종된 남편이 크리스마스 날 집으로 돌아온다.

전선의 비참한 모습을 담지 않는 것이 당시 할리우드 영화의 불문율이기도 했지만 〈미니버 부인〉과 〈당신이 떠난 후〉는 전투 신 한 컷 보이지 않으면서도 총후의 중산층 가정을 통해 갖가지 전쟁 선전을 전달한다. 반면 마찬가지로 총후를 다루었어도 〈조선해협〉은 전선과 총후를 끊임없이 교차편집한다. 유럽 전선에서 떨어져 있던 미국과 달리 일본의 경우 전선과 총후의 거리가 그만큼 가깝기도 했고, 근본적으로 미국과 달리 일본에게 태평양전쟁은 총력전이었다.

세키가 전장으로 떠나고 나서 긴슈쿠는 공장에 취직하는데 이때부터 영화는 전장과 공장을 교차편집하며 두 인물을 감정적으로 연결한다. 전장의 총성과 공장의 재봉틀 소리가 교차하고(심지어 두 가지 소리는 유사하기까지 하다) 세키가 적의 총에 쓰러질 때 재봉틀 앞의 긴슈쿠는 과로로 쓰러진다.

이 영화에서 전선과 총후의 거리가 감정적으로 가장 좁혀지는 순간은 라스트 신이다. 세키는 외국의 한 군인병원에서 조선의 병상에 누운 아내에게 전화를 한다. 이 전화 신은 두 인물을 한 프레임에 잡은 분할 화면이 아니고, 각자의 공간이 네 차례에 걸친 잔잔한 바다의 인서트 숏을 매개로 연결된다. 통화가 끝나고 나면 이 인서트 숏이 실은 세키가 지금 목발을 짚고 서 있는 바닷가의 풍경이었다는 것을 알게 된다. 카메라가 그와 그를 부축한 간호원의 뒷모습을 잡을 때, 간호원이 바다를 향해 한숨 쉬듯 말한다. "半島ですね(반도군요)." 이런 미세한 울림은 저항이라고까지

는 말할 수 없어도 조영 영화의 틀에서 슬쩍 비켜난 것은 틀림없다. 현존하는 시나리오[294]와 비교했을 때, 영화의 마지막 장면에는 자포자기적인 그늘이 느껴진다. 시나리오의 이 라스트 신은 간호원이 바다의 아름다움에 감탄하는 등 아주 명랑하게 처리되어 있다.

앞서 언급한 일본영화 〈육군〉의 라스트 신에서도 〈조선해협〉과 같은 미묘한 감정을 엿볼 수 있다. 이 영화에서 아들을 천황에게 돌려 드릴 때가 왔다고 말한 어머니는 정작 그 아들이 출정할 때는 두 손을 모아 무사히 돌아오기를 기원한다. 이들 선전영화 두 편에서 볼 수 있는 미묘한 결말은 아마 일제 치하의 영화인들이 표현할 수 있었던 최소한의 양심이자, 최대한의 자유였을 것이다.

---

294. 앞의 책 『근대 희곡 · 시나리오 선집 ⑧―해방전(1940-1945) 상영 시나리오집』 참조.

3. 〈젊은 모습(若き姿)〉

징병제 선전영화의 모순

1942년 5월 8일, 총독부는 조선인 징병제가 일본 내각의회를 통과했으므로 1944년부터 조선에서도 징병제를 실시한다고 공포했다. 이를 선전하고자 조선군사령부와 총독부의 협찬으로 〈젊은 모습〉이 제작되었고 도호, 쇼치쿠, 다이에이의 배우와 제작진이 동원되었다. 연출은 도쿄발성영화제작소(東京発声映画製作所)에서 〈젊은이(若い人)〉(1937), 〈작은 섬의 봄(小島の春)〉(1940) 등을 연출하며 문예영화(文芸映画)[295]에 재능을 보인 도요타 시로(豊田四良)가 맡았다.

도요타는 리얼리즘적 연출법으로 좋은 평판을 쌓았지만, 마을 전체가 만주로 집단 이주하는 내용을 담은 〈오히나타 마을(大日向村)〉(1940)을 연출하면서 국책에 협력하기 시작했다. 〈젊은 모습〉의 시나리오는 쇼치

---

295. 문예영화란 순수 문학작품을 영화화한 격조 높은 영화를 의미한다. 1933년부터 시작된 일본 문단의 '문예부흥운동'에 촉발되어 1935년부터 일본의 문예영화 붐이 시작되었다. 주로 쇼치쿠와 P.C.L(Photo Chemical Laboratory) 영화제작소에서, 통속소설을 영화화하던 기존의 풍토를 벗어나 차별성을 띤 예술영화를 제작했다. 도요타 시로가 연출한 〈작은 섬의 봄〉은 문예영화의 첫 히트작이었고 조선에서도 1940년 9월 개봉되었다.

쿠의 시나리오 작가 핫타 나오유키(八田尚之)가 맡았고, 안석영이 이를 고증했다. 기술 부문은 촬영을 맡은 도호의 미우라 미츠오(三浦光雄)를 비롯해 일본인 제작진이 담당했다.

〈젊은 모습〉은 〈망루의 결사대〉나 〈조선해협〉에서처럼 내선일체가 된 인물을 내세우는 심리 작전을 취하지 않고, 중학교 5년생의 단체 생활을 묘사하는 데 중점을 둔다. 시간적 배경은 1942년 8월부터 1943년 3월까지로[296] 조선의 한 중학교를 무대로 하는데, 영화에는 학생들의 학과(국어·수학), 노작교육(토끼 기르기), 징병에 대비한 교련(검도·스키·방위훈련), 합숙 등이 사실적으로 묘사되어 있다. 그 까닭은 이 영화가 문부성의

---

[296]. 영화 중에 "쇼와 17년(1942년) 8월 9일 적(敵) 영미연합군의 함대에 맹격을 가해 승리했다"는 라디오 방송이 흐르고, 라스트 신은 중학교 5년생들의 졸업식이므로 이렇게 추정할 수 있다.

추천 영화로서 중학생 단체 관람용으로 제작되었기 때문이다. 봄이 되면 징병검사를 받아야 하는 중학교 5년생들의 생활을 다룬 이 영화는 1943년 12월 1일 일본과 조선의 경성극장, 중앙극장, 명치좌, 성보, 약초극장에서 동시에 개봉했다.

〈젊은 모습〉의 첫 신은 연병장에서 훈련받는 군인들의 롱 숏(long shot: 먼 거리에서 전체 풍경을 담아 촬영하는 기법)으로 시작된다. 카메라가 줌 인하면서 비로소 연병장처럼 보였던 곳이 중학교의 운동장이고, 절도 있는 훈련 모습 때문에 군인들로 보였던 인물들이 중학생 소년들임이 드러난다. 그만큼 학생들은 일말의 흐트러짐도 없이 진짜 군인이라도 된 양 교련(당시 중학교에서는 필수 과목이었다)에 열심이다.

학생들을 지도하는 자는 중학교 배속장교 기타무라 소좌〔마루야마 사다오(丸山定夫) 분〕이다. 이윽고 오늘의 훈련이 끝난 뒤 기타무라는 "오늘 훈련에서 가장 훌륭했던 것은 야나기이다"라고 칭찬한다. 그리고 훈련 도중 몇 번이나 다리를 끌던 그 소년을 앞으로 나오게 해 구두를 벗어 보이라고 한다. 못에 찔린 채 행군을 계속해서 피투성이가 된 발을 보이는 야나기(柳)에게 기타무라는 왜 이렇게까지 했는가 묻는다. 야나기 소년은 "마츠다 선생님이 어떤 곤란에 부딪혀도 쓰러질 때까지 하는 것이 일본정신이라고 하셨습니다"라고 대답한다.

야나기도, 마츠다(松田)도 일본식으로 이름을 바꾼 조선인으로, 이 영화의 조선인들은 모두 일본식으로 이름을 바꾸고 자신들이 일본인이라고 믿어 의심치 않는 것으로 설정되어 있다. 황철(黃澈)이 연기하는 마츠다는 이 학교의 수학교사로, 수학 공식을 못 외워 질문에 답하지 못한 학생에게 "자네는 그것이 진심인가? 국가는 지금 전쟁 중이다. 전쟁에 변명이 용서될까? 태만이 용서될까? 나는 자네들을 진심으로 가르칠 작정이다.

나는 자네들과 마찬가지로 조선에서 태어났다. 나는 자네들과 함께 진심으로 할 작정이다. 어정쩡한 태도로 수업에 들어오지 마라"고 꾸짖을 정도로, 일본인 교사보다 투철한 보국의식을 보인다. 조선인인 그는 자기세대에 징병제가 실시되지 않았던 것을 무엇보다 억울하게 생각하며 대신에 제자들을 훌륭한 일본군인이 되도록 가르치는 것을 사명으로 여기는 열혈 교사이다.

이어서 〈젊은 모습〉은, 내선일체로 조선인과 일본인이 평등하게 되었으니 조선인도 징병에 응하지 않으면 안 된다는 선전을 조선인 소년들이 직접 말하게끔 한다. 영화에서 인용해 보자면, 의사의 아들 나카야마(中山: 역시 일본식으로 성명을 바꾼 조선인 소년)와 마츠다의 대화가 그에 해당한다.

> 야나기: 나카야마가 군인 같은 건 되고 싶지 않다고 말했습니다.
> 마츠다: 그런 말 했나?
> 나카야마: 네.
> 마츠다: 너는 일본인이 아니냐?
> 야나기: 이런 놈이 있으니까(라며 나카야마에게 달려든다).
> 마츠다: (야나기를 저지한 후) 나카야마! 일본인의 긍지를 잃어버렸나?
> 나카야마: (울음을 터뜨리며) 저는 일본인입니다. 군인이 되고 싶습니다.
> 야나기: (거칠게) 거짓말이다!
>
> (마츠다의 명령으로 야나기가 교실 밖으로 나가고, 마츠다는 나카야마에게 싸운 이유를 묻는다. 나카야마는 사관학교에 진학하고 싶었으나 의사인 아버지가 의사가 되라고 하며 허락하지 않는다고 한다.)

나카야마: 잊을 수 없습니다. 쇼와 17년(1942년―인용자) 5월 9일, 조선에도 징병령이 시행된다고 발표되었을 때 우리들은 감상문을 썼습니다. 이것으로, 이것으로 겨우 어깨의 짐이 내려지는 기분이다. 이것으로 진짜 일본인이 될 수 있다. 선생님! 그것은 거짓이 아닙니다. 그것은 억지가 아닙니다. 마음 깊은 곳에서 기다리고 기다렸습니다. 선생님, 저는 의학생이 되는 것보다도 지금, 오늘날의 우리들은 군인이 되어 싸울 각오입니다.

마츠다: 좋다. 자네 아버지를 설득해 주지. 잘 부탁한다. 자네들이야말로 대동아의 적자, 그 명예를 얻었다. 선생님은 동심으로 돌아가고 싶다고 뼈저리게 생각해. 우리 시대에는 징병제는 시행되지 않았다. 같은 일본인이면서도 그런 입장 때문에 얼마나 괴로워했는지 몰라. 우리들을 대신하여 정말 열심히 해라. 부탁한다. (번역과 강조는 인용자)

이상과 같이 〈젊은 모습〉에서 징병제는 조선인들이 원해서 실시된 것이고, 따라서 조선인들은 징병제를 기꺼이 받아들인다는 기만이 조선인의 입으로 선전된다. 그러나 징병제로 "진짜 일본인이 될 수 있다"는 나카야마의 대사에 의해 역설적으로 노출되고 마는 것은, 같은 일본 국적인데도 조선인은 지금까지 차별을 받아 왔다는 사실이다. 논리적으로는 국민이어야 징병이 가능한데, 일본인과 달리 조선인들은 나카야마처럼 국민이 되려면 징병을 당해야 한다는 모순적인 상황에 처해 있었다.

이 같은 일제의 논리를 뒤집어 보면 징병에 응하지 않을 경우 조선인은 국민의 범주에 포함되지 않는다는 말이 된다. 그렇다면 내선일체와 징병제는 본말이 전도된 차별의 원리 이상 그 무엇도 아니다. 징병제 선전 영화조차 징병제의 모순을 감출 수 없었듯 실제로 내선일체 이데올로기는 억지 논리에 지나지 않았다. 내선일체가 달성되었다는 것은 징병제를 강제하기 위한 공허한 명분에 지나지 않았고, 현실에서는 조선인이 국가(일본)를 위해 목숨을 바치는 것에 의문을 느끼지 못할 정도로 일본화하는 것이 내선일체의 진짜 의미였다.

결혼은 국책이다

조영이 만든 내선일체 선전영화에서 조선인은 항상 열등한 타자로 표상되고, '훌륭한 일본인'을 본받아 천성적으로 게으른 민족성을 타파함으로써 '진짜 일본인'이 되는 것으로 그려진다. 〈젊은 모습〉에서도 훌륭한 일본인과 열등한 조선인의 스테레오 타입이 등장하는데, 흥미로운 것은 '일본인이 된 조선남성'과 '아직 일본인이 덜 된 조선여성'이라는 변형으로 표현되었다는 점이다. 다음과 같이 조선여성은 일본인(이 된 조선남성)에게 지도 편달받아야 하는 미숙한 학생과 같이 그려진다.

기타무라의 집에서 맞선을 보게 된 마츠다와 에이코〔英子: 김령(金玲) 분〕

마츠다: 댁은 어디입니까?
에이코: 아겐초(阿硯町: 현재의 아현동)예요.
마츠다: 거기는 좀 지저분한 동네죠.
에이코: 별로 좋은 집은 없어요.
마츠다: 그 근처에 돼지 키우는 집이 있죠?
에이코: 네. 저희 집도 다섯 마리 정도 키워요.
마츠다: 거, 바쁘시겠네요.
에이코: 네. 그렇죠 뭐…….

마츠다: 스스로 키우십니까?

에이코: 아니요.

마츠다: 왜 스스로 키우지 않습니까?

에이코: 냄새 나잖아요.

마츠다: 스스로 하지 않는다. 이것이 조선여성의 가장 안 좋은 점입니다.

마츠다와 에이코가 각각 돌아간 뒤

기타무라: 어이, 당신이 훈련 좀 시켜.

부인: 무슨 말씀이에요?

기타무라: 에이코 씨의 일이야. 여기 부인들은 대체 아무것도 안 하려고 들어.

부인: 맞아요. 장식품 같아요.

기타무라: 응. 그래서는 안 돼. 뭐든지 시키지 않으면 안 된다니까.

부인: 그래요. 아까도 마츠다 씨가 나무랐죠. 돼지를 하녀가 돌본다고 했 거든요. 그랬더니 그게 조선여성의 제일 나쁜 점이라더군요.

기타무라: 마쓰다 군답군.

부인: 그렇지만 돼지가 가엽군요. 호호호.

기타무라: 하하하. 그런데 어때? 결정될 것 같아?

부인: 이것만은 호령대로 될까요? 어떨까요?

기타무라: 기합을 넣어 보자고. (번역은 인용자)

마츠다의 동료 오키〔나가타 야스시(永田靖) 분〕는 마츠다에게 "독신은 국책 위반이다"라고 농담을 던진다. 이에 기타무라는 장남을 학도병으로 보낸 친일 조선인 요시무라의 딸 에이코와 마츠다를 짝지어 주려고 마음 먹는다. 그러나 위와 같이 첫 대면에 마츠다는 에이코를 게으른 처녀로 낙인찍고, 그녀의 게으름을 조선여성 전체의 결함으로 일반화한다. 그것을 들은 기타무라의 부인[히가시야마 치에코(東山千栄子) 분]도 조선여성은 장식품 같다고 말한다. 물론 이런 말을 하는 기타무라 부인은, 하녀 같은 것은 두지 않으며 총후의 사치를 경계하는 모범적인 일본여성이다. 그녀에 비하면, 하녀에게 집안일을 맡길 정도로 게으르고 장식품 같이 수동적인 에이코는 훌륭한 일본인인 마츠다에게는 모자란 상대이다. 기타무라에 의하면 에이코같이 나태한 조선여성이 마츠다의 짝이 되려면 일본여성의 지도 편달이 필요하다.

〈젊은 모습〉뿐만 아니라 조영 영화에서 '반도처녀'는 주로 순진하고 소극적인 성격으로 그려진다. 만영 영화의 리코란은 활달한 만주처녀로 그려지면서 하세가와 가즈오에게 중국의 풍습과 중국어를 가르치기도 한다. 이에 비하면 조영 영화의 반도처녀는 늘 배우는 처지이다. 차이나 드레스의 리코란이 연기하는 만주처녀가 적극적인 구애자인 데 비해 문예봉이나 김신재가 연기하는 치마저고리의 반도처녀는 섹슈얼리티가 제거되고 정숙함과 복종적인 태도가 부각된다. 또한 대륙친선영화가 중국인과 일본인의 멜로드라마인 데 비해 조영 영화는 내선 간의 연애나 결혼을 선전한 경우가 없다. 그 이유는 내선일체가 양 민족의 평등을 보장하는 논리가 아니라 지원병제와 징병제에 대한 조선인의 거부감을 무마하려는 여론 호도책에 지나지 않기 때문이다.

4부 6장에서 〈그대와 나〉를 분석하면서 논했듯 일제의 본심은 내선일체 선전으로 조선인에게서 혈세(血稅)를 짜내는 것이었다. 따라서 일제는 차별의 근거가 될 수 있는 차이를 없애고 싶지 않았기 때문에 호적법을 개정하지도, 참정권을 주지도 않았다. 오히려 내선결혼을 내선일체의 지름길로 주장한 이들은 이광수와 같은, 불가능한 생체실험(혼혈을 통한 새로운 민족의 탄생)을 꿈꾼 민족개량주의자들이었다.

　조영 영화에 내선결혼이 등장하지 않는 또 다른 이유는 내지와 식민지의 관계를 수평적인 부부 관계가 아니라 수직적인 부자 관계로 표상하고자 한 전략 때문이라고 짐작할 수 있다. 〈젊은 모습〉의 기타무라와 마츠다의 관계, 기타무라 부인과 에이코의 관계에서 보듯 일본인과 조선인의 관계는 부모와 자식, 선생과 제자처럼 수직적으로 그려진다. 비단 〈젊은 모습〉뿐만 아니라 〈망루의 결사대〉와 〈사랑과 맹세〉도 같은 구도를 취한다. 대동아공영권 영화의 전체 맥락에서 보면 만영 영화는 침략당하는 중국을 여성으로, 조영 영화는 식민지 조선을 어린아이로 표상했던 것이다.

　〈젊은 모습〉의 결말에서 에이코는 태만을 청산하고 총후부인으로 거듭날 때 비로소 마츠다의 짝으로 인정받는다. 그녀는 학도병으로 출정한 오빠가 안심하고 국가를 위해 싸울 수 있도록 가정을 돌보는 일에 전념하려고 결혼을 망설인다. 그때서야 마츠다는 반도처녀가 훌륭한 일본여성이 되었음을 인정하며 그녀에게 관심을 보인다. 마침 이때 잠시 휴가를 얻어 귀향한 에이코의 오빠가 마츠다에게 여동생을 부탁한다. 이어서 두 사람은 가족과 공동체의 인정을 받으며 마침내 축복받는 부부가 될 것이 암시된다. 이렇게 〈젊은 모습〉은 두 사람의 결합을 통해 조선인 남성들에게 주어진 임무는 국가를 위해 죽는 일이고, 조선여성에게 주어진 임무는 일본여성으로 거듭나 국가를 위해 천황의 적자를 낳는 일이라고 선전했다.

4. 〈사랑과 맹세(愛と誓ひ)〉

조영판 〈집 없는 천사〉

일본해군 보도부가 기획하고 일본 해군성과 조선총독부가 후원한 〈사랑과 맹세〉는 조영과 도호의 합작으로 1945년 5월에 크랭크인했다. 일본이 패전하기 약 3주 전인 7월 26일 개봉된 이 영화는 조선의 청소년에게 해군특별공격대[일명 가미카제특공대(神風特攻隊)]를 선전할 목적으로 만들어졌다.

1944년 10월 미군의 필리핀 상륙 작전을 저지하고자 오니시 다키지로(大西滝次郎) 해군중장의 제창에 의해 편성된 해국특별공격대는 폭탄을 탑재한 비행기나 보트를 미군 함대에 부딪쳐 자살 공격을 감행하는 인간폭탄, 인간 어뢰였다. 〈사랑과 맹세〉도 그렇지만 특공대 선전영화에서 특공(特攻: 자살 공격을 의미)은 군인의 최고 명예이고 도덕적 결단이기에 특공대원들 스스로가 기꺼이 특공을 지원하는 것으로 그려진다. 그러나 실제로는 일본의 직업군인들이 특공에 지원하지 않았기 때문에, 소년들의 영웅심을 부추겨 특공 계획을 실현한 것에 불과했다.[297]

〈사랑과 맹세〉는 〈망루의 결사대〉 제작진이 다시 모여 만든 작품이다.

이번에도 최인규와 이마이 다다시가 공동으로 연출했고, 야기 류이치로가 각본을 집필했다. 현재 도쿄국립근대미술관 필름센터와 한국영상자료원에 남아 있는 프린트에는 타이틀 롤(title roll)이 잘려 나간 채이고 시나리오도 현존하지 않기 때문에 이보다 자세한 필름 정보는 알 수 없다.

1945년에 조영이 제작한 영화 중 기록이 남아 있는 영화는 〈사랑과 맹세〉, 〈감격의 일기(感激の日記)〉, 〈피와 땀(血と汗)〉, 〈가미카제의 아이들(神風の子供達)〉, 〈우리들의 전쟁(我らの戦争)〉 5편이다. 그중 최인규가 감독한 〈가미카제의 아이들〉과 〈사랑과 맹세〉가 조선의 청소년을 대상으로 특공대를 선전한 영화이다. 〈수업료〉와 〈집 없는 천사〉 같은 아동영화에서 연출 실력을 보였기에 이런 영화가 맡겨지지 않았나 싶다. 나머지 3편은 신경균 감독이 연출했다.

〈사랑과 맹세〉의 촬영을 누가 맡았는지는 알 수 없으나 특수촬영의 화면 구성을 볼 때 도호의 제작진이 관계했을 가능성이 높다. 특히 무라이 소위의 특공 신은 도호 항공영화의 특수촬영 기법과 비슷하게 처리되었다. 급속히 고도를 낮추며 돌진하는 비행기(미니어처), 무라이 소위의 얼굴, 미군 함대(미니어처), 자폭하는 비행기(미니어처)를 클로즈업 숏의 몽타주로 처리해 긴장감을 높이는 것은 츠부라야 에이지가 특수촬영을 담당한 항공 삼부작 영화에서 일찍이 사용된 기법이다.

배우 중에서는 〈망루의 결사대〉에서 주역을 맡은 다카다 미노루가 출연했다. 이번에 그는 조선인 고아의 양부 역할을 맡아, 〈망루의 결사대〉에서처럼 조선인의 양아들 근성을 다독이고 선도하는 가부장을 연기했다.

---

297. 해군특별공격대의 성립 과정과 특공의 내막에 대해서는 오누키 에미코(大貫恵美子), 『ねじ曲げられた桜 —美意識と軍国主義』(岩波書店, 2003), 251~258쪽을 참조했다.

다카다가 연기한 시라이는 『경성신보(京城新報)』라는 신문사의 국장인데, 실제 영화가 촬영된 곳이 태평통(太平通: 현 태평로) 1정목에 있던 경성일보사이다.

시라이가 "종로에서 주워 왔다"는 조선인 고아 김 에이류는 〈집 없는 천사〉에서 종로의 부랑아 영팔을 연기했던 김우호(金祐虎)가 맡았다. 전작에서 황국신민서사를 대표로 선창했던 이 아역배우는 4년 뒤에 촬영된 이 영화에서 해군특별공격대에 지원하는 군국소년으로 출연했다. 영팔이 향린원을 탈출하려 했던 것처럼 에이류도 툭하면 집을 나가 종로의 부랑아들과 섞이는 통에 내선일체를 솔선수범하려는 일본인 양부모는 골치를 앓는다. 조영 영화답게도, 〈사랑과 맹세〉의 멜로드라마적 갈등은 일본인 부모의 진심을 몰라주는 조선인 고아의 양아들 근성에서 비롯된다.

자신도 고아였지만 훌륭하게 성공한 양부는 에이류를 거두어 신문사의 급사로 고용하고 야학에도 보내는 인격자로, 주위의 일본인들로부터 양자에 대해서 지나치게 무르다는 평판을 듣는다. 그의 보살핌에도 에이류는 새 가정에 융화되지 못하고 늘 기가 죽어 눈치를 본다. 양부모에게는 적자인 아들(동생)이 있다. "김 에이류라도 나중에 어떤 인간이 될지 몰라. 적어도 내가 먹어 온 타인의 밥보다는 더 따뜻한 밥을 먹이고 싶다"는 양부의 말처럼 그가 에이류를 양자로 들인 것은 자선사업 차원이다. 바로 이런 관점에서 〈사랑과 맹세〉는 〈집 없는 천사〉의 조영판(版)이라 할 수 있다.

마음 붙일 곳 없는 에이류 소년에게 역할 모델이 되는 인물이 나타난다. 출정 직전에 양부를 만나러 신문사를 방문한 무라이 소위(독은기 분)이다. 무라이는 소년과 함께 기념사진을 찍으면서 "이제부터는 너희들이 정신을 똑바로 차릴 차례야"라고 말한다. "반도의 신성한 독수리(半島の

神鷲)"로『경성신보』의 헤드라인을 장식한 무라이를 보고 그가 특공으로 전사한 것을 알게 된 에이류는 그가 남긴 말을 곱씹으며 그를 닮고 싶다고 생각한다. 무라이 소위는 아직 갓난아이인 아들과 처, 늙은 아버지를 남기고 스스로 특공에 지원해 국가에 목숨을 바친 고결한 영웅으로 찬미되었던 것이다.

에이류가 무라이 소위를 동경한다는 것을 알게 된 양부는 무라이의 집에서 한 달간 체류하며 특집 기사를 써 보라고 권고한다. 그곳에 가 보니 외동아들의 죽음도 보국을 위해서라면 슬퍼할 이유가 없다는 군국의 아버지가 있었다. 국민학교 교장인 무라이 소위의 아버지[시무라 다카시(志村喬) 분]는 제자들이 아들의 뒤를 이어 가도록 황국신민화 교육에 여념이 없는 인물이다. 그리고 미망인인 에이코(英子: 김신재 분)는 반도처녀였으나 지금은 아들을 낳아 군국의 어머니로서, 남편을 전사로 잃은 총후 부인으로서 책임을 다한다. 내선일체의 귀감인 두 사람을 통해 일본정신과 보국이 무엇인가 깨달은 에이류는 자신의 태만을 반성한다.

게다가 에이류가 체류하는 동안 시의 적절하게도 그 마을의 조선인 출정군인을 위한 송별회가 벌어진다. 곧 전장으로 보내질 아들을 위해 어머니는 쌀밥을 지어 축하하고, 동네 사람들은 안마당에 모여 잔치를 벌인다. 이 잔치 장면에는 조선민요 '쾌지나 칭칭 나네'가 영화 〈어화〉에서처럼 토속성을 환기하고자 사용되었다. 흥미로운 점은 이때 조선의 타악기와 벚꽃의 클로즈업이 몽타주 된 것이다. '내선일체의 몽타주'라고 불릴 만한 이 숏 다음에는 흥겨워하는 조선인들과 이를 구경하는 일본인들 앞에 벚꽃(전경)을 배치한 앙상블 숏이 연결된다(왜 출정군인을 위한 송별회에 느닷없이 벚꽃이 등장했는가는 이 영화의 마지막에 밝혀진다).

이튿날 아침, 전 주민이 학교 운동장에 모인 가운데, 출정군인을 위해 출정가를 부르고 만세를 제창하는 출정식이 열린다. 그런데 도시로 가는 버스의 엔진을 누가 일부러 망가뜨린 사고가 일어나 출정군인의 발이 묶이고 만다. 범인은 출정군인과 같은 날 버스를 타고 경성으로 떠날 예정이었던 에이류였다. 에이코를 만나 처음으로 가정이라는 것을 맛보았던 소년은, 무라이 소위의 동생이 되어 영원히 그 집에 머물렀으면 좋겠다고 소망했던 것이다.

누구의 사랑과 맹세할 것인가?

〈사랑과 맹세〉에서 에이류가 같은 조선인인 에이코에게서 느낀 육친애는 황국신민이 되기 위해 넘어서지 않으면 안 될 위기로 설정되어 있다. 에이코는 에이류가 상하이사변[298] 때 헤어진 남동생일지도 모른다고 생각한다. 에이코는 피난선을 타고 조선으로 올 때 다섯 살 난 동생과 헤어지고 말았다. 동생과 똑같은 나이(16세)인 에이류는 이름조차 동생과 비슷하다. 혹시 바다를 본 기억이 없느냐고 묻는 에이코에게, 에이류는 파란 바다색을 확실히 본 것도 같다고 대답한다.

에이코와 에이류가 피를 나눈 형제가 되면 양부모와 에이류의 끈은 약해질 수밖에 없다. 즉, 에이코와 에이류가 핏줄을 확인하는 일은 시라이와 에이류의 내선일체적인 부자 관계가 붕괴될 위기인 것이다. 결국 이 위기는 에이코와 에이류가 증표로 지닌 방울의 크기가 달라서 남매가 아니라는, 개연성이 부족한 설명으로 해결된다. 그리고 출정군인이 타고 갈

---

298. 1932년 1월 28일에 시작되어 5월까지 이어진 '상하이사변'은 세계의 이목을 만주국으로부터 돌리고, 상하이의 항일운동을 탄압하고자 일본군에 의해 계획, 실행된 전투였다. 그러나 〈사랑과 맹세〉는 상하이사변 때 "집은 불타고 아버지도 어머니도 살해당했다"는 에이코의 대사를 통해 일본이 피해자인 양 선전한다.

버스 엔진을 고장 낸 에이류에게 에이코는 "내 동생은 무라이 소위의 동생입니다. 만약 동생이 살아 있다고 해도 훌륭한 동생이 아니면, 나는 만나고 싶지 않아요"라고 꾸짖으며 혈연관계보다 중요한 것이 애국이라고 강조한다.

그리하여 에이류는 양부모와 맺은 관계를 무너뜨리지 않고도 무라이 소위의 동생, 에이코의 동생이 되는 길을 찾아내는데 그것은 바로 가미카제가 되는 일이다. 경성에 돌아온 에이류는 과거의 자신을 청산하고 의젓한 군국소년으로 변한다. 무라이 소위에 대한 특별 기사를 끝낸 그는 양부에게 해군특별지원병에 지원하여 무라이 소위의 뒤를 따르겠다고 말한다. 그 말을 듣고 양부는 이제까지 한 번도 보인 적 없는 웃음과 긍지를 만면에 떠올린다. 문제아 에이류는 특공대에 지원함으로써 효자 노릇을 하고, 가족의 일원으로 인정받게 된 것이다.

이윽고 봄이 왔고, 벚꽃이 만발한 날 에이류는 양모와 에이코의 배웅을 받으며 진해[299]의 해병단에 입단한다. 바로 이 장면에서 출정군인 송별회 장면에 등장했던 벚꽃의 의미가 밝혀진다. 일본 황실의 꽃은 국화(菊花)이지만 벚꽃은 군인의 초개 같은 목숨을 미화하는 선전에 이용되었고, 이런 이유로 당시 일본 육해군은 일부 휘장에 벚꽃을 새겨 넣었다. 가족과 화사하게 핀 벚꽃에 둘러싸여 걸으며 에이류는 이렇게 말한다. "저는 무라이 소위의 동생이 되었다고 생각할 것입니다. 아니, 저뿐만이 아

---

299. 오늘날 진해는 매년 4월 군항제가 열리는 벚꽃놀이의 명소로 알려져 있다. 한국해군박물관도 있는 이곳은 봄이 되면 도시 전체가 벚꽃으로 뒤덮이는데, 그 연원을 아는 행락객이 얼마나 되는지 모르겠다. 진해에 벚나무가 대대적으로 심긴 것은 일제 말기로, 이곳에 해병단(海兵團)이 설치되었을 때 군국주의 선전을 위해 해병단까지 이어지는 큰길에 가로수로서 벚꽃이 심기었다. 참고로 일본에서는 근대의 전쟁 때 소년병과 벚꽃을 동일시하는 군국주의 미학이 성립되었고, 적의 함대에 부딪혀 산산이 부서지는 특공대원은 흩날리는 벚꽃에 비유되곤 했다. 앞의 책 『ねじ曲げられた桜―美意識と軍国主義』, 174~186쪽 참조.

일본 육해군의 벚꽃 휘장
(사진은 大貫惠美子, 『ねじ曲げられた桜―美意識と軍国主義』, 岩波書店, 2003, 240쪽에서)

닙니다. 무라이 소위의 동생은 이 반도에만도 한없이 많습니다."

이처럼 혈연이 아니라 의리로 맺어진 관계가 가족을 이루는 과정이 그려진 〈사랑과 맹세〉의 가족 멜로드라마는 천황제 가족국가주의의 알레고리라 할 수 있다. 에이류는 양부모, 에이코, 무라이와 혈연적으로는 아무런 관계도 없지만 특공대에 지원함으로써 그들의 적자, 친형제로 인정받는다. 즉, 이 가족 멜로드라마의 속뜻은 천황의 적자가 된 조선인은 형제가 된 일본인과 함께 성전을 완수하지 않으면 안 된다는 것이다. 다시 말하면 〈사랑과 맹세〉에서 '사랑'과 '맹세'가 의미하는 바는 육친애와 효행이 아니라, 천황의 시혜적 '사랑'과 그것에 보답하겠다는 '맹세'이다.

라스트 신에서 민족-혈연이 아니라 대동아공영권-친연(親緣)을 강조하는 천황제 가족국가주의는 다시 한 번 강조된다. 또 다른 무라이 소위가 되어 특공을 떠나는 에이류가 보이고, 다음과 같은 선동적인 자막이 떠오른다. "신성한 독수리는 오늘도 적을 태평양 바다에 가라앉히고 있다. 계속하여 적을 쳐부수는 것, 그것은 너희들, 너희들이 할 일이다."

무라이 소위가 처음 만났을 때 에이류에게 당부했던 말을 연상케 하는 이 순환적인 결말이 이번에 호명하는 '너희'란 바로 무라이, 에이류와 친연성이 있다고 상상되는 조선의 소년들이다.

조영의 아동영화

태평양전쟁 발발 직후 일본 영화계에 소년항공병 영화가 유행한 점과 고영의 아동영화에 대해서는 4부 3장에서 논한 바 있다. 그들 영화는 당시 모두 학무국의 추천을 받아 조선에서 학생들을 대상으로 상영되었다.

조영이 설립된 뒤로 만들어진 아동영화로는 1943년 김영화가 연출한 〈우러르라 창공〉과 최인규가 연출한 〈태양의 아이들(太陽の子供達)〉(1944), 그리고 앞서 소개한 〈가미카제의 아이들〉과 〈사랑과 맹세〉가 있다. 이들 영화는 장래 징병과 지원병 대상이 될 아동층을 대상으로 군국주의를 주입하고 각종 입대 제도를 선전하고자 만들어졌다. 이들 영화 중 유일하게 필름이 남아 있는 〈사랑과 맹세〉를 통해 아동 대상 선전의 실태를 알아보자.

> 시라이: 자꾸 뭔가 이야기를 하라고 교장선생님께서 말씀하시니 여기에 서게 되었습니다. 먼저 여러분에게 질문을 해 봅시다. 무라이 소위에 대해서 알고 있는 사람은 손을 들어 보세요.
> (전원이 손을 든다)
> 시라이: 좋습니다. 그러면 이름뿐만 아니라 무라이 소위와 이야기를 해 본 적이 있는 사람, 이야기가 아니라도 본 적이 있는 사람 손을 들어 보세요.
> (다시 전원이 손을 든다. 시라이의 놀란 표정)
> 교장: 시라이 씨, 언젠가 귀성했을 때 모두에게 여기서 해군 이야기를 하고 간 적이 있어서요.

시라이: 아, 그렇군요. 여기서 무라이 소위가 이야기를 하셨습니까?

교장: 네.

시라이: 지금까지는 특별공격대나 '신성한 독수리'라고 하면 왠지 먼 곳에서 태어난, 날 때부터 위대한 인물이라고 생각했을지도 모르겠습니다만 이번의 무라이 소위는 그렇지 않습니다. 어릴 때는 여러분과 마찬가지로 저 연못에서 헤엄쳤고 여러분이 매일 다니는 길을 무라이 소위도 다녔습니다. 절대 사람들이 가지 않는 길을 갔던 것이 아닙니다. 여러분들과 마찬가지로 이 뜰에서 놀고, 저 교실에서 열심히 공부를 했습니다. 지금은 신으로 추앙받는 무라이 소위도 결코 소년 시절부터 도저히 여러분의 손이 닿지 않는 높은 곳에 있었던 것이 아닙니다. 알겠습니까? 내가 말하고 싶은 것은 이것입니다. 여러분도 무라이 소위의 뒤를 따르고 싶으면 따르지 못할 것도 없습니다. (번역은 인용자)

학교 운동장에 모여 위와 같은 연설을 듣는 것은 오늘날의 초등학생에 해당하는 국민학생들이다. 무라이 소위를 따라 장차 특공대원이 되라는 선전은 노골적이기 그지없지만, 특공대원을 미화한 아동영화는 비행을 동경하는 동심을 자극하기에 적절한 것이었다. 징병제와 달리 지원병은 자발적인 동의를 전제로 한다. 그 때문에 각종 매체와 강연회를 통해 지원병이 얼마나 좋은 제도이며 훌륭한 결단인지 선전되었지만, 특히 영화는 성인에 비해 인지 능력이 떨어지는 미성년자에게 효과적이라고 판단되었다.

지원병제도 실시를 결정하고 나서 총독부 학무국은 중학교에서 선전영화를 단체 관람하도록 의무화했고, 아동 생도용 영화 지정제도를 실시했다. 특히 영화령에 의해 극장 출입이 제한된 학령 아동에게 선전영화를 보이기 위해 국민학교에 영사 시설이 구비, 확충되었다. 〈사랑과 맹세〉를 비롯해 아동을 대상으로 한 소년항공병 영화는 주로 관객과 같은 또래의 소년 주인공이 등장하여 하늘에 대한 동경을 품고 항공병에 지원하는 내용을 담았다.

물론 소년영웅과 비행의 스펙터클을 보여 주는 이 영화들이 자원입대에 어느 정도 영향을 미쳤을까 측정하기는 불가능하다. 그러나 분명한 것은 위의 장면처럼 학교에서 교장의 지시에 의해 소년병에 대한 선전이 이루어졌다는 점이다. 결코 영화만의 이야기가 아니라 청소년층의 전쟁 동원에 학교는 가장 중요한 기관이었다. 1940년부터 소년항공병을 실제 전투에 투입했고 조선에서도 만몽 개척 청소년의용군을 모집한 일제는[300] 패전을 목전에 둔 1945년부터 소년비행병, 소년전차병, 소년통신병, 소년포병 등 기술 부문과 실전에 투입할 소년병 모집을 확대하기 시작했다. 이때 각 학교에서는 국민학교 고등과 생도를 대상으로 소년병 모집을 선전했다. 그러나 실상은 모집이라기보다는 할당이었고, 선전·선동을 간파하지 못하고 지원한 소년병들 중 많은 수가 전투에 투입되어 사망했다.[301]

지금까지 살핀 바와 같이 중일전쟁 이후 조선에서 만들어진 내선일체 선전영화는 일제의 병력 확보와 밀접한 연관을 맺고 있었다. 지원병제도를 선전하고자 〈지원병〉과 〈그대와 나〉가, 징병제를 선전하고자 〈조선해협〉과 〈젊은 모습〉이 만들어졌다. 그리고 전쟁이 막바지에 이르러서는 청소년과 국민학생마저 소년병으로 동원하고자 〈사랑과 맹세〉가 만들어졌

---

300. 『동아일보』 1941년 4월 13일자와 4월 21일자 참조.

301. 후지이 다다토시(藤井忠俊), 『兵たちの戦争—手紙·日記·体験記を読み解く』(朝日新聞社, 2000), 285~286쪽 참조.

다. 실체를 파악할 수 있는 영화는 이 정도지만 그 사이사이에도 많은 선전영화가 제작되었다.

이 같은 선전에 속아 지원하고 또 강제로 징집되어 일본군인으로서 전쟁터에 나갔던 조선인 황군들은 일본이 패전한 후 어떻게 되었을까? 전후 60여 년이 지난 오늘날에는 거의 잊혀 버린 사실이지만, 전후의 도쿄 전범재판에서 조선인 황군들 중 23명에게 사형이 언도되었다. 패전과 동시에 일본 국적이 폐기되어 그들은 일본인이 아니었는데도 전범으로 취급받았고, 전쟁 책임을 지고 사형되었다. 그리고 살아남은 조선인 황군들은 일본인이 아니라는 이유로 일본정부가 일본군인에게 베풀었던 어떤 보상도 받지 못했다.

사진 제공

한국영상자료원

104, 305, 308, 312쪽

니시키 유리코

148쪽

155, 156, 165, 168, 174쪽

179, 180, 181쪽

222, 224, 225쪽

234, 239쪽

261, 263쪽

277, 283쪽

가와키타기념영화문화재단

228, 230쪽

찾아보기

인명

비릴리오, 폴(Paul Virilio) 209, 210